BEAUMARCHAIS

La Folle Journée ou Le Mariage de Figaro

PARCOURS ASSOCIÉ La comédie du valet

Comédie

1784

TEXTE INTÉGRAL

Éditio
Alexand
Agrégée de Lettres modernes

Sous la direction de Françoise Rio
Agrégée de Lettres modernes

Nathan

Sommaire

ISBN : 978-20-9-151221-1

LE DOSSIER du lycéen

Biographie

Qui est Beaumarchais en 1784?

Un homme de lettres polyvalent

• Lorsque *Le Mariage de Figaro* est créé à la Comédie-Française en 1784, Beaumarchais a 52 ans. Comme le héros de sa pièce, il a déjà « tout vu, tout fait, tout usé » (V, 3). Horloger, professeur de musique des filles du roi Louis XV, homme d'affaires, éditeur des textes de Voltaire, il est aussi l'auteur d'une œuvre littéraire diversifiée.

• Après avoir composé des parades (petites comédies grivoises) entre 1757 et 1763, comme *Jean Bête à la foire* ou *Colin et Colette*, l'écrivain s'adonne au genre dramatique sérieux. Son drame *Eugénie*, représenté en 1767 à la Comédie-Française, connaît un certain succès. Il est, lors de sa publication en 1770, précédé d'une préface théorique : *Essai sur le genre dramatique sérieux*.

L'auteur d'une comédie à succès

• En 1775, Beaumarchais présente *Le Barbier de Séville*, interdit par la censure l'année précédente. La pièce, jouée tout d'abord en cinq actes, échoue. Brillamment condensée en quatre actes deux jours plus tard, elle connaît un vif succès. Le personnage de Figaro est né. En 1781, le deuxième volet de cette trilogie espagnole renoue avec la « franche gaieté »[1]. Il est accepté par les comédiens-français, après être passé six fois devant la censure. Louis XVI en interdit les représentations publiques. Le spectacle est joué en privé (avec l'accord du roi) chez le duc de Fronsac en 1783.

• C'est le 27 avril 1784 qu'a lieu la première du *Mariage* à la Comédie-Française. La représentation connaît un triomphe sans précédent, qui s'étend à toute l'Europe. Mozart et Da Ponte s'en inspirent pour créer l'opéra *Les Noces de Figaro* en 1786. Dans les premières années de la Révolution française, l'écrivain compose le dernier volet des aventures de Figaro et de la famille Almaviva, *L'Autre Tartuffe ou la Mère Coupable*, joué en 1792.

---

1. Préface du *Mariage de Figaro*, p. 18 (l. 169).

Un homme dont l'expérience nourrit profondément l'écriture

• *Le Mariage de Figaro* se déroule « dans le château d'Aguas-Frescas, à trois lieues de Séville », dans le domaine du Comte et de la Comtesse Almaviva. Cet univers espagnol est très vraisemblablement nourri par le passage de Beaumarchais à Madrid. En 1764, il se rend en effet dans cette ville pour régler différentes affaires. Côtoyant le roi et la bonne société, il observe les usages du pays, l'arbitraire de la justice notamment. Le nom du juge qui encadre le procès intenté à Figaro à la scène 15 de l'acte III, Don Gusman Brid'oison, rappelle par ailleurs celui du magistrat Goëzman, avec qui Beaumarchais eut des différends judiciaires de 1773 à 1774. Plus généralement, le parcours et les idées de Figaro, que celui-ci développe dans son célèbre monologue à l'acte V, entrent en résonance intime avec la vie de son auteur.

Le Mariage de Figaro *connaît un triomphe sans précédent, qui s'étend à toute l'Europe.*

Défenseur des droits et pourfendeur des abus

• Parallèlement à sa carrière d'homme de lettres, Pierre-Augustin Caron a toujours lutté contre les abus de pouvoir. Fils d'un horloger, il imagine, à 21 ans, un système qui permet aux montres de donner l'heure avec exactitude. Lepaute, horloger du roi, cherche à s'octroyer cette invention, mais grâce à la pugnacité du jeune homme, l'Académie reconnaît la vérité. Celui-ci devient alors l'horloger de Louis XV.

• En 1756, il épouse une veuve aisée et prend le nom d'une terre qui lui appartient : Beaumarchais. Il achète ensuite la charge de secrétaire du roi, ce qui lui permet de porter son nom nobiliaire en toute légalité. Suite à une altercation avec le duc de Chaulnes, qui l'accuse de lui ravir sa maîtresse, il est envoyé en prison en 1773. Trois ans plus tard, Beaumarchais engage la France dans la guerre d'indépendance américaine, aux côtés des colons insurgés. En 1777, suite à de longs démêlés avec les acteurs de la Comédie-Française, il fonde la Société des auteurs dramatiques pour protéger les droits des écrivains. Pendant la Révolution, il tente d'acheter des fusils en Hollande afin d'équiper l'armée révolutionnaire française. Emprisonné en 1792, il échappe de justesse aux massacres survenus en septembre de cette année. Après un séjour en Hollande, il revient à Paris en 1796, quand la Révolution française prend un tour plus modéré. Il meurt le 18 mai 1799 à l'âge de 67 ans.

Contexte historique & politique

La France pré-révolutionnaire

Une situation contrastée

- Dans le milieu des années 1780, la France apparaît comme un pays prospère. Nation la plus peuplée d'Europe, elle occupe une place de choix dans les relations diplomatiques de l'époque. Le traité ratifiant l'indépendance des États-Unis est signé à Versailles le 3 septembre 1783. L'essai d'Antoine de Rivarol, *De l'universalité de la langue française* (1784), qui démontre la place dominante du français sur la scène internationale, révèle, de manière plus symbolique, la puissance de la France.
- Cette force apparente est en réalité fissurée par de nombreux facteurs. Le pays est entré dans une phase de récession économique depuis les années 1770. Le déficit public, incommensurable, a été aggravé par l'intervention en Amérique.
- La société française est, en outre, profondément inégalitaire. La monarchie absolue concentre tous les pouvoirs. Noblesse et clergé, exemptés d'impôts, jouissent d'importants privilèges, tandis que la paysannerie, qui représente les trois quarts de la population, est écrasée par les prélèvements et touchée de plein fouet par les disettes. Ces disparités sont de plus en plus perçues comme des injustices.

Un vent de liberté

- Au nom de l'essor de la science et de la pensée caractéristique du XVIIIe siècle, plusieurs philosophes (Rousseau, Montesquieu, Voltaire...) considèrent qu'il faut tout examiner à la lumière de la raison. *L'Encyclopédie* de Diderot et d'Alembert apparaît comme une œuvre emblématique. En faisant la somme des connaissances de l'époque, elle cherche à développer l'esprit critique et à combattre les préjugés. Le mouvement des Lumières amène une remise en cause progressive du principe d'autorité (que celle-ci émane de Dieu ou du roi). Siècle de déchristianisation et d'émancipation de la société, le XVIIIe siècle voit aussi se développer d'autres valeurs, comme la sensibilité et le droit au bonheur.

La société française est profondément inégalitaire.

• En 1776, la Déclaration d'indépendance de treize colonies américaines, révoltées contre l'Angleterre, fait écho aux idées développées par les Philosophes du XVIIIe siècle. De nombreux Français, comme La Fayette, prêtent main forte aux Américains. Beaumarchais lui-même s'engage dans ce conflit en participant à l'armement des colons insurgés. L'indépendance des Américains, proclamée en 1783, renforce en Europe le prestige des Lumières.

Le rôle de la censure

• Au XVIIIe siècle, la censure restreint sévèrement la liberté d'expression. Toute publication est soumise à une autorisation préalable (appelée un « privilège »), accordée par les censeurs de l'administration royale, à condition que l'œuvre n'offense ni le pouvoir, ni la religion, ni les mœurs. Pour contourner ces interdictions, de nombreux livres paraissent à l'étranger. D'autres sont introduits en France de manière clandestine. Le théâtre est, lui aussi, étroitement surveillé par les autorités.

La censure restreint sévèrement la liberté d'expression.

• Beaumarchais propose sa pièce à la Comédie-Française en 1781 (une fois que ses différends avec la troupe se sont estompés). À la lecture de cette première version, le roi Louis XVI, farouchement opposé au *Mariage*, aurait dit cette phrase célèbre : « Il faudrait détruire la Bastille pour que cette pièce ne fût pas une inconséquence dangereuse » (*Mémoires* de Mme Campan). Le premier état du texte faisait en effet directement allusion à la situation française. Figaro critiquait explicitement la Bastille, l'archevêque de Paris, la politique du gouvernement...

• Pour faire jouer sa pièce, le dramaturge, s'inspirant de son expérience espagnole, commence par « hispaniser » sa comédie, afin de rendre ses critiques moins transparentes. Il édulcore certaines saillies satiriques, ce qui rassure peu à peu le roi. *Le Mariage de Figaro* passe six fois devant la censure avant d'être autorisé. Parallèlement, Beaumarchais fait lire son texte dans les salons. Une représentation privée a lieu en 1783. La première représentation publique a lieu le 27 avril 1784. Le succès est énorme : la pièce est jouée 67 fois cette année-là.

Contexte littéraire

Le théâtre au XVIIIe siècle

La passion du théâtre au siècle des Lumières

• En tant que lieu de rassemblement collectif, le théâtre a toujours joué un rôle particulier. Si Rousseau en dénonce l'immoralité dans sa *Lettre sur les spectacles*, la plupart des philosophes des Lumières lui assignent la tâche de diffuser un véritable enseignement moral. On reconnaît la vertu édifiante de l'émotion théâtrale : « Je sors du spectacle meilleur que je n'y suis entré, par cela seul que j'ai pleuré », affirme Beaumarchais dans son *Essai sur le genre dramatique sérieux*.

On reconnaît la vertu édifiante de l'émotion théâtrale.

• Depuis la fin du règne de Louis XIV, le public s'est par ailleurs grandement développé. Plus nombreux, il s'est aussi socialement diversifié. L'intérêt pour le théâtre se manifeste également par l'essor de la pratique amateure. La reine Marie-Antoinette elle-même interprète, en 1784, le rôle de Rosine !

Les héritages comiques

• *Le Mariage de Figaro ou la Folle Journée* s'inscrit tout d'abord dans une tradition comique plurielle. De la parade, d'origine foraine, Beaumarchais garde quelques traces dans cette pièce, à travers certaines plaisanteries et jeux verbaux. Il emprunte également à la mode du théâtre lyrique, par les ariettes du vaudeville final : « Tout finit » en effet « par des chansons » (V, 19).

• L'héritage de Molière est revendiqué. *Le Barbier de Séville*, premier volet de la trilogie espagnole, ne peut manquer de rappeler l'intrigue de *L'École des femmes*. Dans *Le Mariage de Figaro*, on retrouve la trame attendue du mariage contrarié. L'auteur renoue avec la dimension satirique de la comédie de mœurs lorsqu'il s'en prend, par exemple, à la justice à travers le personnage de Don Gusman Brid'oison. Comme son prédécesseur, Beaumarchais entend faire de la haute comédie et ne pas réduire le genre à un simple divertissement.

L'influence du drame

• L'écriture de Beaumarchais est également influencée par le drame, nouveau genre théâtral inventé et théorisé par Diderot en 1757 avec *Le Fils naturel* et les *Entretiens* qui l'accompagnent. Dans cette pièce, le philosophe entend dépasser la tragédie et la comédie classiques, afin de rapprocher le théâtre de la nature. Il s'agit d'offrir une image fidèle des conditions sociales de la vie contemporaine, à travers des personnages bourgeois, proches des spectateurs, et, par conséquent, susceptibles de les intéresser.

• L'imitation du réel passe aussi par une attention scrupuleuse portée à l'espace, qui se trouve minutieusement décrit. *Le Mariage de Figaro* emprunte à cette esthétique de la précision : ses didascalies dessinent un décor circonstancié. Elles donnent également à voir les détails du jeu des acteurs (ce que Diderot nomme la « pantomime »), par le recours à des tableaux pathétiques rappelant la peinture de Greuze. La recherche de l'émotion est au cœur de ce théâtre.

Un spectacle total

• Dans son *Essai sur le genre dramatique sérieux*, Beaumarchais procède à une critique de l'esthétique classique, de ses règles, et de la stricte séparation des genres qu'elle prône. L'écrivain revendique, lui, l'originalité de la création. De même que Figaro affirme, à la scène 18 de l'acte III « Je veux rire et pleurer en même temps », de même la pièce mêle comique et sérieux dans un tourbillon de jeu et de mouvement. La « folle journée » déploie le verbe, la musique et le geste, en un spectacle total qui épouse la vie dans chacune de ses dimensions.

« Je veux rire et pleurer en même temps. »
(Figaro, III, 18)

Repères chronologiques

L'auteur		Le contexte
	1715	Début du règne de Louis XV
	1730	Marivaux, *Le Jeu de l'amour et du hasard*
Naissance de Beaumarchais	1732	
	1751-1772	Diderot et d'Alembert, *L'Encyclopédie*
	1758	Diderot, *Le Fils naturel*
	1759	Voltaire, *Candide*
	1756-1763	Guerre de Sept ans
Essai sur le genre dramatique sérieux	1770	
	1774	Mort de Louis XV
Succès du *Barbier de Séville*	1775	Début du règne de Louis XVI
	1776-1783	Guerre d'Indépendance américaine
Première du *Mariage de Figaro*	1784	
	1786	Mozart et da Ponte, *Les Noces de Figaro*
	1789	14 juillet : Prise de la Bastille 26 août : Déclaration des droits de l'homme
L'Autre Tartuffe ou La Mère coupable	1792 / 1792	20 septembre : Bataille de Valmy. Proclamation de la République
	1792-1795	Convention
	1793	Mort de Louis XVI
	1795-1799	Directoire
Mort de Beaumarchais	1799	

Lire...

Le Mariage de Figaro

Beaumarchais
1784

TEXTE INTÉGRAL

« *Sans la liberté de blâmer, il n'est point d'éloge flatteur.* »
Beaumarchais, *Le Mariage de Figaro*, 1784.

Épître dédicatoire

Épître dédicatoire[1] *aux personnes trompées sur ma pièce et qui n'ont pas voulu la voir*[2].

Ô vous que je ne nommerai point ! Cœurs généreux, esprits justes, à qui l'on a donné des préventions[3] contre un ouvrage réfléchi, beaucoup plus gai qu'il n'est frivole ; soit que vous l'acceptiez ou non, je vous en fais l'hommage, et c'est tromper l'envie dans une de ses mesures. Si le hasard vous le fait lire, il la trompera dans une autre, en vous montrant quelle confiance est due à tant de rapports qu'on vous fait !

Un objet de pur agrément peut s'élever encore à l'honneur d'un plus grand mérite : c'est de vous rappeler cette vérité de tous les temps, qu'on connaît mal les hommes et les ouvrages quand on les juge sur la foi d'autrui ; que les personnes, surtout dont l'opinion est d'un grand poids, s'exposent à glacer sans le vouloir ce qu'il fallait peut-être encourager, lorsqu'elles négligent de prendre pour base de leurs jugements le seul conseil qui soit bien pur : celui de leurs propres lumières.

Ma résignation égale mon profond respect.

L'auteur
1784

1. Dédicace sous forme de lettre.

2. L'expression désigne le roi Louis XVI et la reine Marie-Antoinette, à qui s'adresse cette dédicace.

3. Préjugés défavorables.

Préface (extraits)

En écrivant cette préface, mon but n'est pas de rechercher oiseusement[1] si j'ai mis au théâtre une pièce bonne ou mauvaise ; il n'est plus temps pour moi ; mais d'examiner scrupuleusement, et je le dois toujours, si j'ai fait une œuvre blâmable.

Personne n'étant tenu de faire une comédie qui ressemble aux autres, si je me suis écarté d'un chemin trop battu, pour des raisons qui m'ont paru solides, ira-t-on me juger, comme l'ont fait MM. tels, sur des règles qui ne sont pas les miennes ? imprimer puérilement que je reporte l'art à son enfance, parce que j'entreprends de frayer un nouveau sentier à cet art dont la loi première, et peut-être la seule, est d'amuser en instruisant[2] ? Mais ce n'est pas de cela qu'il s'agit.

Il y a souvent très loin du mal que l'on dit d'un ouvrage à celui qu'on en pense. Le trait qui nous poursuit, le mot qui importune reste enseveli dans le cœur, pendant que la bouche se venge en blâmant presque tout le reste. De sorte qu'on peut regarder comme un point établi au théâtre, qu'en fait de reproche à l'auteur, ce qui nous affecte le plus est ce dont on parle le moins.

Il est peut-être utile de dévoiler aux yeux de tous ce double aspect des comédies, et j'aurai fait encore un bon usage de la mienne, si je parviens, en la scrutant, à fixer l'opinion publique sur ce qu'on doit entendre par ces mots : Qu'est-ce que LA DÉCENCE THÉÂTRALE ?

À force de nous montrer délicats, fins connaisseurs et d'affecter, comme j'ai dit autre part, l'hypocrisie de la décence auprès du relâchement des mœurs, nous devenons des êtres nuls, incapables de s'amuser et de juger de ce qui leur convient, faut-il le dire enfin ? des bégueules[3] rassasiées qui ne savent plus ce qu'elles veulent

1. Inutilement.

2. Beaumarchais reprend ici la devise des auteurs de théâtre classique du XVIIe siècle, qui voulaient à la fois « plaire et instruire ».

3. Prudes (*péjoratif*).

La « décence » théâtrale

Emprunté au verbe latin *decet* (« il convient »), le terme de décence renvoie ici à la règle classique des bienséances théâtrales et à la question alors fondamentale de la moralité des pièces. Toute la préface vise à prouver la « décence » du *Mariage de Figaro* contre ses détracteurs et à prôner une dramaturgie nouvelle.

ni ce qu'elles doivent aimer ou rejeter. Déjà ces mots si rebattus, *bon ton, bonne compagnie*, toujours ajustés au niveau de chaque insipide coterie[1] et dont la latitude est si grande qu'on ne sait où ils commencent et finissent, ont détruit la franche et vraie gaieté qui distinguait de tout autre le comique de notre nation.

Ajoutez-y le pédantesque[2] abus de ces autres grands mots, *décence* et *bonnes mœurs*, qui donnent un air si important, si supérieur que nos jugeurs de comédies seraient désolés de n'avoir pas à les prononcer sur toutes les pièces de théâtre, et vous connaîtrez à peu près ce qui garrotte[3] le génie, intimide tous les auteurs, et porte un coup mortel à la vigueur de l'intrigue, sans laquelle il n'y a pourtant que du bel esprit à la glace[4] et des comédies de quatre jours.

Enfin, pour dernier mal, tous les états de la société sont parvenus à se soustraire à la censure dramatique : on ne pourrait mettre au théâtre *Les Plaideurs* de Racine[5], sans entendre aujourd'hui les Dandins et les Brid'oisons[6], même des gens plus éclairés, s'écrier qu'il n'y a plus ni mœurs, ni respect pour les magistrats.

On ne ferait point le *Turcaret*[7], sans avoir à l'instant sur les bras fermes, sous-fermes, traites et gabelles, droits-réunis, tailles, taillons, le trop-plein, le trop-bu[8], tous les impositeurs royaux. Il est vrai qu'aujourd'hui *Turcaret* n'a plus de modèles. On l'offrirait sous d'autres traits, l'obstacle resterait le même.

On ne jouerait point les fâcheux, les marquis, les emprunteurs de Molière, sans révolter à la fois la haute, la moyenne, la moderne et l'antique noblesse. Ses *Femmes savantes* irriteraient nos féminins bureaux d'esprit[9] ; mais quel calculateur peut évaluer la force et la longueur du levier qu'il faudrait, de nos jours, pour élever jusqu'au

1. Clan de personnes défendant leurs intérêts communs.
2. Qui affiche avec prétention un certain savoir.
3. Étrangle.
4. Esprit glacé, insensible.
5. Comédie qui fait la satire des plaideurs et des magistrats (1668).
6. Dandin est juge dans *Le Tiers Livre* de Rabelais (1546) et *Les Plaideurs* de Racine (1668) ; Brid'oison est le juge dans *Le Mariage de Figaro*.
7. Comédie de Lesage qui dénonce le milieu des financiers (1709).
8. Noms d'impôts.
9. Associations de personnes s'occupant de littérature (*péjoratif*).

théâtre l'œuvre sublime du *Tartuffe*[10] ? Aussi l'auteur qui se compromet avec le public, *pour l'amuser ou pour l'instruire*, au lieu d'intriguer[11] à son choix son ouvrage, est-il obligé de tourniller[12] dans des incidents impossibles, de persifler[13] au lieu de rire, et de prendre ses modèles hors de la société, crainte de se trouver mille ennemis, dont il ne connaissait aucun en composant son triste drame.

J'ai donc réfléchi que si quelque homme courageux ne secouait pas toute cette poussière, bientôt l'ennui des pièces françaises porterait la nation au frivole opéra-comique[14], et plus loin encore, aux boulevards, à ce ramas infect de tréteaux[15] élevés à notre honte, où la décente liberté, bannie du théâtre français, se change en une licence[16] effrénée, où la jeunesse va se nourrir de grossières inepties, et perdre, avec ses mœurs, le goût de la décence et des chefs-d'œuvre de nos maîtres. J'ai tenté d'être cet homme, et si je n'ai pas mis plus de talent à mes ouvrages, au moins mon intention s'est-elle manifestée dans tous.

J'ai pensé, je pense encore, qu'on n'obtient ni grand pathétique, ni profonde moralité, ni bon et vrai comique au théâtre, sans des situations fortes et qui naissent toujours d'une disconvenance sociale[17] dans le sujet qu'on veut traiter. L'auteur tragique, hardi dans ses moyens, ose admettre le crime atroce : les conspirations, l'usurpation du trône, le meurtre, l'empoisonnement, l'inceste dans *Œdipe* et *Phèdre* ; le fratricide dans *Vendôme* ; le parricide dans *Mahomet* ; le régicide dans *Macbeth*[18], *etc., etc.* La comédie, moins audacieuse, n'excède pas les disconvenances, parce que ses tableaux sont tirés de nos mœurs, ses sujets de la société. Mais comment frapper sur l'avarice, à moins de mettre en scène un méprisable avare ? démasquer l'hypocrisie sans montrer, comme Orgon, dans le *Tartuffe*, un abominable hypocrite, *épousant sa fille et convoitant sa femme* ? un homme à bonnes fortunes[19], sans le faire parcourir un cercle entier de femmes galantes ? un joueur effréné, sans l'envelopper de fripons,

10. Comédie de Molière (1664-1669) qui dénonce la fausse dévotion.
11. Construire une intrigue bien ficelée.
12. Se tortiller.
13. Se moquer.
14. Pièce qui mêle théâtre et chansons.
15. Le théâtre de foire.
16. Liberté excessive.
17. Écart entre le caractère d'un personnage et les exigences de sa condition sociale.
18. Tragédies des XVIIe et XVIIIe siècles.
19. Séducteur.

s'il ne l'est pas déjà lui-même ? Tous ces gens-là sont loin d'être vertueux ; l'auteur ne les donne pas pour tels : il n'est le patron d'aucun d'eux, il est le peintre de leurs vices. Et parce que le lion est féroce, le loup vorace et glouton, le renard rusé, cauteleux[1], la fable est-elle sans moralité ? Quand l'auteur la dirige contre un sot que la louange enivre, il fait choir du bec du corbeau le fromage dans la gueule du renard ; sa moralité est remplie ; s'il la tournait contre le bas flatteur, il finirait son apologue[2] ainsi : « Le renard s'en saisit, le dévore, mais le fromage était empoisonné. » La fable est une comédie légère, et toute comédie n'est qu'un long apologue ; leur différence est que dans la fable les animaux ont de l'esprit, et que dans notre comédie les hommes sont souvent des bêtes, et, qui pis est, des bêtes méchantes.

Ainsi, lorsque Molière, qui fut si tourmenté par les sots, donne à *L'Avare* un fils prodigue[3] et vicieux qui lui vole sa cassette et l'injurie en face, est-ce des vertus ou des vices, qu'il tire sa moralité ? que lui importent ces fantômes ? c'est vous qu'il entend corriger. Il est vrai que les afficheurs et balayeurs littéraires de son temps ne manquèrent pas d'apprendre au bon public combien tout cela était horrible ! Il est aussi prouvé que des envieux très importants, ou des importants très envieux, se déchaînèrent contre lui. Voyez le sévère Boileau, dans son épître au grand Racine, venger son ami qui n'est plus, en rappelant ainsi les faits :

L'Ignorance et l'Erreur, à ses naissantes pièces,
En habits de marquis, en robes de comtesses,
Venaient pour diffamer son chef-d'œuvre nouveau,
Et secouaient la tête à l'endroit le plus beau.
Le commandeur voulait la scène plus exacte ;
Le vicomte, indigné, sortait au second acte :
L'un, défenseur zélé des dévots mis en jeu,
Pour prix de ses bons mots le condamnait au feu ;
L'autre, fougueux marquis, lui déclarant la guerre,
Voulait venger la Cour immolée au parterre.

1. Sournois.
2. Bref récit qui comporte une morale ou qui a une visée augmentative.
3. Qui dépense avec excès.

On voit même dans un placet[4] de Molière à Louis XIV, qui fut si grand en protégeant les arts, et sans le goût éclairé duquel notre théâtre n'aurait pas un seul chef-d'œuvre de Molière ; on voit ce philosophe auteur se plaindre amèrement au roi que, pour avoir démasqué les hypocrites, ils imprimaient partout qu'il était un libertin, un impie, un athée, un démon vêtu de chair, habillé en homme ; et cela s'imprimait avec APPROBATION ET PRIVILÈGE de ce roi qui le protégeait. Rien là-dessus n'est empiré.

Mais, parce que les personnages d'une pièce s'y montrent sous des mœurs vicieuses, faut-il les bannir de la scène ? Que poursuivrait-on au théâtre ? les travers et les ridicules ? Cela vaut bien la peine d'écrire ! Ils sont chez nous comme les modes : on ne s'en corrige point, on en change.

Les vices, les abus, voilà ce qui ne change point, mais se déguise en mille formes sous le masque des mœurs dominantes : leur arracher ce masque et les montrer à découvert, telle est la noble tâche de l'homme qui se voue au théâtre. Soit qu'il moralise en riant, soit qu'il pleure en moralisant, Héraclite ou Démocrite, il n'a pas un autre devoir. Malheur à lui, s'il s'en écarte ! On ne peut corriger les hommes qu'en les faisant voir tels qu'ils sont. La comédie utile et véridique n'est point un éloge menteur, un vain discours d'académie.

Mais gardons-nous bien de confondre cette critique générale, un des plus nobles buts de l'art, avec la satire odieuse et personnelle : l'avantage de la première est de corriger sans blesser. Faites prononcer au théâtre, par l'homme juste, aigri de l'horrible abus des bienfaits, tous les hommes sont des ingrats : quoique chacun soit bien près de penser comme lui, personne ne s'en offensera. Ne pouvant y avoir un ingrat sans qu'il existe un bienfaiteur, ce reproche même établit une balance égale entre les bons et les mauvais cœurs, on le sent et cela console. Que si l'humoriste répond qu'un bienfaiteur fait cent

4. Écrit que l'on adresse à une personne importante pour demander une faveur.

Héraclite et Démocrite

Philosophes de l'Antiquité grecque. On oppose souvent le pessimisme du premier à l'optimisme du second. Dans *Le Barbier de Séville*, premier volet de la trilogie espagnole de Beaumarchais, Figaro opte très explicitement pour la voie optimiste : « je me presse de rire de tout, de peur d'être obligé d'en pleurer » (I, 2). Ce choix évolue dans *Le Mariage de Figaro* et dans *La Mère coupable*.

ingrats, on répliquera justement qu'il n'y a peut-être pas un ingrat qui n'ait été plusieurs fois bienfaiteur : et cela console encore. Et c'est ainsi qu'en généralisant, la critique la plus amère porte du fruit sans nous blesser, quand la satire personnelle, aussi stérile que funeste, blesse toujours et ne produit jamais. Je hais partout cette dernière, et je la crois un si punissable abus, que j'ai plusieurs fois d'office invoqué la vigilance du magistrat pour empêcher que le théâtre ne devînt une arène de gladiateurs, où le puissant se crût en droit de faire exercer ses vengeances par les plumes vénales, et malheureusement trop communes, qui mettent leur bassesse à l'enchère.

N'ont-ils donc pas assez, ces Grands, des mille et un feuillistes[1], faiseurs de bulletins, afficheurs, pour y trier les plus mauvais, en choisir un bien lâche, et dénigrer qui les offusque ? On tolère un si léger mal, parce qu'il est sans conséquence, et que la vermine éphémère démange un instant et périt ; mais le théâtre est un géant qui blesse à mort tout ce qu'il frappe. On doit réserver ses grands coups pour les abus et pour les maux publics.

Ce n'est donc ni le vice ni les incidents qu'il amène, qui font l'indécence théâtrale ; mais le défaut de leçons et de moralité. Si l'auteur, ou faible ou timide, n'ose en tirer de son sujet, voilà ce qui rend sa pièce équivoque ou vicieuse. […]

Me livrant à mon gai caractère, j'ai depuis tenté, dans *Le Barbier de Séville*, de ramener au théâtre l'ancienne et franche gaieté, en l'alliant avec le ton léger de notre plaisanterie actuelle mais comme cela même était une espèce de nouveauté, la pièce fut vivement poursuivie. Il semblait que j'eusse ébranlé l'État ; l'excès des précautions qu'on prit et des cris qu'on fit contre moi décelait surtout la frayeur que certains vicieux de ce temps avaient de s'y voir démasqués. La pièce fut censurée quatre fois, cartonnée[2] trois fois sur l'affiche à l'instant d'être jouée, dénoncée même au Parlement d'alors ; et moi, frappé de ce tumulte, je persistais à demander que le public restât le juge de ce que j'avais destiné à l'amusement du public.

1. Auteurs de feuillets, d'articles dans les journaux.

2. L'affiche d'une pièce censurée était recouverte d'un carton indiquant son annulation ou annonçant la représentation d'une autre pièce.

Je l'obtins au bout de trois ans. Après les clameurs, les éloges ; et chacun me disait tout bas : « Faites-nous donc des pièces de ce genre, puisqu'il n'y a plus que vous qui osiez rire en face. »

Un auteur désolé par la cabale[3] et les criards, mais qui voit sa pièce marcher, reprend courage, et c'est ce que j'ai fait. Feu M. le prince de Conti[4], de patriotique mémoire (car, en frappant l'air de son nom, l'on sent vibrer le vieux mot *patrie*), feu M. le prince de Conti, donc, me porta le défi public de mettre au théâtre ma préface du *Barbier*, plus gaie, disait-il, que la pièce, et d'y montrer la famille de Figaro, que j'indiquais dans cette préface. « *Monseigneur, lui répondis-je, si je mettais une seconde fois ce caractère sur la scène, comme je le montrerais plus âgé, qu'il en saurait quelque peu davantage, ce serait bien un autre bruit, et qui sait s'il verrait le jour !* » Cependant, par respect, j'acceptai le défi ; je composai cette *Folle Journée*, qui cause aujourd'hui la rumeur. Il daigna la voir le premier. C'était un homme d'un grand caractère, un prince auguste, un esprit noble et fier : le dirai-je ? il en fut content.

Mais quel piège, hélas ! j'ai tendu au jugement de nos critiques en appelant ma comédie du vain nom de *Folle Journée* ! Mon objet était bien de lui ôter quelque importance ; mais je ne savais pas encore à quel point un changement d'annonce peut égarer tous les esprits. En lui laissant son véritable titre, on eût lu *L'Époux suborneur*[5]. C'était pour eux une autre piste ; on me courait[6] différemment. Mais ce nom de *Folle Journée* les a mis à cent lieues de moi : ils n'ont plus rien vu dans l'ouvrage que ce qui n'y sera jamais ; et cette remarque un peu sévère sur la facilité de prendre le change[7] a plus d'étendue qu'on ne croit. Au lieu du nom de *George Dandin*, si Molière eût appelé son drame : *La Sottise des alliances*, il eût porté bien plus de fruit ; si Regnard eût nommé son *Légataire* : *La Punition du célibat*, la pièce nous eût fait frémir. Ce à quoi il ne songea pas, je l'ai fait avec réflexion. Mais qu'on

3. Complot.

4. Arrière-petit-fils de Louis XIV, protecteur des écrivains et des artistes et soutien de Beaumarchais.

5. Séducteur.

6. Poursuivait.

7. Faire prendre une chose pour une autre.

ferait un beau chapitre sur tous les jugements des hommes et la morale du théâtre, et qu'on pourrait intituler : *De l'influence de l'affiche* !

Quoi qu'il en soit, *La Folle Journée* resta cinq ans au portefeuille[1] ; les Comédiens[2] ont su que je l'avais, ils me l'ont enfin arrachée. S'ils ont bien ou mal fait pour eux, c'est ce qu'on a pu voir depuis. Soit que la difficulté de la rendre excitât leur émulation[3], soit qu'ils sentissent, avec le public, que pour lui plaire en comédie, il fallait de nouveaux efforts, jamais pièce aussi difficile n'a été jouée avec autant d'ensemble ; et si l'auteur (comme on le dit) est resté au-dessous de lui-même, il n'y a pas un seul acteur dont cet ouvrage n'ait établi, augmenté ou confirmé la réputation. Mais revenons à sa lecture, à l'adoption des Comédiens.

Sur l'éloge outré qu'ils en firent, toutes les sociétés voulurent le connaître, et dès lors il fallut me faire des querelles de toute espèce ou céder aux instances[4] universelles. Dès lors aussi les grands ennemis de l'auteur ne manquèrent pas de répandre à la Cour qu'il blessait dans cet ouvrage, d'ailleurs « un tissu de bêtises », la religion, le gouvernement, tous les états de la société, les bonnes mœurs, et qu'enfin la vertu y était opprimée et le vice triomphant, « comme de raison », ajoutait-on. Si les graves messieurs qui l'ont tant répété me font l'honneur de lire cette préface, ils y verront au moins que j'ai cité bien juste ; et la bourgeoise intégrité que je mets à mes citations n'en fera que mieux ressortir la noble infidélité des leurs.

Ainsi dans *Le Barbier de Séville* je n'avais qu'ébranlé l'État ; dans ce nouvel essai, plus infâme et plus séditieux[5], je le renversais de fond en comble. Il n'y avait plus rien de sacré si l'on permettait cet ouvrage. On abusait l'autorité par les plus insidieux rapports ; on cabalait[6] auprès des corps puissants ; on alarmait les dames timorées[7] ; on me faisait des ennemis sur le prie-Dieu des oratoires[8] : et moi, selon les hommes et les lieux, je repoussais la basse intrigue par mon excessive patience, par la roideur[9] de mon respect, l'obstination de ma docilité, par la raison, quand on voulait l'entendre.

---

1. Parmi les papiers de l'écrivain.
2. Acteurs de la Comédie-Française.
3. Volonté de se surpasser.
4. Demandes pressantes.
5. Subversif.
6. Complotait.
7. Craintives, méfiantes.
8. Lieux de prière, chapelles.
9. Rigueur.

Ce combat a duré quatre ans. Ajoutez-les aux cinq du portefeuille, que reste-t-il des allusions qu'on s'efforce à voir dans l'ouvrage ? Hélas ! quand il fut composé, tout ce qui fleurit aujourd'hui n'avait pas même encore germé. C'était tout un autre univers.

Pendant ces quatre ans de débat, je ne demandais qu'un censeur ; on m'en accorda cinq ou six. Que virent-ils dans l'ouvrage, objet d'un tel déchaînement ? La plus badine[10] des intrigues. Un grand seigneur espagnol, amoureux d'une jeune fille qu'il veut séduire, et les efforts que cette fiancée, celui qu'elle doit épouser et la femme du seigneur réunissent pour faire échouer dans son dessein un maître absolu que son rang, sa fortune et sa prodigalité[11] rendent tout-puissant pour l'accomplir. Voilà tout, rien de plus. La pièce est sous vos yeux.

D'où naissaient donc ces cris perçants ? De ce qu'au lieu de poursuivre un seul caractère vicieux, comme le Joueur, l'Ambitieux, l'Avare, ou l'Hypocrite, ce qui ne lui eût mis sur les bras qu'une seule classe d'ennemis, l'auteur a profité d'une composition légère, ou plutôt a formé son plan de façon à y faire entrer la critique d'une foule d'abus qui désolent la société. Mais comme ce n'est pas là ce qui gâte un ouvrage aux yeux du censeur éclairé, tous, en l'approuvant, l'ont réclamé pour le théâtre. Il a donc fallu l'y souffrir : alors les grands du monde ont vu jouer avec scandale

Cette pièce où l'on peint un insolent valet
Disputant sans pudeur son épouse à son maître.

M. GUDIN[12].

Oh ! que j'ai de regret de n'avoir pas fait de ce sujet moral une tragédie bien sanguinaire ! Mettant un poignard à la main de l'époux outragé, que je n'aurais pas nommé Figaro, dans sa jalouse fureur je lui aurais fait noblement poignarder le puissant vicieux ; et comme il aurait vengé son honneur dans des vers carrés[13], bien ronflants, et que mon jaloux, tout au moins général d'armée, aurait eu pour rival quelque tyran bien horrible et régnant au plus mal sur un peuple désolé, tout cela, très loin

10. Légère.

11. Dépense excessive.

12. Ami et éditeur de Beaumarchais.

13. Fermes, tranchés.

de nos mœurs, n'aurait, je crois, blessé personne ; on eût crié : « Bravo ! ouvrage bien moral[1] ! » Nous étions sauvés, moi et mon Figaro sauvage.

Mais ne voulant qu'amuser nos Français et non faire ruisseler les larmes de leurs épouses, de mon coupable amant j'ai fait un jeune seigneur de ce temps-là, prodigue, assez galant, même un peu libertin, à peu près comme les autres seigneurs de ce temps-là. Mais qu'oserait-on dire au théâtre d'un seigneur, sans les offenser tous, sinon de lui reprocher son trop de galanterie ? N'est-ce pas là le défaut le moins contesté par eux-mêmes ? J'en vois beaucoup, d'ici, rougir modestement (et c'est un noble effort) en convenant que j'ai raison.

Voulant donc faire le mien coupable, j'ai eu le respect généreux de ne lui prêter aucun des vices du peuple. Direz-vous que je ne le pouvais pas ? que c'eût été blesser toutes les vraisemblances ? Concluez donc en faveur de ma pièce, puisque enfin je ne l'ai pas fait.

Le défaut même dont je l'accuse n'aurait produit aucun mouvement comique, si je ne lui avais gaiement opposé l'homme le plus dégourdi[2] de sa nation, le *véritable* Figaro, qui, tout en défendant Suzanne, sa propriété, se moque des projets de son maître, et s'indigne très plaisamment qu'il ose jouter[3] de ruse avec lui, maître passé dans ce genre d'escrime.

Ainsi, d'une lutte assez vive entre l'abus de la puissance, l'oubli des principes, la prodigalité, l'occasion, tout ce que la séduction a de plus entraînant ; et le feu, l'esprit, les ressources que l'infériorité piquée au jeu peut opposer à cette attaque ; il naît dans ma pièce un jeu plaisant d'intrigue, où l'*époux suborneur*, contrarié, lassé, harassé, toujours arrêté dans ses vues, est obligé, trois fois dans cette journée, de tomber aux pieds de sa femme, qui, bonne, indulgente et sensible, finit par lui pardonner : c'est ce qu'elles font toujours. Qu'a donc cette moralité de blâmable, messieurs ?

1. L'intrigue évoquée ici sera développée dans l'opéra de Beaumarchais, *Tarare* (1787).

2. Débrouillard.

3. Lutter.

La gaieté de Figaro

Beaumarchais souligne le rôle essentiel de Figaro dans l'émergence du comique de la pièce. Sans la verve plaisante que le valet manifeste contre son maître, le libertinage du Comte n'aurait produit « aucun mouvement comique ».

La trouvez-vous un peu badine pour le ton grave que je prends ? Accueillez-en une plus sévère qui blesse vos yeux dans l'ouvrage, quoique vous ne l'y cherchiez pas : c'est qu'un seigneur assez vicieux pour vouloir prostituer à ses caprices tout ce qui lui est subordonné, pour se jouer, dans ses domaines, de la pudicité[4] de toutes ses jeunes vassales, doit finir, comme celui-ci, par être la risée de ses valets. Et c'est ce que l'auteur a très fortement prononcé, lorsqu'en fureur, au cinquième acte, Almaviva, croyant confondre une femme infidèle, montre à son jardinier un cabinet, en lui criant *: Entres-y, toi, Antonio : conduis devant son juge l'infâme qui m'a déshonoré ; et que celui-ci lui répond : Il y a, parguienne, une bonne Providence ! Vous en avez tant fait dans le pays, qu'il faut bien aussi qu'à votre tour…*

Cette profonde moralité se fait sentir dans tout l'ouvrage ; et s'il convenait à l'auteur de démontrer aux adversaires qu'à travers sa forte leçon il a porté la considération pour la dignité du coupable plus loin qu'on ne devait l'attendre de la fermeté de son pinceau, je leur ferais remarquer que, croisé[5] dans tous ses projets, le comte Almaviva se voit toujours humilié, sans être jamais avili.

En effet, si la Comtesse usait de ruse pour aveugler sa jalousie dans le dessein de le trahir, devenue coupable elle-même, elle ne pourrait mettre à ses pieds son époux, sans le dégrader à nos yeux. La vicieuse intention de l'épouse brisant un lien respecté, l'on reprocherait justement à l'auteur d'avoir tracé des mœurs blâmables ; car nos jugements sur les mœurs se rapportent toujours aux femmes ; on n'estime pas assez les hommes pour tant exiger d'eux sur ce point délicat. Mais, loin qu'elle ait ce vil projet, ce qu'il y a de mieux établi dans l'ouvrage est que nul ne veut faire une tromperie au comte mais seulement l'empêcher d'en faire à tout le monde. C'est la pureté des motifs qui sauve ici les moyens du reproche ; et, de cela seul que la comtesse ne veut que ramener son mari, toutes les confusions qu'il éprouve sont certainement très morales, aucune n'est avilissante.

Pour que cette vérité vous frappe davantage, l'auteur oppose à ce mari peu délicat, la plus vertueuse des femmes par goût et par principes.

---

4. Pudeur.

5. Gêné, importuné.

Abandonnée d'un époux trop aimé, quand l'expose-t-on à vos regards ? Dans le moment critique où sa bienveillance pour un aimable enfant, son filleul, peut devenir un goût dangereux, si elle permet au ressentiment qui l'appuie de prendre trop d'empire sur elle. C'est pour mieux faire ressortir l'amour vrai du devoir que l'auteur la met un moment aux prises avec un goût naissant qui le combat. Oh ! combien on s'est étayé de[1] ce léger mouvement dramatique pour nous accuser d'indécence ! On accorde à la tragédie que toutes les reines, les princesses, aient des passions bien allumées qu'elles combattent plus ou moins, et l'on ne souffre pas que, dans la comédie, une femme ordinaire puisse lutter contre la moindre faiblesse ! Ô grande *influence de l'affiche* ! jugement sûr et conséquent ! Avec la différence du genre, on blâme ici ce qu'on approuvait là. Et cependant en ces deux cas c'est toujours le même principe : point de vertu sans sacrifice.

J'ose en appeler à vous, jeunes infortunées que votre malheur attache à des Almaviva ! Distingueriez-vous toujours votre vertu de vos chagrins, si quelque intérêt importun, tendant trop à les dissiper, ne vous avertissait enfin qu'il est temps de combattre pour elle ? Le chagrin de perdre un mari n'est pas ici ce qui nous touche ; un regret aussi personnel est trop loin d'être une vertu ! Ce qui nous plaît dans la comtesse, c'est de la voir lutter franchement contre un goût naissant qu'elle blâme, et des ressentiments légitimes. Les efforts qu'elle fait alors pour ramener son infidèle époux, mettant dans le plus heureux jour les deux sacrifices pénibles de son goût et de sa colère, on n'a nul besoin d'y penser pour applaudir à son triomphe ; elle est un modèle de vertu, l'exemple de son sexe et l'amour du nôtre.

Si cette métaphysique[2] de l'honnêteté des scènes, si ce principe avoué de toute décence théâtrale n'a point frappé nos juges à la représentation, c'est vainement que j'en étendrais ici le développement, les conséquences ; un tribunal d'iniquité[3] n'écoute point les défenses de l'accusé qu'il est chargé de perdre ; et ma comtesse n'est point traduite au parlement de la nation, c'est une commission qui la juge. […]

1. Fondé sur.

2. Ici, l'analyse que vient de développer l'auteur.

3. Injustice.

Pourquoi Suzanne la camariste[4], spirituelle, adroite et rieuse, a-t-elle aussi le droit de nous intéresser ? C'est qu'attaquée par un séducteur puissant, avec plus d'avantage qu'il n'en faudrait pour vaincre une fille de son état, elle n'hésite pas à confier les intentions du comte aux deux personnes les plus intéressées à bien surveiller sa conduite : sa maîtresse et son fiancé ; c'est que, dans tout son rôle, presque le plus long de la pièce, il n'y a pas une phrase, un mot, qui ne respire la sagesse et l'attachement à ses devoirs. La seule ruse qu'elle se permette est en faveur de sa maîtresse, à qui son dévouement est cher, et dont tous les vœux sont honnêtes.

Pourquoi, dans ses libertés sur son maître, Figaro m'amuse-t-il, au lieu de m'indigner ? C'est que, l'opposé des valets, il n'est pas, et vous le savez, le malhonnête homme de la pièce : en le voyant forcé par son état de repousser l'insulte avec adresse, on lui pardonne tout, dès qu'on sait qu'il ne ruse avec son seigneur que pour garantir ce qu'il aime et sauver sa propriété.

Donc, hors le comte et ses agents, chacun fait dans la pièce à peu près ce qu'il doit. Si vous les croyez malhonnêtes parce qu'ils disent du mal les uns des autres, c'est une règle très fautive. Voyez nos honnêtes gens du siècle : on passe la vie à ne faire autre chose ! Il est même tellement reçu de déchirer sans pitié les absents que moi, qui les défends toujours, j'entends murmurer très souvent : « Quel diable d'homme, et qu'il est contrariant ! Il dit du bien de tout le monde ! »

Est-ce mon page, enfin, qui vous scandalise ? et l'immoralité qu'on reproche au fond de l'ouvrage serait-elle dans l'accessoire ? Ô censeurs délicats ! beaux esprits sans fatigue ! inquisiteurs pour la morale, qui condamnez en un clin d'œil les réflexions de cinq années ! soyez justes une fois, sans tirer à conséquence[5]. Un enfant de treize ans, aux premiers battements du cœur, cherchant tout sans rien démêler, idolâtre, ainsi qu'on l'est à cet âge heureux, d'un objet céleste pour lui dont le hasard fit sa marraine, est-il un sujet de scandale ? Aimé de tout le monde au château, vif, espiègle et brûlant, comme tous les enfants spirituels, par son agitation extrême, il dérange dix fois, sans le vouloir, les coupables projets du comte. Jeune adepte de la nature,

4. Femme de chambre d'une dame de haut rang.

5. Sans tirer de mauvaises conclusions.

tout ce qu'il voit a droit de l'agiter ; peut-être il n'est plus un enfant, mais il n'est pas encore un homme, et c'est le moment que j'ai choisi pour qu'il obtînt de l'intérêt, sans forcer personne à rougir. Ce qu'il éprouve innocemment, il l'inspire partout de même. Direz-vous qu'on l'aime d'amour ? Censeurs ! ce n'est pas là le mot : vous êtes trop éclairés pour ignorer que l'amour, même le plus pur, a un motif intéressé : on ne l'aime donc pas encore ; on sent qu'un jour on l'aimera. Et c'est ce que l'auteur a mis avec gaieté dans la bouche de Suzanne, quand elle dit à cet enfant : « Oh ! dans trois ou quatre ans, je prédis que vous serez le plus grand petit vaurien !... »[1]

Pour lui imprimer plus fortement le caractère de l'enfance, nous le faisons exprès tutoyer par Figaro. Supposez-lui deux ans de plus, quel valet dans le château prendrait ces libertés ? Voyez-le à la fin de son rôle ; à peine a-t-il un habit d'officier, qu'il porte la main à l'épée aux premières railleries du comte, sur le quiproquo d'un soufflet. Il sera fier, notre étourdi ! mais c'est un enfant, rien de plus. N'ai-je pas vu nos dames, dans les loges, aimer mon page à la folie ? Que lui voulaient-elles ? hélas ! rien : c'était de l'intérêt aussi ; mais, comme celui de la comtesse, un pur et naïf intérêt, un intérêt... sans intérêt.

Mais est-ce la personne du page, ou la conscience du seigneur qui fait le tourment du dernier, toutes les fois que l'auteur les condamne à se rencontrer dans la pièce ? Fixez ce léger aperçu[2], il peut vous mettre sur sa voie ; ou plutôt apprenez de lui que cet enfant n'est amené que pour ajouter à la moralité de l'ouvrage, en vous montrant que l'homme le plus absolu chez lui, dès qu'il suit un projet coupable, peut être mis au désespoir par l'être le moins important, par celui qui redoute le plus de se rencontrer sur sa route.

Quand mon page aura dix-huit ans, avec le caractère vif et bouillant que je lui ai donné, je serai coupable, à mon tour, si je le montre sur la scène. Mais à treize ans qu'inspire-t-il ? quelque chose de sensible et doux, qui n'est amitié ni amour, et qui tient un peu de tous deux.

J'aurais de la peine à faire croire à l'innocence de ces impressions, si nous vivions dans un siècle moins chaste[3], dans un de ces siècles de calcul où, voulant tout prématuré, comme les fruits de leurs serres

1. *Le Mariage de Figaro*, acte I, sc.7.
2. Concentrez-vous sur cette remarque.
3. Les phrases qui suivent sont ironiques, dénonçant les mariages trop précoces des jeunes nobles.

chaudes, les grands mariaient leurs enfants à douze ans, et faisaient plier la nature, la décence et le goût aux plus sordides convenances, en se hâtant surtout d'arracher de ces êtres non formés, des enfants encore moins formables dont le bonheur n'occupait personne et qui n'étaient que le prétexte d'un certain trafic d'avantages qui n'avait nul rapport à eux, mais uniquement à leur nom. Heureusement nous en sommes bien loin, et le caractère de mon page, sans conséquence pour lui-même, en a une relative au comte, que le moraliste aperçoit, mais qui n'a pas encore frappé le grand commun de nos jugeurs.

Ainsi, dans cet ouvrage, chaque rôle important a quelque but moral. Le seul qui semble y déroger est le rôle de Marceline.

Coupable d'un ancien égarement, dont son Figaro fut le fruit, elle devrait, dit-on, se voir au moins punie par la confusion de sa faute, lorsqu'elle reconnaît son fils. L'auteur eût pu même en tirer une moralité plus profonde : dans les mœurs qu'il veut corriger, la faute d'une jeune fille séduite est celle des hommes, et non la sienne. Pourquoi donc ne l'a-t-il pas fait ?

Il l'a fait, censeurs raisonnables ! […]

Si je n'ai versé sur nos sottises qu'un peu de critique badine, ce n'est pas que je ne sache en former de plus sévères ; quiconque a dit tout ce qu'il sait dans son ouvrage, y a mis plus que moi dans le mien. Mais je garde une foule d'idées qui me pressent pour un des sujets les plus moraux du théâtre, aujourd'hui sur mon chantier : *La Mère coupable*[4] ; et si le dégoût dont on m'abreuve me permet jamais de l'achever, mon projet étant d'y faire verser des larmes à toutes les femmes sensibles, j'élèverai mon langage à la hauteur de mes situations, j'y prodiguerai les traits de la plus austère morale, et je tonnerai[5] fortement sur les vices que j'ai trop ménagés. Apprêtez-vous donc bien, messieurs, à me tourmenter de nouveau : ma poitrine a déjà grondé ; j'ai noirci beaucoup de papier au service de votre colère.

Et vous, honnêtes indifférents, qui jouissez de tout sans prendre parti sur rien, jeunes personnes modestes et timides qui vous plaisez à ma *Folle Journée* (et je n'entreprends sa défense que pour justifier votre goût), lorsque vous verrez dans le monde un de ces hommes

4. Dernière pièce de la trilogie de Figaro (1792).

5. Protesterai vivement.

tranchants critiquer vaguement la pièce, tout blâmer sans rien désigner, surtout la trouver indécente, examinez bien cet homme-là, sachez son rang, son état, son caractère, et vous connaîtrez sur-le-champ le mot qui l'a blessé dans l'ouvrage.

On sent bien que je ne parle pas de ces écumeurs littéraires[1] qui vendent leurs bulletins ou leurs affiches à tant de liards[2] le paragraphe. Ceux-là, comme l'abbé Bazile, peuvent calomnier : *ils médiraient, qu'on ne les croirait pas*[3].

Je parle moins encore de ces libellistes[4] honteux qui n'ont trouvé d'autre moyen de satisfaire leur rage, l'assassinat étant trop dangereux, que de lancer du cintre de nos salles[5] des vers infâmes contre l'auteur, pendant que l'on jouait sa pièce. Ils savent que je les connais ; si j'avais eu dessein de les nommer, ç'aurait été au ministère public : leur supplice est de l'avoir craint, il suffit à mon ressentiment. Mais on n'imaginera jamais jusqu'où ils ont osé élever les soupçons du public sur une aussi lâche épigramme[6] ! semblables à ces vils charlatans du Pont-Neuf, qui, pour accréditer leurs drogues, farcissent d'ordres, de cordons[7], le tableau qui leur sert d'enseigne.

Non, je cite nos importants, qui, blessés, on ne sait pourquoi, des critiques semées dans l'ouvrage, se chargent d'en dire du mal, sans cesser de venir aux noces.

C'est un plaisir assez piquant de les voir d'en bas au spectacle, dans le très plaisant embarras de n'oser montrer ni satisfaction ni colère ; s'avançant sur le bord des loges, prêts à se moquer de l'auteur, et se retirant aussitôt pour celer[8] un peu de grimace ; emportés par un mot de la scène, et soudainement rembrunis par le pinceau du moraliste ; au plus léger trait de gaieté jouer tristement les étonnés, prendre un air gauche en faisant les pudiques et regardant les femmes dans les yeux, comme pour leur reprocher de soutenir un tel scandale ; puis, aux grands applaudissements, lancer sur le public un regard méprisant, dont il est écrasé ; toujours prêts à lui dire, comme ce courtisan dont parle Molière, lequel, outré du

1. Plagiaires, copieurs.
2. Unité monétaire.
3. Citation légèrement modifiée d'une réplique de Figaro dans *Le Barbier de Séville* (acte II, sc. 9).
4. Auteurs de libelles (écrits satiriques et diffamatoires).
5. De la partie supérieure des salles de théâtre.
6. Satire.
7. Décorations honorifiques de toutes sortes.
8. Dissimuler.

succès de *L'École des femmes*, criait des balcons au public : « Ris donc, public, ris donc ! » En vérité c'est un plaisir, et j'en ai joui bien des fois.

Celui-là m'en rappelle un autre. Le premier jour de *La Folle Journée*, on s'échauffait dans le foyer[9] (même d'honnêtes plébéiens[10]) sur ce qu'ils nommaient spirituellement « mon audace ». Un petit vieillard sec et brusque, impatienté de tous ces cris, frappe le plancher de sa canne et dit en s'en allant : « Nos Français sont comme les enfants, qui braillent quand on les éberne[11] ». Il avait du sens, ce vieillard. Peut-être on pouvait mieux parler, mais pour mieux penser, j'en défie.

Avec cette intention de tout blâmer, on conçoit que les traits les plus sensés ont été pris en mauvaise part. N'ai-je pas entendu vingt fois un murmure descendre des loges à cette réponse de Figaro :

LE COMTE. – *Une réputation détestable !*

FIGARO. – *Et si je vaux mieux qu'elle ? Y a-t-il beaucoup de seigneurs qui puissent en dire autant ?*[12]

Je dis, moi, qu'il n'y en a point ; qu'il ne saurait y en avoir, à moins d'une exception bien rare. Un homme obscur ou peu connu peut valoir mieux que sa réputation, qui n'est que l'opinion d'autrui. Mais de même qu'un sot en place en paraît une fois plus sot, parce qu'il ne peut plus rien cacher, de même un grand seigneur, l'homme élevé en dignités, que la fortune et sa naissance ont placé sur le grand théâtre[13], et qui, en entrant dans le monde, eut toutes les préventions pour lui, vaut presque toujours moins que sa réputation, s'il parvient à la rendre mauvaise. Une assertion si simple et si loin du sarcasme devait-elle exciter le murmure ? si son application paraît fâcheuse aux grands peu soigneux de leur gloire, en quel sens fait-elle épigramme sur ceux qui méritent nos respects ? et quelle maxime plus juste au théâtre peut servir de frein aux puissants et tenir lieu de leçon à ceux qui n'en reçoivent point d'autres ?

9. Salle où se rassemblent les spectateurs durant l'entracte.
10. Gens du peuple.
11. Essuie.
12. *Le Mariage de Figaro*, acte III, sc. 5.
13. La haute société (*métaphore*).

Non qu'il faille oublier (a dit un écrivain sévère, et je me plais à le citer, parce que je suis de son avis), « *non qu'il faille oublier,* dit-il, *ce qu'on doit aux rangs élevés : il est juste au contraire, que l'avantage de la naissance soit le moins contesté de tous, parce que ce bienfait gratuit de l'hérédité, relatif aux exploits, vertus ou qualités des aïeux de qui le reçut, ne peut aucunement blesser l'amour-propre de ceux auxquels il fut refusé ; parce que dans une monarchie, si l'on ôtait les rangs intermédiaires, il y aurait trop loin du monarque aux sujets ; bientôt on n'y verrait qu'un despote et des esclaves ; le maintien d'une échelle graduée du laboureur au potentat*[1] *intéresse également les hommes de tous les rangs, et peut-être est le plus ferme appui de la constitution monarchique* ».

Mais quel auteur parlait ainsi ? qui faisait cette profession de foi sur la noblesse, dont on me suppose si loin ? C'était Pierre Augustin Caron de Beaumarchais, plaidant par écrit au parlement d'Aix, en 1778, une grande et sévère question qui décida bientôt de l'honneur d'un noble et du sien[2]. Dans l'ouvrage que je défends, on n'attaque point les états, mais les abus de chaque état ; les gens seuls qui s'en rendent coupables ont intérêt à le trouver mauvais ; voilà les rumeurs expliquées ; mais quoi donc, les abus sont-ils devenus si sacrés, qu'on n'en puisse attaquer aucun sans lui trouver vingt défenseurs ? [...]

Lorsque mon sujet me saisit, j'évoque tous mes personnages et les mets en situation : « Songe à toi, Figaro, ton maître va te deviner. Sauvez-vous vite, Chérubin, c'est le comte que vous touchez. Ah ! comtesse, quelle imprudence avec un époux si violent ! » Ce qu'ils diront, je n'en sais rien ; c'est ce qu'ils feront qui m'occupe. Puis, quand ils sont bien animés, j'écris sous leur dictée rapide, sûr qu'ils ne me tromperont pas, que je reconnaîtrai Bazile, lequel n'a pas l'esprit de Figaro, qui n'a pas le ton noble du comte, qui n'a pas la sensibilité de la comtesse, qui n'a pas la gaieté de Suzanne, qui n'a pas l'espièglerie du page, et surtout aucun d'eux la sublimité de Brid'oison. Chacun y parle son langage : eh ! que le dieu du naturel les préserve d'en parler d'autre ! Ne nous attachons donc qu'à l'examen de leurs idées, et non à rechercher si j'ai dû leur prêter mon style.

1. Souverain absolu.
2. Beaumarchais fait ici référence à son procès contre le Comte de la Blache, qui le poursuivait en justice à cause de l'héritage du financier Paris-Duverney.

Quelques malveillants ont voulu jeter de la défaveur sur cette phrase de Figaro : « Sommes-nous des soldats qui tuent et se font tuer pour des intérêts qu'ils ignorent ? Je veux savoir, moi, pourquoi je me fâche[3]. » À travers le nuage d'une conception indigeste[4], ils ont feint d'apercevoir *que je répands une lumière décourageante sur l'état pénible du soldat, et il y a des choses qu'il ne faut jamais dire*. Voilà dans toute sa force l'argument de la méchanceté ; reste à en prouver la bêtise.

Si, comparant la dureté du service à la modicité[5] de la paye, ou discutant tel autre inconvénient de la guerre et comptant la gloire pour rien, je versais de la défaveur sur ce plus noble des affreux métiers, on me demanderait justement compte d'un mot indiscrètement échappé. Mais, du soldat au colonel, au général exclusivement, quel imbécile homme de guerre a jamais eu la prétention qu'il dût pénétrer les secrets du cabinet, pour lesquels il fait la campagne ? C'est de cela seul qu'il s'agit dans la phrase de Figaro. Que ce fou-là se montre, s'il existe ; nous l'enverrons étudier sous le philosophe Babouc[6], lequel éclaircit disertement[7] ce point de discipline militaire.

En raisonnant sur l'usage que l'homme fait de sa liberté dans les occasions difficiles, Figaro pouvait également opposer à sa situation tout état qui exige une obéissance implicite ; et le cénobite[8] zélé, dont le devoir est de tout croire sans jamais rien examiner, comme le guerrier valeureux, dont la gloire est de tout affronter sur des ordres non motivés, *de tuer et se faire tuer pour des intérêts qu'il ignore*. Le mot de Figaro ne dit donc rien, sinon qu'un homme libre de ses actions doit agir sur[9] d'autres principes que ceux dont le devoir est d'obéir aveuglément.

Qu'aurait-ce été, bon Dieu ! si j'avais fait usage d'un mot qu'on attribue au Grand Condé[10], et que j'entends louer à outrance par ces mêmes logiciens qui déraisonnent sur ma phrase ? À les croire, le Grand Condé montra la plus noble présence d'esprit, lorsque

3. *Le Mariage de Figaro*, acte V, sc. 12.

4. À travers des soupçons fumeux, douteux.

5. Médiocrité.

6. Personnage du conte de Voltaire, *Le Monde comme il va* (1748), qui remarque que seuls les gouverneurs de province connaissent les causes de la guerre.

7. Longuement.

8. Moine qui vit en communauté.

9. Se fonder sur.

10. Louis II de Condé (1621-1686), dit le Grand Condé, s'illustra sur les champs de bataille et durant la Fronde des princes (au milieu du XVIIe siècle).

arrêtant Louis XIV prêt à pousser son cheval dans le Rhin, il dit à ce monarque : « Sire, avez-vous besoin du bâton de maréchal ? »

Heureusement on ne prouve nulle part que ce grand homme ait dit cette grande sottise. C'eût été dire au roi, devant toute son armée : « Vous moquez-vous donc, Sire, de vous exposer dans un fleuve ? Pour courir de pareils dangers, il faut avoir besoin d'avancement ou de fortune ! »

Ainsi l'homme le plus vaillant, le plus grand général du siècle, aurait compté pour rien l'honneur, le patriotisme et la gloire ! un misérable calcul d'intérêt eût été, selon lui, le seul principe de la bravoure ! il eût dit là un affreux mot ! et si j'en avais pris le sens pour l'enfermer dans quelque trait, je mériterais le reproche qu'on fait gratuitement au mien.

Laissons donc les cerveaux fumeux louer ou blâmer, au hasard, sans se rendre compte de rien, s'extasier sur une sottise qui n'a pu jamais être dite, et proscrire un mot juste et simple, qui ne montre que du bon sens. [...]

Allons au fait ; ce n'est pas tout cela qui blesse. Le vrai motif qui se cache et qui dans les replis du cœur produit tous les autres reproches, est renfermé dans ce quatrain :

Pourquoi ce Figaro qu'on va tant écouter
Est-il avec fureur déchiré par les sots ?
Recevoir, prendre et demander :
Voilà le secret en trois mots.[1]

En effet, Figaro, parlant du métier de courtisan, le définit dans ces termes sévères. Je ne puis le nier, je l'ai dit. Mais reviendrai-je sur ce point ? Si c'est un mal, le remède serait pire : il faudrait poser méthodiquement ce que je n'ai fait qu'indiquer, revenir à montrer

1. Les deux derniers vers sont une citation du *Mariage de Figaro*, acte II, sc. 2.

Le courtisan et l'honnête homme

Depuis le XVIe siècle, nombreux sont les écrivains français (Du Bellay, La Bruyère, La Fontaine, Molière...) qui ont dépeint les courtisans comme des personnages hypocrites, flatteurs, intrigants ou dangereusement influents. Quant à l'« homme de la cour » dont Beaumarchais fait ici l'éloge, il rappelle l'idéal de « l'honnête homme », aristocrate distingué, cultivé, apprécié de tous.

qu'il n'y a point de synonyme en français entre *l'homme de la cour, l'homme de cour, et le courtisan par métier.*

Il faudrait répéter qu'*homme de la cour* peint seulement un noble état ; qu'il s'entend de l'homme de qualité vivant avec la noblesse et l'éclat que son rang lui impose ; que, si cet *homme de la cour* aime le bien par goût, sans intérêt, si, loin de jamais nuire à personne, il se fait estimer de ses maîtres, aimer de ses égaux et respecter des autres, alors cette acception reçoit un nouveau lustre[2], et j'en connais plus d'un que je nommerais avec plaisir s'il en était question.

Il faudrait montrer qu'*homme de cour*, en bon français, est moins l'énoncé d'un état que le résumé d'un caractère adroit, liant[3], mais réservé, pressant la main de tout le monde en glissant chemin à travers, menant finement son intrigue avec l'air de toujours servir, ne se faisant point d'ennemis, mais donnant, près d'un fossé, dans l'occasion, de l'épaule au meilleur ami pour assurer sa chute et le remplacer sur la crête, laissant à part tout préjugé qui pourrait ralentir sa marche, souriant à ce qui lui déplaît et critiquant ce qu'il approuve, selon les hommes qui l'écoutent ; dans les liaisons utiles de sa femme ou de sa maîtresse, ne voyant que ce qu'il doit voir, enfin…

Prenant tout, pour le faire court,
En véritable homme de cour.[4]

LA FONTAINE

Cette acception n'est pas aussi défavorable que celle du *courtisan par métier*, et c'est l'homme dont parle Figaro.

Mais, quand j'étendrais la définition de ce dernier, quand, parcourant tous les possibles, je le montrerais avec son maintien équivoque, haut et bas à la fois, rampant avec orgueil, ayant toutes les prétentions sans en justifier une, se donnant l'air du *protègement*[5] pour se faire chef de parti, dénigrant tous les concurrents qui balanceraient son crédit, faisant un métier lucratif de ce qui ne

---

2. Éclat.

3. Sociable.

4. Vers extraits d'un conte de La Fontaine, *Joconde* (*Contes et Nouvelles en vers*, 1665).

5. Protection (*mot inventé par Beaumarchais*).

devrait qu'honorer, vendant ses maîtresses à son maître, lui faisant payer ses plaisirs, *etc.*, *etc.*, et quatre pages d'*etc.*, il faudrait toujours revenir au distique de Figaro : « Recevoir, prendre et demander : Voilà le secret en trois mots. »

Pour ceux-ci, je n'en connais point ; il y en eut, dit-on, sous Henri III[1], sous d'autres rois encore, mais c'est l'affaire de l'historien ; et, quant à moi, je suis d'avis que les vicieux du siècle en sont comme les saints : qu'il faut cent ans pour les canoniser. Mais puisque j'ai promis la critique de ma pièce, il faut enfin que je la donne.

En général son grand défaut est *que je ne l'ai point faite en observant le monde ; qu'elle ne peint rien de ce qui existe, et ne rappelle jamais l'image de la société où l'on vit ; que ses mœurs basses et corrompues, n'ont pas même le mérite d'être vraies*[2]. Et c'est ce qu'on lisait dernièrement dans un beau discours imprimé, composé par un homme de bien, auquel il n'a manqué qu'un peu d'esprit pour être un écrivain médiocre. Mais, médiocre ou non, moi qui ne fis jamais usage de cette allure oblique et torse[3] avec laquelle un sbire[4] qui n'a pas l'air de vous regarder vous donne du stylet[5] au flanc, je suis de l'avis de celui-ci. Je conviens qu'à la vérité, la génération passée ressemblait beaucoup à ma pièce, que la génération future lui ressemblera beaucoup aussi ; mais que pour la génération présente, elle ne lui ressemble aucunement ; que je n'ai jamais rencontré ni mari suborneur[6], ni seigneur libertin, ni courtisan avide, ni juge ignorant ou passionné, ni avocat injuriant, ni gens médiocres avancés[7], ni traducteur bassement jaloux ; et que, si des âmes pures, qui ne s'y reconnaissent point du tout, s'irritent contre ma pièce et la déchirent sans relâche, c'est uniquement par respect pour leurs grands-pères et sensibilité pour leurs petits-enfants. J'espère, après cette déclaration, qu'on me laissera bien tranquille ; ET J'AI FINI.

---

1. Roi de France (entre 1574 et 1589), connu pour son homosexualité qui lui fit couvrir d'honneurs ses « mignons » (ses amants).

2. Référence au discours de Jean-Baptiste Suard, sévère censeur de la pièce de Beaumarchais.

3. Sournoise.

4. Homme de main, assassin (*péjoratif*).

5. Poignard.

6. Trompeur.

7. Des gens médiocres occupant sans les mériter de hautes fonctions.

Caractères et habillements de la pièce

Le Comte Almaviva doit être joué très noblement, mais avec grâce et liberté. La corruption du cœur ne doit rien ôter au bon ton de ses manières. Dans les mœurs *de ce temps-là*, les grands traitaient en badinant toute entreprise sur les femmes. Ce rôle est d'autant plus pénible à bien rendre que le personnage est toujours sacrifié. Mais, joué par un comédien excellent (M. Molé), il a fait ressortir tous les rôles et assuré le succès de la pièce.

Son vêtement du premier et second acte est un habit de chasse, avec des bottines à mi-jambe de l'ancien costume espagnol. Du troisième acte jusqu'à la fin, un habit superbe de ce costume.

La Comtesse, agitée de deux sentiments contraires, ne doit montrer qu'une sensibilité réprimée, ou une colère très modérée ; rien surtout qui dégrade aux yeux du spectateur son caractère aimable et vertueux. Ce rôle, un des plus difficiles de la pièce, a fait infiniment d'honneur au grand talent de Mlle Saint-Val cadette.

Son vêtement du premier, second et quatrième acte est une lévite[8] commode, et nul ornement sur la tête : elle est chez elle et censée incommodée[9]. Au cinquième acte, elle a l'habillement et la haute coiffure de Suzanne.

Figaro. L'on ne peut trop recommander à l'acteur qui jouera ce rôle de bien se pénétrer de son esprit, comme l'a fait M. Dazincourt. S'il y voyait autre chose que de la raison assaisonnée de gaieté et de saillies[10], surtout s'il y mettait la moindre charge, il avilirait un rôle que le premier comique du théâtre, M. Préville, a jugé devoir honorer le talent de tout comédien qui saurait en saisir les nuances multipliées et pourrait s'élever à son entière conception.

Son vêtement comme dans *Le Barbier de Séville.*

8. Longue robe d'intérieur.

9. Un peu souffrante.

10. Mots d'esprit brillants et inattendus.

Suzanne. Jeune personne adroite, spirituelle et rieuse, mais non de cette gaieté presque effrontée de nos soubrettes corruptrices[1] ; son joli caractère est dessiné dans la préface, et c'est là que l'actrice qui n'a point vu Mlle Contat doit l'étudier pour le bien rendre.

Son vêtement des quatre premiers actes est un juste[2] blanc à basquines[3], très élégant, la jupe de même, avec une toque, appelée depuis par nos marchandes : « à la Suzanne ». Dans la fête du quatrième acte, le comte lui pose sur la tête une toque à long voile, à hautes plumes et à rubans blancs. Elle porte au cinquième acte la lévite de sa maîtresse, et nul ornement sur la tête.

Marceline est une femme d'esprit, née un peu vive, mais dont les fautes et l'expérience ont réformé le caractère. Si l'actrice qui le joue s'élève avec une fierté bien placée à la hauteur très morale qui suit la reconnaissance du troisième acte, elle ajoutera beaucoup à l'intérêt de l'ouvrage.

Son vêtement est celui des duègnes[4] espagnoles, d'une couleur modeste, un bonnet noir sur la tête.

Antonio ne doit montrer qu'une demi-ivresse, qui se dissipe par degrés, de sorte qu'au cinquième acte on n'en aperçoive presque plus.

Son vêtement est celui d'un paysan espagnol, où les manches pendent par-derrière ; un chapeau et des souliers blancs.

Fanchette est une enfant de douze ans, très naïve. Son petit habit est un juste brun avec des ganses et des boutons d'argent, la jupe de couleur tranchante, et une toque noire à plumes sur la tête. Il sera celui des autres paysannes de la noce.

Chérubin. Ce rôle ne peut être joué, comme il l'a été, que par une jeune et très jolie femme ; nous n'avons point à nos théâtres de très jeune homme assez formé pour en bien sentir les finesses.

---

1. Femmes de chambre intrigantes.

2. Corsage très ajusté.

3. Petites basques, parties de vêtement pendant de la taille et descendant sur les hanches.

4. Femmes âgées chargées de surveiller la conduite d'une jeune femme.

Timide à l'excès devant la comtesse, ailleurs un charmant polisson, un désir inquiet et vague est le fond de son caractère. Il s'élance à la puberté, mais sans projet, sans connaissances, et tout entier à chaque événement ; enfin il est ce que toute mère, au fond du cœur, voudrait peut-être que fût son fils, quoiqu'elle dût beaucoup en souffrir.

Son riche vêtement, aux premier et second actes, est celui d'un page de cour espagnol, blanc et brodé d'argent ; le léger manteau bleu sur l'épaule, et un chapeau chargé de plumes. Au quatrième acte, il a le corset, la jupe et la toque des jeunes paysannes qui l'amènent. Au cinquième acte, un habit uniforme d'officier, une cocarde[5] et une épée.

Bartholo. Le caractère et l'habit comme dans *Le Barbier de Séville* ; il n'est ici qu'un rôle secondaire.

Bazile. Caractère et vêtement comme dans *Le Barbier de Séville* ; il n'est aussi qu'un rôle secondaire.

Brid'oison doit avoir cette bonne et franche assurance des bêtes qui n'ont plus leur timidité. Son bégaiement n'est qu'une grâce de plus qui doit être à peine sentie, et l'acteur se tromperait lourdement et jouerait à contresens s'il y cherchait le plaisant de son rôle. Il est tout entier dans l'opposition de la gravité de son état au ridicule du caractère ; et moins l'acteur le chargera, plus il montrera de vrai talent.

Son habit est une robe de juge espagnol, moins ample que celle de nos procureurs, presque une soutane ; une grosse perruque, une gonille[6] ou rabat espagnol au col, et une longue baguette blanche[7] à la main.

Double-Main. Vêtu comme le juge, mais la baguette blanche plus courte.

5. Ruban constituant l'insigne des soldats de l'époque.

6. Collerette, tissu plissé porté autour du col.

7. Insigne de la fonction des gens de justice.

L'Huissier ou Alguazil[1]. Habit, manteau, épée de Crispin[2], mais portée à son côté sans ceinture de cuir. Point de bottines, une chaussure noire, une perruque blanche naissante[3] et longue, à mille boucles, une courte baguette blanche.

Grippe-Soleil. Habit de paysan, les manches pendantes ; veste de couleur tranchée, chapeau blanc.

Une Jeune Bergère. Son vêtement comme celui de Fanchette.

Pédrille. En veste, gilet, ceinture, fouet, et bottes de poste, une résille[4] sur la tête, chapeau de courrier[5].

Personnages muets, les uns en habits de juges, d'autres en habits de paysans, les autres en habits de livrée.

---

1. Officier de police en Espagne et, par extension, tout officier de police ou de justice.

2. Personnage de valet portant une épée dans la *Commedia dell'arte*.

3. Perruque imitant des cheveux naissants ou frisés, caractéristique des magistrats d'alors.

4. Filet qui enveloppe la coiffure.

5. Employé chargé de précéder les voitures de poste.

Placement des acteurs

Pour faciliter les jeux du théâtre, on a eu l'attention d'écrire au commencement de chaque scène le nom des personnages dans l'ordre où le spectateur les voit. S'ils font quelque mouvement grave dans la scène, il est désigné par un nouvel ordre de noms, écrit en marge à l'instant qu'il arrive. Il est important de conserver les bonnes positions théâtrales ; le relâchement dans la tradition donnée par les premiers acteurs en produit bientôt un total dans le jeu des pièces, qui finit par assimiler les troupes négligentes aux plus faibles comédiens de société.

Les personnages

Le Comte Almaviva, grand corrégidor[1] d'Andalousie.
La Comtesse, sa femme.
Figaro, valet de chambre du Comte, et concierge[2] du château.
Suzanne, première camariste[3] de la Comtesse, et fiancée de Figaro.
Marceline, femme de charge[4].
Antonio, jardinier du château, oncle de Suzanne et père de Fanchette.
Fanchette, fille d'Antonio.
Chérubin, premier page du Comte.
Bartholo, médecin de Séville.
Bazile, maître de clavecin de la Comtesse.
Don Gusman Brid'oison, lieutenant du siège[5].
Double-Main, greffier, secrétaire de don Gusman.
Un Huissier-Audiencier.
Grippe-Soleil, jeune pastoureau[6].
Une Jeune Bergère.
Pédrille, piqueur[7] du comte.

Troupe de valets.
Troupe de paysannes.] Personnages muets
Troupe de paysans.

La scène est au château d'Aguas-Frescas, à trois lieues de Séville[8].

1. Grand juge, en Espagne.
2. Gardien.
3. Femme de chambre d'une dame de haut rang.
4. Domestique chargée du linge, de la vaisselle dans une maison de qualité.
5. Président du tribunal local (le siège désigne un lieu de juridiction).
6. Petit berger.
7. Valet à cheval qui règle la course des chiens et poursuit le gibier durant une chasse à courre.
8. Ville d'Andalousie, en Espagne.

Acte I

Le théâtre représente une chambre à demi démeublée ; un grand fauteuil de malade est au milieu. Figaro, avec une toise[1], mesure le plancher. Suzanne attache à sa tête, devant une glace, le petit bouquet de fleurs d'orange, appelé chapeau de la mariée.

Scène 1

Figaro, Suzanne

Figaro. – Dix-neuf pieds sur vingt-six.

Suzanne. – Tiens, Figaro, voilà mon petit chapeau ; le trouves-tu mieux ainsi ?

Figaro *lui prend les mains.* – Sans comparaison, ma charmante. Oh ! que ce joli bouquet virginal[2], élevé sur la tête d'une belle fille, est doux, le matin des noces, à l'œil amoureux d'un époux !…

Suzanne *se retire.* – Que mesures-tu donc là, mon fils[3] ?

Figaro. – Je regarde, ma petite Suzanne, si ce beau lit que Monseigneur nous donne aura bonne grâce ici.

Suzanne. – Dans cette chambre ?

Figaro. – Il nous la cède.

Suzanne. – Et moi je n'en veux point.

Figaro. – Pourquoi ?

Suzanne. – Je n'en veux point.

1. Baguette de deux mètres environ servant à prendre des mesures.

2. De vierge, jeune fille non mariée.

3. Ici, terme affectueux.

Figaro machiniste

Dans la mise en scène de Christophe Rauck à la Comédie-Française, Figaro (interprété par L. Stocker) arrive de la salle, avec, à la main, un plan de coupe du théâtre où se déroule la représentation. C'est une manière de rappeler le rôle central du valet dans cette comédie. Figaro ne mesure pas seulement sa chambre, mais le plateau du théâtre, son espace de jeu.

FIGARO. – Mais encore ?

SUZANNE. – Elle me déplaît.

FIGARO. – On dit une raison.

SUZANNE. – Si je n'en veux pas dire ?

FIGARO. – Oh ! quand elles sont sûres de nous !

SUZANNE. – Prouver que j'ai raison serait accorder que je puis avoir tort. Es-tu mon serviteur, ou non ?

FIGARO. – Tu prends de l'humeur contre la chambre du château la plus commode, et qui tient le milieu des deux appartements. La nuit, si Madame est incommodée, elle sonnera de son côté ; zeste[1] ! en deux pas tu es chez elle. Monseigneur veut-il quelque chose ? il n'a qu'à tinter du sien ; crac ! en trois sauts me voilà rendu.

SUZANNE. – Fort bien ! mais quand il aura « tinté » le matin pour te donner quelque bonne et longue commission, zeste ! en deux pas, il est à ma porte, et crac ! en trois sauts…

FIGARO. – Qu'entendez-vous par ces paroles ?

SUZANNE. – Il faudrait m'écouter tranquillement.

FIGARO. – Eh qu'est-ce qu'il y a ? bon Dieu !

SUZANNE. – Il y a, mon ami, que las de courtiser les beautés des environs, M. le comte Almaviva veut rentrer au château, mais non pas chez sa femme ; c'est sur la tienne, entends-tu, qu'il a jeté ses vues, auxquelles il espère que ce logement ne nuira pas. Et c'est ce que le loyal Bazile, honnête[2] agent de ses plaisirs et mon noble maître à chanter, me répète chaque jour en me donnant leçon.

FIGARO. – Bazile ! ô mon mignon ! si jamais volée de bois vert[3] appliquée sur une échine a dûment redressé la moelle épinière à quelqu'un…

SUZANNE. – Tu croyais, bon garçon ! que cette dot qu'on me donne était pour les beaux yeux de ton mérite ?

---

1. Interjection qui exprime la rapidité.

2. Qualificatifs ironiques qui font écho au *Barbier de Séville*, où Bazile était déjà un personnage immoral.

3. Une bonne correction.

FIGARO. – J'avais assez fait pour l'espérer[4].

SUZANNE. – Que les gens d'esprit sont bêtes !

FIGARO. – On le dit.

SUZANNE. – Mais c'est qu'on ne veut pas le croire !

FIGARO. – On a tort.

SUZANNE. – Apprends qu'il la destine à obtenir de moi, secrètement, certain quart d'heure, seul à seule, qu'un ancien droit du seigneur… Tu sais s'il était triste !

FIGARO. – Je le sais tellement que, si monsieur le comte, en se mariant, n'eût pas aboli ce droit honteux, jamais je ne t'eusse épousée dans ses domaines.

SUZANNE. – Eh bien ! s'il l'a détruit, il s'en repent ; et c'est de ta fiancée qu'il veut le racheter en secret aujourd'hui.

FIGARO, *se frottant la tête.* – Ma tête s'amollit de surprise ; et mon front fertilisé[5]…

SUZANNE. – Ne le frotte donc pas !

FIGARO. – Quel danger ?

SUZANNE, *riant.* – S'il y venait un petit bouton… Des gens superstitieux…

FIGARO. – Tu ris, friponne ! Ah ! s'il y avait moyen d'attraper ce grand trompeur, de le faire donner dans un bon piège, et d'empocher son or !

SUZANNE. – De l'intrigue et de l'argent ; te voilà dans ta sphère.

FIGARO. – Ce n'est pas la honte qui me retient.

SUZANNE. – La crainte ?

4. Allusion au *Barbier de Séville* : l'entremise de Figaro avait permis au Comte d'enlever puis d'épouser Rosine, promise à Bartholo.

5. Allusion comique aux cornes sur le front qu'on attribue aux maris trompés.

Le « droit du seigneur »

Le « droit du seigneur », ou « droit de cuissage » est un ancien droit féodal qui autorisait un seigneur à passer la nuit de noces avec la jeune épouse d'un serf. Enjeu central du *Mariage de Figaro*, il symbolise l'abus des privilèges aristocratiques.

FIGARO. – Ce n'est rien d'entreprendre une chose dangereuse, mais d'échapper au péril[1] en la menant à bien : car, d'entrer chez quelqu'un la nuit, de lui souffler sa femme et d'y recevoir cent coups de fouet pour la peine, il n'est rien plus aisé ; mille sots coquins l'ont fait. Mais…

On sonne de l'intérieur.

SUZANNE. – Voilà Madame éveillée ; elle m'a bien recommandé d'être la première à lui parler le matin de mes noces.

FIGARO. – Y a-t-il encore quelque chose là-dessous ?

SUZANNE. – Le berger dit que cela porte bonheur aux épouses délaissées. Adieu, mon petit Fi, Fi, Figaro. Rêve à notre affaire.

FIGARO. – Pour m'ouvrir l'esprit, donne un petit baiser.

SUZANNE. – À mon amant[2] aujourd'hui ? Je t'en souhaite[3] ! Et qu'en dirait demain mon mari ?

Figaro l'embrasse.

SUZANNE. – Hé bien ! hé bien !

FIGARO. – C'est que tu n'as pas d'idée de mon amour.

SUZANNE, *se défripant.* – Quand cesserez-vous, importun, de m'en parler du matin au soir ?

FIGARO, *mystérieusement.* – Quand je pourrai te le prouver du soir jusqu'au matin.

On sonne une seconde fois.

SUZANNE, *de loin, les doigts unis sur sa bouche.* – Voilà votre baiser, monsieur ; je n'ai plus rien à vous[4].

FIGARO *court après elle.* – Oh ! mais ce n'est pas ainsi que vous l'avez reçu…

---

1. Formule elliptique, signifiant : « c'est beaucoup d'échapper au péril… ».

2. Personne qu'on aime et qui est aimé en retour.

3. Il n'en est pas question.

4. Je ne vous dois plus rien.

Scène 2

FIGARO, *seul*

La charmante fille ! toujours riante, verdissante[5], pleine de gaieté, d'esprit, d'amour et de délices ! mais sage !… (*Il marche vivement en se frottant les mains.*) Ah, monseigneur ! mon cher monseigneur ! vous voulez m'en donner… à garder[6] ? Je cherchais aussi pourquoi, m'ayant nommé concierge, il m'emmène à son ambassade et m'établit courrier de dépêches[7]. J'entends, Monsieur le Comte : trois promotions à la fois ; vous, compagnon ministre[8] ; moi, casse-cou politique, et Suzon, dame du lieu, l'ambassadrice de poche[9] ; et puis fouette courrier ! pendant que je galoperais d'un côté, vous feriez faire de l'autre à ma belle un joli chemin ! Me crottant, m'échinant pour la gloire de votre famille ; vous, daignant concourir à l'accroissement de la mienne ! Quelle douce réciprocité ! Mais, Monseigneur, il y a de l'abus. Faire à Londres, en même temps, les affaires de votre maître et celles de votre valet ! représenter à la fois le roi et moi, dans une cour étrangère, c'est trop de moitié, c'est trop. Pour toi, Bazile ! fripon mon cadet ! je veux t'apprendre à clocher devant les boiteux[10] ; je veux… non, dissimulons avec eux pour les enferrer[11] l'un par l'autre. Attention sur la journée, monsieur Figaro ! D'abord avancer l'heure de votre petite fête, pour épouser plus sûrement ; écarter une Marceline qui de vous est friande en diable ; empocher l'or et les présents ; donner le change[12] aux petites passions de Monsieur le Comte ; étriller[13] rondement Monsieur du Bazile et…

5. Toute jeune.

6. Me tromper.

7. Porteur de « dépêches », c'est-à-dire de lettres traitant d'affaires publiques.

8. Ambassadeur débutant.

9. Secrète.

10. Allusion au proverbe « il ne faut pas clocher devant les boiteux », signifiant qu'il ne faut pas s'essayer à une activité devant celui qui est expert.

11. Les prendre à leur propre piège.

12. Faire prendre une chose pour une autre.

13. Maltraiter.

Scène 3

MARCELINE, BARTHOLO, FIGARO

FIGARO *s'interrompt.* –... Hééé, voilà le gros docteur, la fête sera complète. Hé, bonjour, cher docteur de mon cœur. Est-ce ma noce avec Suzon qui vous attire au château ?

BARTHOLO, *avec dédain.* – Ah ! mon cher monsieur, point du tout.

FIGARO. – Cela serait bien généreux !

BARTHOLO. – Certainement, et par trop sot.

FIGARO. – Moi qui eus le malheur de troubler la vôtre[1] !

BARTHOLO. – Avez-vous autre chose à nous dire ?

FIGARO. – On n'aura pas pris soin de votre mule[2] !

BARTHOLO, *en colère.* – Bavard enragé ! laissez-nous.

FIGARO. – Vous vous fâchez, docteur ? les gens de votre état sont bien durs ! pas plus de pitié des pauvres animaux... en vérité... que si c'était des hommes ! Adieu, Marceline : avez-vous toujours envie de plaider contre moi ?

« Pour n'aimer pas, faut-il qu'on se haïsse[3] ? »

Je m'en rapporte au docteur.

BARTHOLO. – Qu'est-ce que c'est ?

FIGARO. – Elle vous le contera de reste.

Il sort.

1. Allusion à l'intrigue du *Barbier de Séville*, dans lequel Figaro a empêché Bartholo de se marier avec Rosine en favorisant les noces de celle-ci avec le Comte.

2. Nouvelle allusion ironique au *Barbier de Séville* : Figaro avait mis un cataplasme sur les yeux aveugles de la mule de Bartholo (acte II, sc. 4).

3. Citation d'un vers de *Nanine ou le préjugé vaincu*, comédie de Voltaire bien connue du public.

Scène 4

Marceline, Bartholo

Bartholo *le regarde aller.* – Ce drôle est toujours le même ! et à moins qu'on ne l'écorche vif, je prédis qu'il mourra dans la peau du plus fier insolent…

Marceline *le retourne.* – Enfin vous voilà donc, éternel docteur ? toujours si grave et compassé[4] qu'on pourrait mourir en attendant vos secours, comme on s'est marié jadis malgré vos précautions[5].

Bartholo. – Toujours amère et provocante ! Eh bien, qui[6] rend donc ma présence au château si nécessaire ? Monsieur le comte a-t-il eu quelque accident ?

Marceline. – Non, docteur.

Bartholo. – La Rosine, sa trompeuse comtesse, est-elle incommodée[7], Dieu merci[8] ?

Marceline. – Elle languit[9].

Bartholo. – Et de quoi ?

Marceline. – Son mari la néglige.

Bartholo, *avec joie.* – Ah, le digne époux qui me venge !

Marceline. – On ne sait comment définir le comte ; il est jaloux et libertin.

Bartholo. – Libertin par ennui, jaloux par vanité ; cela va sans dire.

---

4. Affecté, guindé.

5. Le sous-titre du *Barbier de Séville* est *la Précaution inutile* ; la précaution désigne le stratagème imaginé par Bartholo pour empêcher le mariage de Rosine et du Comte.

6. Qu'est-ce qui.

7. Souffrante.

8. Dieu nous en garde.

9. Elle souffre de « langueur », c'est à dire d'un accès de mélancolie qu'on attribuait aux chagrins d'amour féminins.

Libertins et libertinage

Emprunté au latin *libertinus* qui qualifiait un esclave affranchi, le mot libertin désignait, au XVIIe siècle, un libre penseur affranchi de la religion. Le sens du mot évolue et renvoie, au XVIIIe siècle, à la liberté sexuelle, à la « débauche » qui se pratique notamment dans l'aristocratie mondaine et s'illustre dans des romans dits « libertins ».

MARCELINE. – Aujourd'hui, par exemple, il marie notre Suzanne à son Figaro qu'il comble en faveur de cette union…

BARTHOLO. – Que Son Excellence a rendue nécessaire !

MARCELINE. – Pas tout à fait ; mais dont Son Excellence voudrait égayer en secret l'événement avec l'épousée…

BARTHOLO. – De M. Figaro ? C'est un marché qu'on peut conclure avec lui.

MARCELINE. – Bazile assure que non.

BARTHOLO. – Cet autre maraud[1] loge ici ? C'est une caverne[2] ! Eh, qu'y fait-il ?

MARCELINE. – Tout le mal dont il est capable. Mais le pis que j'y trouve est cette ennuyeuse passion qu'il a pour moi depuis si longtemps.

BARTHOLO. – Je me serais débarrassée[3] vingt fois de sa poursuite.

MARCELINE. – De quelle manière ?

BARTHOLO. – En l'épousant.

MARCELINE. – Railleur fade et cruel, que ne vous débarrassez-vous de la mienne à ce prix ? ne le devez-vous pas ? où est le souvenir de vos engagements ? qu'est devenu celui de notre petit Emmanuel, ce fruit d'un amour oublié, qui devait nous conduire à des noces ?

BARTHOLO, *ôtant son chapeau.* – Est-ce pour écouter ces sornettes que vous m'avez fait venir de Séville ? Et cet accès d'hymen[4] qui vous reprend si vif…

MARCELINE. – Eh bien ! n'en parlons plus. Mais si rien n'a pu vous porter à la justice de m'épouser, aidez-moi donc du moins à en épouser un autre.

BARTHOLO. – Ah ! volontiers : parlons. Mais quel mortel abandonné du Ciel et des femmes ?…

MARCELINE. – Eh ! qui pourrait-ce être, docteur, sinon le beau, le gai, l'aimable Figaro ?

---

1. Gredin, personne méprisable.

2. Repaire de brigands.

3. « À votre place, je… » (*sous-entendu, donc accord au féminin*).

4. Ce désir de mariage.

Bartholo. – Ce fripon-là ?

Marceline. – Jamais fâché ; toujours en belle humeur ; donnant le présent à la joie, et s'inquiétant de l'avenir tout aussi peu que du passé ; sémillant[5], généreux ! généreux…

Bartholo. – Comme un voleur.

Marceline. – Comme un seigneur. Charmant enfin ; mais c'est le plus grand monstre !

Bartholo. – Et sa Suzanne ?

Marceline. – Elle ne l'aurait pas, la rusée, si vous vouliez m'aider, mon petit docteur, à faire valoir un engagement que j'ai de lui.

Bartholo. – Le jour de son mariage ?

Marceline. – On en rompt de plus avancés : et si je ne craignais d'éventer un petit secret des femmes !…

Bartholo. – En ont-elles pour le médecin du corps ?

Marceline. – Ah, vous savez que je n'en ai pas pour vous ! Mon sexe est ardent, mais timide : un certain charme a beau nous attirer vers le plaisir, la femme la plus aventurée[6] sent en elle une voix qui lui dit : sois belle si tu peux, sage si tu veux ; mais sois considérée, il le faut. Or, puisqu'il faut être au moins considérée, que toute femme en sent l'importance, effrayons d'abord la Suzanne sur la divulgation des offres qu'on lui fait.

Bartholo. – Où cela mènera-t-il ?

Marceline. – Que la honte la prenant au collet, elle continuera de refuser le comte, lequel pour se venger, appuiera l'opposition que j'ai faite à son mariage ; alors le mien devient certain.

Bartholo. – Elle a raison. Parbleu, c'est un bon tour que de faire épouser ma vieille gouvernante au coquin qui fit enlever ma jeune maîtresse[7].

Marceline, *vite*. – Et qui croit ajouter à ses plaisirs en trompant mes espérances.

---

5. Vif, gai.

6. Tentée par les aventures.

7. Femme aimée.

BARTHOLO, *vite*. – Et qui m'a volé dans le temps cent écus[1] que j'ai sur le cœur.

MARCELINE. – Ah ! quelle volupté !…

BARTHOLO. – De punir un scélérat…

MARCELINE. – De l'épouser, docteur, de l'épouser !

Scène 5

MARCELINE, BARTHOLO, SUZANNE

SUZANNE, *un bonnet de femme avec un large ruban dans la main, une robe de femme sur le bras*. – L'épouser ! l'épouser ! qui donc ? Mon Figaro ?

MARCELINE, *aigrement*. – Pourquoi non ? Vous l'épousez bien !

BARTHOLO, *riant*. – Le bon argument de femme en colère ! Nous parlions, belle Suzon, du bonheur qu'il aura de vous posséder.

MARCELINE. – Sans compter Monseigneur dont on ne parle pas.

SUZANNE, *une révérence*. – Votre servante, Madame ; il y a toujours quelque chose d'amer dans vos propos.

MARCELINE, *une révérence*. – Bien la vôtre, Madame ; où donc est l'amertume ? N'est-il pas juste qu'un libéral[2] seigneur partage un peu la joie qu'il procure à ses gens ?

SUZANNE. – Qu'il procure ?

MARCELINE. – Oui, Madame.

SUZANNE. – Heureusement la jalousie de Madame est aussi connue que ses droits sur Figaro sont légers.

MARCELINE. – On eût pu les rendre plus forts en les cimentant à la façon de Madame.

SUZANNE. – Oh ! cette façon, Madame, est celle des dames savantes.

---

1. Allusion au *Barbier de Séville*.
2. Généreux.

Marceline. – Et l'enfant ne l'est pas du tout ! Innocente comme un vieux juge !

Bartholo, *attirant Marceline.* – Adieu, jolie fiancée de notre Figaro.

Marceline, *une révérence.* – L'accordée[3] secrète de Monseigneur.

Suzanne, *une révérence.* – Qui vous estime beaucoup, Madame.

Marceline, *une révérence.* – Me fera-t-elle aussi l'honneur de me chérir un peu, Madame ?

Suzanne, *une révérence.* – À cet égard, Madame n'a rien à désirer.

Marceline, *une révérence.* – C'est une si jolie personne que Madame !

Suzanne, *une révérence.* – Eh ! mais assez pour désoler Madame.

Marceline, *une révérence.* – Surtout bien respectable !

Suzanne, *une révérence.* – C'est aux duègnes[4] à l'être.

Marceline, *outrée.* – Aux duègnes ! aux duègnes !

Bartholo, *l'arrêtant.* – Marceline !

Marceline. – Allons, docteur ; car je n'y tiendrais pas. Bonjour, Madame. (*Une révérence.*)

Scène 6

Suzanne, *seule*

Allez, Madame ! allez, pédante[5] ! je crains aussi peu vos efforts que je méprise vos outrages. Voyez cette vieille sibylle[6] ! parce qu'elle a fait quelques études et tourmenté la jeunesse de Madame[7], elle veut tout dominer au château ! (*Elle jette la robe qu'elle tient sur une chaise.*) Je ne sais plus ce que je venais prendre.

---

3. Fiancée.

4. Femmes âgées chargées de surveiller la conduite d'une jeune femme.

5. Prétentieuse.

6. Femme âgée qui étale son savoir (*familier*).

7. Allusion au *Barbier de Séville*, où Marceline était la gouvernante de Rosine.

Scène 7

Suzanne, Chérubin

Chérubin, *accourant.* – Ah, Suzon ! depuis deux heures j'épie le moment de te trouver seule. Hélas ! tu te maries, et moi je vais partir.

Suzanne. – Comment mon mariage éloigne-t-il du château le premier page[1] de Monseigneur ?

Chérubin, *piteusement.* – Suzanne, il me renvoie.

Suzanne *le contrefait*[2]. – Chérubin, quelque sottise !

Chérubin. – Il m'a trouvé hier au soir chez ta cousine Fanchette, à qui je faisais répéter son petit rôle d'innocente, pour la fête de ce soir : il s'est mis dans une fureur en me voyant ! « Sortez, m'a-t-il dit, petit… » Je n'ose pas prononcer devant une femme le gros mot qu'il a dit… « Sortez ; et demain vous ne coucherez pas au château. » Si Madame, si ma belle marraine ne parvient pas à l'apaiser, c'est fait, Suzon, je suis à jamais privé du bonheur de te voir.

Suzanne. – De me voir ! moi ? c'est mon tour ! Ce n'est donc plus pour ma maîtresse que vous soupirez en secret ?

Chérubin. – Ah ! Suzon, qu'elle est noble et belle ! mais qu'elle est imposante !

Suzanne. – C'est-à-dire que je ne le suis pas, et qu'on peut oser avec moi…

Chérubin. – Tu sais trop bien, méchante, que je n'ose pas oser. Mais que tu es heureuse ! à tous moments la voir, lui parler, l'habiller le matin et la déshabiller le soir, épingle à épingle… ah ! Suzon ! je donnerais… Qu'est-ce que tu tiens donc là ?

Suzanne, *raillant.* – Hélas ! l'heureux bonnet et le fortuné ruban qui renferment la nuit les cheveux de cette belle marraine…

1. Jeune homme noble au service d'un seigneur.

2. L'imite.

L'importance des accessoires

Le rôle donné aux objets du décor est l'une des nouveautés du théâtre de Beaumarchais. Ainsi, le ruban, en apparence insignifiant, prend une valeur autant symbolique que dramaturgique : en tant que fétiche amoureux de Chérubin et de la Comtesse, il sera une sorte de fil rouge dans l'intrigue, revenant souvent en scène.

CHÉRUBIN, *vivement*. – Son ruban de nuit ! donne-le-moi, mon cœur.

SUZANNE, *le retirant*. – Eh ! que non pas ; « son cœur ! » Comme il est familier donc ! si ce n'était pas un morveux sans conséquence[3]... (*Chérubin arrache le ruban.*) Ah ! le ruban !

CHÉRUBIN *tourne autour du grand fauteuil*. – Tu diras qu'il est égaré, gâté[4] ; qu'il est perdu. Tu diras tout ce que tu voudras.

SUZANNE *tourne après lui*. – Oh ! dans trois ou quatre ans, je prédis que vous serez le plus grand petit vaurien !... Rendez-vous le ruban ?

Elle veut le reprendre.

CHÉRUBIN *tire une romance[5] de sa poche*. – Laisse, ah, laisse-le-moi, Suzon ; je te donnerai ma romance, et pendant que le souvenir de ta belle maîtresse attristera tous mes moments, le tien y versera le seul rayon de joie qui puisse encore amuser mon cœur.

SUZANNE *arrache la romance*. – Amuser votre cœur, petit scélérat ! vous croyez parler à votre Fanchette ; on vous surprend chez elle ; et vous soupirez pour Madame ; et vous m'en contez à moi[6], par-dessus le marché !

CHÉRUBIN, *exalté*. – Cela est vrai, d'honneur ! je ne sais plus ce que je suis ; mais depuis quelque temps je sens ma poitrine agitée ; mon cœur palpite au seul aspect d'une femme ; les mots *amour* et *volupté* le font tressaillir et le troublent. Enfin le besoin de dire à quelqu'un *je vous aime* est devenu pour moi si pressant que je le dis tout seul, en courant dans le parc, à ta maîtresse, à toi, aux arbres, aux nuages, au vent qui les emporte avec mes paroles perdues. Hier je rencontrai Marceline...

SUZANNE, *riant*. – Ah, ah, ah, ah !

CHÉRUBIN. – Pourquoi non ? elle est femme ! elle est fille[7] ! une fille ! une femme ! ah que ces noms sont doux ! qu'ils sont intéressants[8] !

SUZANNE. – Il devient fou !

---

3. Sans danger.

4. Abîmé.

5. Chanson sentimentale.

6. Vous me courtisez.

7. Célibataire.

8. Émouvants, excitants.

CHÉRUBIN. – Fanchette est douce ; elle m'écoute au moins ; tu ne l'es pas, toi !

SUZANNE. – C'est bien dommage ; écoutez donc Monsieur !

Elle veut arracher le ruban.

CHÉRUBIN *tourne en fuyant.* – Ah ! ouiche ! on ne l'aura, vois-tu, qu'avec ma vie. Mais, si tu n'es pas contente du prix, j'y joindrai mille baisers.

Il lui donne chasse à son tour.

SUZANNE *tourne en fuyant.* – Mille soufflets[1], si vous approchez. Je vais m'en plaindre à ma maîtresse ; et loin de supplier pour vous, je dirai moi-même à Monseigneur : C'est bien fait, Monseigneur ; chassez-nous ce petit voleur ; renvoyez à ses parents un petit mauvais sujet qui se donne les airs d'aimer Madame, et qui veut toujours m'embrasser par contrecoup[2].

CHÉRUBIN *voit le comte entrer ; il se jette derrière le fauteuil avec effroi.* – Je suis perdu !

SUZANNE. – Quelle frayeur ?

Scène 8

SUZANNE, LE COMTE, CHÉRUBIN *caché*

SUZANNE *aperçoit le comte.* – Ah !... (*Elle s'approche du fauteuil pour masquer Chérubin.*)

LE COMTE *s'avance.* – Tu es émue, Suzon ! tu parlais seule, et ton petit cœur paraît dans une agitation... bien pardonnable, au reste, un jour comme celui-ci.

1. Gifles.
2. Par ricochet.

Le fauteuil

Comme les objets (voir encadré, p. 52), les éléments du décor jouent un grand rôle dans la dramaturgie de Beaumarchais. Ainsi le fauteuil figure un « troisième lieu » (selon l'expression de Jacques Schérer, voir p. 206) par rapport à la scène et aux coulisses, qui permet un jeu de cachette riche en suspens et en rebondissements.

Suzanne, *troublée.* – Monseigneur, que me voulez-vous ? Si l'on vous trouvait avec moi…

Le Comte. – Je serais désolé qu'on m'y surprît ; mais tu sais tout l'intérêt que je prends à toi. Bazile ne t'a pas laissé ignorer mon amour. Je n'ai qu'un instant pour t'expliquer mes vues ; écoute.

Il s'assied dans le fauteuil.

Suzanne, *vivement.* – Je n'écoute rien.

Le Comte *lui prend la main.* – Un seul mot. Tu sais que le roi m'a nommé son ambassadeur à Londres. J'emmène avec moi Figaro ; je lui donne un excellent poste ; et comme le devoir d'une femme est de suivre son mari…

Suzanne. – Ah ! si j'osais parler !

Le Comte *la rapproche de lui.* – Parle, parle, ma chère ; use aujourd'hui d'un droit que tu prends sur moi pour la vie.

Suzanne, *effrayée.* – Je n'en veux point, Monseigneur, je n'en veux point. Quittez-moi, je vous prie.

Le Comte. – Mais dis auparavant.

Suzanne, *en colère.* – Je ne sais plus ce que je disais.

Le Comte. – Sur le devoir des femmes.

Suzanne. – Eh bien ! lorsque Monseigneur enleva la sienne de chez le docteur, et qu'il l'épousa par amour, lorsqu'il abolit pour elle un certain affreux droit du seigneur[3]…

Le Comte, *gaiement.* – Qui faisait bien de la peine aux filles ! Ah Suzette ! ce droit charmant ! si tu venais en jaser[4] sur la brune[5] au jardin, je mettrais un tel prix à cette légère faveur…

Bazile *parle en dehors.* – Il n'est pas chez lui, Monseigneur.

Le Comte *se lève.* – Quelle est cette voix ?

Suzanne. – Que je suis malheureuse !

Le Comte. – Sors, pour qu'on n'entre pas.

Suzanne, *troublée.* – Que je vous laisse ici ?

---

3. Voir encadré, p. 43.

4. Bavarder.

5. À la tombée de la nuit.

Bazile *crie en dehors.* – Monseigneur était chez Madame, il en est sorti : je vais voir.

Le Comte. – Et pas un lieu pour se cacher ! ah ! derrière ce fauteuil… assez mal ; mais renvoie-le bien vite.

Suzanne lui barre le chemin ; il la pousse doucement, elle recule, et se met ainsi entre lui et le petit page ; mais pendant que le comte s'abaisse et prend sa place, Chérubin tourne et se jette effrayé sur le fauteuil à genoux, et s'y blottit. Suzanne prend la robe qu'elle apportait, en couvre le page et se met devant le fauteuil.

Scène 9

Le Comte *et* **Chérubin** *cachés*, **Suzanne, Bazile**

Bazile. – N'auriez-vous pas vu Monseigneur, mademoiselle ?

Suzanne, *brusquement.* – Hé ! pourquoi l'aurais-je vu ? Laissez-moi.

Bazile *s'approche.* – Si vous étiez plus raisonnable, il n'y aurait rien d'étonnant à ma question. C'est Figaro qui le cherche.

Suzanne. – Il cherche donc l'homme qui lui veut le plus de mal après vous ?

Le Comte, *à part.* – Voyons un peu comme il me sert.

Bazile. – Désirer du bien à une femme, est-ce vouloir du mal à son mari ?

Suzanne. – Non, dans vos affreux principes, agent de corruption.

Bazile. – Que vous demande-t-on ici que vous n'alliez prodiguer à un autre ? Grâce à la douce cérémonie, ce qu'on vous défendait hier, on vous le prescrira demain.

Suzanne. – Indigne !

Bazile. – De toutes les choses sérieuses le mariage étant la plus bouffonne, j'avais pensé…

Suzanne, *outrée.* – Des horreurs ! Qui vous permet d'entrer ici ?

BAZILE. – Là, là, mauvaise ! Dieu vous apaise ! il n'en sera que ce que vous voulez ; mais ne croyez pas non plus que je regarde Monsieur Figaro comme l'obstacle qui nuit à Monseigneur ; et sans le petit page…

SUZANNE, *timidement.* – Don[1] Chérubin ?

BAZILE *la contrefait.* – *Cherubino di amore*[2], qui tourne autour de vous sans cesse, et qui ce matin encore, rôdait ici pour y entrer quand je vous ai quittée ; dites que cela n'est pas vrai ?

SUZANNE. – Quelle imposture ! Allez-vous-en, méchant homme !

BAZILE. – On est un méchant homme parce qu'on y voit clair. N'est-ce pas pour vous aussi cette romance dont il fait mystère ?

SUZANNE, *en colère.* – Ah ! oui, pour moi !…

BAZILE. – À moins qu'il ne l'ait composée pour Madame ! en effet, quand il sert à table on dit qu'il la regarde avec des yeux !… mais, peste[3], qu'il ne s'y joue pas ! Monseigneur est brutal sur l'article[4].

SUZANNE, *outrée.* – Et vous bien scélérat, d'aller semant de pareils bruits pour perdre un malheureux enfant tombé dans la disgrâce de son maître.

BAZILE. – L'ai-je inventé ? Je le dis parce que tout le monde en parle.

LE COMTE *se lève.* – Comment, tout le monde en parle !

SUZANNE. – Ah Ciel !

BAZILE. – Ah ! ah !

LE COMTE. – Courez, Bazile, et qu'on le chasse.

BAZILE. – Ah ! que je suis fâché d'être entré !

SUZANNE, *troublée.* – Mon Dieu ! Mon Dieu !

LE COMTE, *à Bazile.* – Elle est saisie. Asseyons-la dans ce fauteuil.

SUZANNE *le repousse vivement.* – Je ne veux pas m'asseoir. Entrer ainsi librement, c'est indigne !

---

1. Titre espagnol attribué anciennement aux aristocrates puis répandu comme l'équivalent de « monsieur ».

2. En italien, « Chérubin d'amour ».

3. Interjection, soulignant ici la mise en garde.

4. Violent sur ce sujet.

LE COMTE. – Nous sommes deux avec toi, ma chère. Il n'y a plus le moindre danger !

BAZILE. – Moi je suis désolé de m'être égayé sur le page puisque vous l'entendiez. Je n'en usais ainsi que pour pénétrer ses sentiments, car au fond…

LE COMTE. – Cinquante pistoles[1], un cheval, et qu'on le renvoie à ses parents.

BAZILE. – Monseigneur, pour un badinage[2] ?

LE COMTE. – Un petit libertin que j'ai surpris encore hier avec la fille du jardinier.

BAZILE. – Avec Fanchette ?

LE COMTE. – Et dans sa chambre.

SUZANNE, *outrée*. – Où Monseigneur avait sans doute affaire aussi !

LE COMTE, *gaiement*. – J'en aime assez la remarque.

BAZILE. – Elle est d'un bon augure[3].

LE COMTE, *gaiement*. – Mais non ! j'allais chercher ton oncle Antonio, mon ivrogne de jardinier, pour lui donner des ordres. Je frappe, on est longtemps à m'ouvrir ; ta cousine a l'air empêtré ; je prends un soupçon[4], je lui parle, et tout en causant j'examine. Il y avait derrière la porte une espèce de rideau, de portemanteau, de je ne sais pas quoi, qui couvrait des hardes[5] ; sans faire semblant de rien je vais doucement, doucement lever ce rideau, (*pour imiter le geste, il lève la robe du fauteuil*) et je vois… (*Il aperçoit le page.*) Ah…

BAZILE. – Ha ! ha !

LE COMTE. – Ce tour-ci vaut l'autre.

BAZILE. – Encore mieux.

LE COMTE, *à Suzanne*. – À merveille, mademoiselle : à peine fiancée vous faites de ces apprêts[6] ? C'était pour recevoir mon page que vous

1. Ancienne monnaie.
2. Jeu de séduction sans conséquence.
3. Prometteuse.
4. Il me vient un soupçon.
5. Vêtements.
6. Préparatifs.

désiriez d'être seule ? Et vous, monsieur, qui ne changez point de conduite, il vous manquait de vous adresser, sans respect pour votre marraine, à sa première camariste[7], à la femme de votre ami ! mais je ne souffrirai pas que Figaro, qu'un homme que j'estime et que j'aime soit victime d'une pareille tromperie : était-il avec vous, Bazile ?

SUZANNE, *outrée.* – Il n'y a ni tromperie ni victime ; il était là lorsque vous me parliez.

LE COMTE, *emporté.* – Puisses-tu mentir en le disant ! son plus cruel ennemi n'oserait lui souhaiter ce malheur.

SUZANNE. – Il me priait d'engager Madame à vous demander sa grâce. Votre arrivée l'a si fort troublé qu'il s'est masqué de ce fauteuil.

LE COMTE, *en colère.* – Ruse d'enfer ! je m'y suis assis en entrant.

CHÉRUBIN. – Hélas, Monseigneur, j'étais tremblant derrière.

LE COMTE. – Autre fourberie ! je viens de m'y placer moi-même.

CHÉRUBIN. – Pardon, mais c'est alors que je me suis blotti dedans.

LE COMTE, *plus outré.* – C'est donc une couleuvre, que ce petit… serpent-là ! il nous écoutait !

CHÉRUBIN. – Au contraire, Monseigneur, j'ai fait ce que j'ai pu pour ne rien entendre.

LE COMTE. – Ô perfidie ! (*À Suzanne.*) Tu n'épouseras pas Figaro.

BAZILE. – Contenez-vous, on vient.

LE COMTE, *tirant Chérubin du fauteuil et le mettant sur ses pieds.* – Il resterait là devant toute la terre !

---

7. Femme de chambre.

Explication de texte 1

Acte I, scène 9
➔ p. 57, l. 23 à 40

Des révélations comiques ?

SITUER

1 Quels personnages se sont dissimulés ? Où et pourquoi ?

2 Chacun sait-il qu'il n'est pas le seul à s'être caché ? Quel est l'enjeu de Suzanne ?

EXPLIQUER

La première révélation de Bazile ➔ l. 23 à 30

3 Analysez le portrait de Chérubin brossé par Bazile. Quelle première information celui-ci donne-t-il au sujet du page ?

4 Quelle relation se dessine entre Bazile et Suzanne ? Comment est-elle mise en évidence ?

La seconde révélation de Bazile ➔ l. 31 à 38

5 Quelle est la seconde révélation de Bazile à propos de Chérubin ? Quels éléments montrent que Bazile colporte une rumeur ? Quel crédit faut-il attribuer à celle-ci ?

6 Qu'est-ce qui signale que Suzanne s'adresse autant à son interlocuteur qu'aux témoins cachés ? Que cherche-t-elle à faire ?

7 Quelles visions de Chérubin, du Comte et de Bazile ce passage transmet-il ?

Les réactions ➔ l. 38 à 40

8 À quels propos de Bazile le Comte réagit-il exactement ? Comment ? Quel est l'effet produit ?

9 Interprétez les réactions de Suzanne et de Bazile.

CONCLURE

10 Dans quelle mesure peut-on dire que la présence des témoins invisibles est un ressort comique ?

ÉTUDE DE LA LANGUE

- Relevez et classez les propositions subordonnées de l'extrait.

ACTIVITÉS

Une scène en image

- Voici une gravure illustrant la scène 9 de l'acte I. Repérez les différents personnages en justifiant votre choix. Vous attribuerez ensuite à chacun la réplique qui lui correspond.

Lecture comparée

- Dans *Britannicus* de Racine (II, 4), Néron oblige Junie à éconduire Britannicus, alors que ceux-ci s'aiment passionnément. Le tyran se cache pour surveiller l'entretien. Lisez l'extrait pour voir comment la présence du témoin caché oriente tout autrement le dialogue en lui conférant une dimension tragique.

Scène 10

Chérubin, Suzanne, Figaro, La Comtesse, Le Comte, Fanchette, Bazile ; *beaucoup de valets, paysannes, paysans vêtus en habits de fête.*

Figaro, *tenant une toque de femme garnie de plumes blanches et de rubans blancs, parle à la comtesse.* – Il n'y a que vous, Madame, qui puissiez nous obtenir cette faveur.

La Comtesse. – Vous les voyez, monsieur le comte, ils me supposent un crédit[1] que je n'ai point : mais comme leur demande n'est pas déraisonnable…

Le Comte, *embarrassé.* – Il faudrait qu'elle le fût beaucoup…

Figaro, *bas à Suzanne.* – Soutiens bien mes efforts.

Suzanne, *bas à Figaro.* – Qui ne mèneront à rien.

Figaro, *bas.* – Va toujours.

Le Comte, *à Figaro.* – Que voulez-vous ?

Figaro. – Monseigneur, vos vassaux, touchés de l'abolition d'un certain droit fâcheux, que votre amour pour Madame…

Le Comte. – Eh bien, ce droit n'existe plus, que veux-tu dire ?

Figaro, *malignement.* – Qu'il est bien temps que la vertu d'un si bon maître éclate ; elle m'est d'un tel avantage aujourd'hui que je désire être le premier à la célébrer à mes noces.

Le Comte, *plus embarrassé.* – Tu te moques, ami ! l'abolition d'un droit honteux n'est que l'acquit[2] d'une dette envers l'honnêteté. Un Espagnol peut vouloir conquérir la beauté par des soins[3] ; mais en exiger le premier, le plus doux emploi, comme une servile redevance[4], ah ! c'est la tyrannie d'un Vandale[5], et non le droit avoué d'un noble Castillan.

Figaro, *tenant Suzanne par la main.* – Permettez donc que cette jeune créature, de qui votre sagesse a préservé l'honneur, reçoive de

1. Influence, pouvoir.

2. Remboursement.

3. Attentions délicates en faveur de la femme aimée (*vocabulaire de la galanterie classique*).

4. Obligation indigne.

5. Destructeur barbare.

votre main publiquement la toque virginale, ornée de plumes et de rubans blancs, symbole de la pureté de vos intentions ; adoptez-en la cérémonie pour tous les mariages, et qu'un quatrain chanté en chœur rappelle à jamais le souvenir…

LE COMTE, *embarrassé*. – Si je ne savais pas qu'amoureux, poète et musicien sont trois titres d'indulgence pour toutes les folies…

FIGARO. – Joignez-vous à moi, mes amis !

TOUS ENSEMBLE. – Monseigneur ! Monseigneur !

SUZANNE, *au comte*. – Pourquoi fuir un éloge que vous méritez si bien ?

LE COMTE, *à part*. – La perfide !

FIGARO. – Regardez-la donc, monseigneur ; jamais plus jolie fiancée ne montrera mieux la grandeur de votre sacrifice.

SUZANNE. – Laisse là ma figure, et ne vantons que sa vertu.

LE COMTE, *à part*. – C'est un jeu que tout ceci.

LA COMTESSE. – Je me joins à eux, monsieur le comte ; et cette cérémonie me sera toujours chère, puisqu'elle doit son motif à l'amour charmant que vous aviez pour moi.

LE COMTE. – Que j'ai toujours, madame ; et c'est à ce titre que je me rends.

TOUS ENSEMBLE. – Vivat[6] !

LE COMTE, *à part*. – Je suis pris. (*Haut*.) Pour que la cérémonie eût un peu plus d'éclat, je voudrais seulement qu'on la remît à tantôt. (*À part*.) Faisons vite chercher Marceline.

FIGARO, *à Chérubin*. – Eh bien, espiègle ! vous n'applaudissez pas ?

SUZANNE. – Il est au désespoir ; Monseigneur le renvoie.

LA COMTESSE. – Ah ! monsieur, je vous demande sa grâce.

LE COMTE. – Il ne la mérite point.

LA COMTESSE. – Hélas ! il est si jeune !

LE COMTE. – Pas tant que vous le croyez.

CHÉRUBIN, *tremblant*. – Pardonner généreusement n'est pas le droit du seigneur auquel vous avez renoncé en épousant Madame.

---

6. Acclamation par laquelle on souhaite longue vie à quelqu'un.

La Comtesse. – Il n'a renoncé qu'à celui qui vous affligeait tous.

Suzanne. – Si Monseigneur avait cédé le droit de pardonner, ce serait sûrement le premier qu'il voudrait racheter en secret.

Le Comte, *embarrassé.* – Sans doute.

La Comtesse. – Eh ! pourquoi le racheter ?

Chérubin, *au comte.* – Je fus léger dans ma conduite, il est vrai, Monseigneur ; mais jamais la moindre indiscrétion dans mes paroles…

Le Comte, *embarrassé.* – Eh bien, c'est assez…

Figaro. – Qu'entend-il[1] ?

Le Comte, *vivement.* – C'est assez, c'est assez, tout le monde exige son pardon, je l'accorde, et j'irai plus loin : je lui donne une compagnie dans ma légion[2].

Tous ensemble. – Vivat !

Le Comte. – Mais c'est à condition qu'il partira sur-le-champ pour joindre en Catalogne[3].

Figaro. – Ah ! Monseigneur, demain.

Le Comte *insiste.* – Je le veux.

Chérubin. – J'obéis.

Le Comte. – Saluez votre marraine, et demandez sa protection. (*Chérubin met un genou en terre devant la comtesse, et ne peut parler.*)

La Comtesse, *émue.* – Puisqu'on ne peut vous garder seulement aujourd'hui, partez, jeune homme. Un nouvel état vous appelle ; allez le remplir dignement. Honorez votre bienfaiteur. Souvenez-vous de cette maison, où votre jeunesse a trouvé tant d'indulgence. Soyez soumis, honnête et brave ; nous prendrons part à vos succès.

Chérubin se relève et retourne à sa place.

Le Comte. – Vous êtes bien émue, madame !

1. Que veut-il dire ?

2. Un poste dans mon régiment.

3. Province du nord-est de l'Espagne.

LA COMTESSE. – Je ne m'en défends pas. Qui sait le sort d'un enfant jeté dans une carrière aussi dangereuse ? Il est allié de mes parents ; et de plus, il est mon filleul.

LE COMTE, *à part.* – Je vois que Bazile avait raison. (*Haut.*) Jeune homme, embrassez Suzanne… pour la dernière fois.

FIGARO. – Pourquoi cela, monseigneur ? Il viendra passer ses hivers. Baise-moi[4] donc aussi, capitaine ! (*Il l'embrasse.*) Adieu, mon petit Chérubin. Tu vas mener un train de vie bien différent, mon enfant : dame[5] ! tu ne rôderas plus tout le jour au quartier des femmes : plus d'échaudés[6], de goûters à la crème ; plus de main chaude[7] ou de colin-maillard. De bons soldats, morbleu ! basanés, mal vêtus ; un grand fusil bien lourd ; tourne à droite, tourne à gauche, en avant, marche à la gloire ; et ne va pas broncher en chemin ; à moins qu'un bon coup de feu…

SUZANNE. – Fi donc, l'horreur !

LA COMTESSE. – Quel pronostic !

LE COMTE. – Où donc est Marceline ? Il est bien singulier qu'elle ne soit pas des vôtres !

FANCHETTE. – Monseigneur, elle a pris le chemin du bourg, par le petit sentier de la ferme.

LE COMTE. – Et elle en reviendra ?…

BAZILE. – Quand il plaira à Dieu.

FIGARO. – S'il lui plaisait qu'il ne lui plût jamais…

FANCHETTE. – Monsieur le Docteur lui donnait le bras.

LE COMTE, *vivement.* – Le docteur est ici ?

BAZILE. – Elle s'en est d'abord emparée…

LE COMTE, *à part.* – Il ne pouvait venir plus à propos.

FANCHETTE. – Elle avait l'air bien échauffée, elle parlait tout haut en marchant, puis elle s'arrêtait, et faisait comme ça, de grands bras[8]…

4. Embrasse-moi.
5. Déformation de « Par Notre-Dame » (*familier*).
6. Beignets.
7. Jeu de société où l'un des joueurs, les yeux bandés, doit identifier au seul contact ceux qui lui saisissent la main.
8. De grands mouvements de bras.

et Monsieur le Docteur lui faisait comme ça de la main, en l'apaisant : elle paraissait si courroucée ! elle nommait mon cousin Figaro.

LE COMTE *lui prend le menton.* – Cousin… futur.

FANCHETTE, *montrant Chérubin.* – Monseigneur, nous avez-vous pardonné d'hier[1] ?…

LE COMTE *interrompt.* – Bonjour, bonjour, petite.

FIGARO. – C'est son chien d'amour qui la berce ; elle aurait troublé notre fête.

LE COMTE, *à part.* – Elle la troublera, je t'en réponds. (*Haut.*) Allons, madame, entrons. Bazile, vous passerez chez moi.

SUZANNE, *à Figaro.* – Tu me rejoindras, mon fils ?

FIGARO, *bas à Suzanne.* – Est-il bien enfilé[2] ?

SUZANNE, *bas.* – Charmant garçon !

Ils sortent tous.

Scène 11

CHÉRUBIN, FIGARO, BAZILE ; *Pendant qu'on sort, Figaro les arrête tous deux et les ramène.*

FIGARO. – Ah ça, vous autres ! la cérémonie adoptée, ma fête de ce soir en est la suite ; il faut bravement nous recorder[3] : ne faisons point comme ces acteurs qui ne jouent jamais si mal que le jour où la critique est le plus éveillée. Nous n'avons point de lendemain qui nous excuse, nous. Sachons bien nos rôles aujourd'hui.

BAZILE, *malignement.* – Le mien est plus difficile que tu ne crois.

1. Pour hier.

2. Trompé.

3. Nous souvenir (de ce que nous avons à faire).

Figaro metteur en scène

En donnant à Bazile et Chérubin des conseils de direction d'acteurs, le valet s'affirme ici comme le metteur en scène de la comédie qui va se jouer dans le but de duper le Comte. Pourtant, le personnage sera, au cours de la pièce, dépossédé de ce rôle, que Suzanne et la Comtesse endosseront ensuite.

FIGARO, *faisant, sans qu'il le voie, le geste de le rosser*[4]. – Tu es loin aussi de savoir tout le succès qu'il te vaudra.

CHÉRUBIN. – Mon ami, tu oublies que je pars.

FIGARO. – Et toi, tu voudrais bien rester !

CHÉRUBIN. – Ah ! si je le voudrais !

FIGARO. – Il faut ruser. Point de murmure à ton départ. Le manteau de voyage à l'épaule ; arrange ouvertement ta trousse[5], et qu'on voie ton cheval à la grille ; un temps de galop jusqu'à la ferme ; reviens à pied par les derrières ; Monseigneur te croira parti : tiens-toi seulement hors de sa vue ; je me charge de l'apaiser après la fête.

CHÉRUBIN. – Mais Fanchette qui ne sait pas son rôle !

BAZILE. – Que diable lui apprenez-vous donc, depuis huit jours que vous ne la quittez pas ?

FIGARO. – Tu n'as rien à faire aujourd'hui, donne-lui par grâce une leçon.

BAZILE. – Prenez garde, jeune homme, prenez garde ! le père n'est pas satisfait ; la fille a été souffletée ; elle n'étudie pas avec vous : Chérubin ! Chérubin ! vous lui causerez des chagrins ! « Tant va la cruche à l'eau » !...

FIGARO. – Ah ! voilà notre imbécile avec ses vieux proverbes ! Eh bien ! pédant ! que dit la sagesse des nations ? « Tant va la cruche à l'eau, qu'à la fin... »

BAZILE. – Elle s'emplit[6].

FIGARO, *en s'en allant.* – Pas si bête, pourtant, pas si bête !

---

4. Frapper.

5. Bagage attaché derrière la selle d'un cheval.

6. Bazile déforme le proverbe :
« Tant va la cruche à l'eau qu'à la fin, elle se casse. »

Plan de la scène à l'Acte II

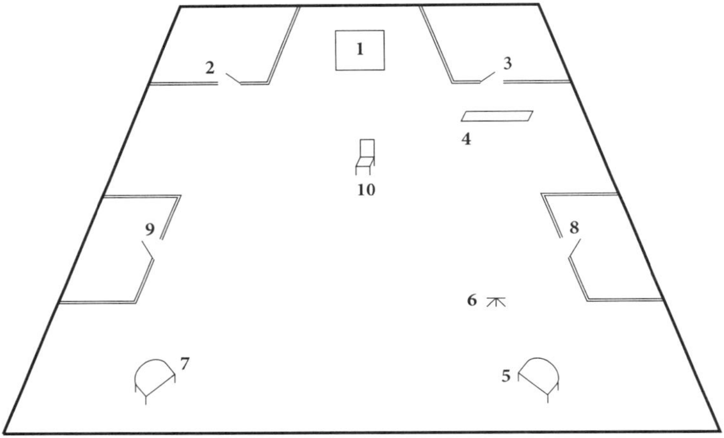

Rampe

1. Alcôve et lit de la Comtesse

2. Porte conduisant à la chambre des caméristes de la Comtesse.

3. Fenêtre par laquelle saute Chérubin.

4. Banc.

5. Fauteuil de la Comtesse.

6. Tabouret et sur lequel est posée une guitare.

7. Autre fauteuil.

8. Cabinet fermant à clé où dort Suzanne.

9. Porte de communication avec l'appartement du Comte.

10. Chaise

Acte II

Le théâtre représente une chambre à coucher superbe, un grand lit en alcôve[1]*, une estrade au-devant. La porte pour entrer s'ouvre et se ferme à la troisième coulisse à droite, celle d'un cabinet à la première coulisse à gauche. Une porte dans le fond, va chez les femmes. Une fenêtre s'ouvre de l'autre côté.*

Scène 1

Suzanne, La Comtesse *entrent par la porte à droite.*

La Comtesse *se jette dans une bergère*[2]. – Ferme la porte, Suzanne, et conte-moi tout, dans le plus grand détail.

Suzanne. – Je n'ai rien caché à Madame.

La Comtesse. – Quoi, Suzon, il voulait te séduire ?

Suzanne. – Oh ! que non ! Monseigneur n'y met pas tant de façons avec sa servante : il voulait m'acheter.

La Comtesse. – Et le petit page était présent ?

Suzanne. – C'est-à-dire, caché derrière le grand fauteuil. Il venait me prier de vous demander sa grâce.

La Comtesse. – Eh ! pourquoi ne pas s'adresser à moi-même ? est-ce que je l'aurais refusé, Suzon ?

Suzanne. – C'est ce que j'ai dit : mais ses regrets de partir, et surtout de quitter Madame ! « Ah ! Suzon, qu'elle est noble et belle ! mais qu'elle est imposante ! »

La Comtesse. – Est-ce que j'ai cet air-là, Suzon ? moi qui l'ai toujours protégé.

Suzanne. – Puis il a vu votre ruban de nuit que je tenais, il s'est jeté dessus…

1. Lit placé dans un renfoncement.

2. Large fauteuil.

LA COMTESSE, *souriant.* – Mon ruban ?... quelle enfance[1] !

SUZANNE. – J'ai voulu le lui ôter ; madame, c'était un lion ; ses yeux brillaient... « Tu ne l'auras qu'avec ma vie », disait-il, en forçant sa petite voix douce et grêle.

LA COMTESSE, *rêvant.* – Eh bien, Suzon ?

SUZANNE. – Eh bien, madame, est-ce qu'on peut faire finir ce petit démon-là ? ma marraine par-ci ; je voudrais bien par l'autre ; et parce qu'il n'oserait seulement baiser la robe de Madame, il voudrait toujours m'embrasser, moi.

LA COMTESSE, *rêvant.* – Laissons... laissons ces folies... Enfin, ma pauvre Suzanne, mon époux a fini par te dire... ?

SUZANNE. – Que si je ne voulais pas l'entendre, il allait protéger Marceline.

LA COMTESSE *se lève et se promène, en se servant fortement de l'éventail.* – Il ne m'aime plus du tout.

SUZANNE. – Pourquoi tant de jalousie ?

LA COMTESSE. – Comme tous les maris, ma chère ! uniquement par orgueil. Ah ! je l'ai trop aimé ! je l'ai lassé de mes tendresses, et fatigué de mon amour ; voilà mon seul tort avec lui. Mais je n'entends pas que cet honnête aveu te nuise, et tu épouseras Figaro. Lui seul peut nous y aider : viendra-t-il ?

SUZANNE. – Dès qu'il verra partir la chasse.

LA COMTESSE, *se servant de l'éventail.* – Ouvre un peu la croisée[2] sur le jardin. Il fait une chaleur ici !...

SUZANNE. – C'est que Madame parle et marche avec action[3].

Elle va ouvrir la croisée du fond.

LA COMTESSE, *rêvant longtemps.* – Sans cette constance à me fuir... Les hommes sont bien coupables !

SUZANNE *crie de la fenêtre.* – Ah ! voilà Monseigneur qui traverse à cheval le grand potager, suivi de Pédrille, avec deux, trois, quatre lévriers.

---

1. Quel enfantillage !

2. Fenêtre.

3. Agitation.

La Comtesse. – Nous avons du temps devant nous. (*Elle s'assied.*) On frappe, Suzon ?

Suzanne *court ouvrir en chantant.* – Ah ! c'est mon Figaro ! ah ! c'est mon Figaro !

Scène 2

Figaro, Suzanne ; La Comtesse, *assise*

Suzanne. – Mon cher ami, viens donc. Madame est dans une impatience !…

Figaro. – Et toi, ma petite Suzanne ? Madame n'en doit prendre aucune. Au fait, de quoi s'agit-il ? d'une misère. M. le comte trouve notre jeune femme aimable, il voudrait en faire sa maîtresse ; et c'est bien naturel.

Suzanne. – Naturel ?

Figaro. – Puis il m'a nommé courrier de dépêches, et Suzon conseiller d'ambassade. Il n'y a pas là d'étourderie.

Suzanne. – Tu finiras ?

Figaro. – Et parce que Suzanne, ma fiancée, n'accepte pas le diplôme, il va favoriser les vues de Marceline ; quoi de plus simple encore ? Se venger de ceux qui nuisent à nos projets en renversant les leurs ; c'est ce que chacun fait ; ce que nous allons faire nous-mêmes. Eh bien ! voilà tout pourtant.

La Comtesse. – Pouvez-vous, Figaro, traiter si légèrement un dessein qui nous coûte à tous le bonheur ?

Figaro. – Qui dit cela, madame ?

Suzanne. – Au lieu de t'affliger de nos chagrins…

Figaro. – N'est-ce pas assez que je m'en occupe ? Or, pour agir aussi méthodiquement que lui, tempérons d'abord son ardeur de nos possessions[4], en l'inquiétant sur les siennes.

4. Son désir ardent de posséder ce qui nous appartient… c'est-à-dire Suzanne !

La Comtesse. – C'est bien dit ; mais comment ?

Figaro. – C'est déjà fait, madame ; un faux avis donné sur vous…

La Comtesse. – Sur moi ? la tête vous tourne !

Figaro. – Oh ! c'est à lui qu'elle doit tourner.

La Comtesse. – Un homme aussi jaloux !…

Figaro. – Tant mieux : pour tirer parti des gens de ce caractère, il ne faut qu'un peu leur fouetter le sang ; c'est ce que les femmes entendent si bien ! Puis, les tient-on fâchés tout rouge, avec un brin d'intrigue[1] on les mène où l'on veut, par le nez, dans le Guadalquivir[2]. Je vous ai fait rendre[3] à Bazile un billet inconnu[4], lequel avertit Monseigneur qu'un galant doit chercher à vous voir aujourd'hui pendant le bal.

La Comtesse. – Et vous vous jouez ainsi de la vérité sur le compte d'une femme d'honneur !

Figaro. – Il y en a peu, Madame, avec qui je l'eusse osé, crainte de rencontrer juste.

La Comtesse. – Il faudra que je l'en remercie !

Figaro. – Mais dites-moi s'il n'est pas charmant de lui avoir taillé ses morceaux de la journée[5], de façon qu'il passe à rôder, à jurer après sa dame, le temps qu'il destinait à se complaire avec la nôtre ? Il est déjà tout dérouté : galopera-t-il celle-ci[6] ? surveillera-t-il celle-là ? dans son trouble d'esprit, tenez, tenez, le voilà qui court la plaine, et force un lièvre qui n'en peut mais[7]. L'heure du mariage arrive en poste[8] ; il n'aura pas pris de parti contre ; et jamais il n'osera s'y opposer devant Madame.

Suzanne. – Non ; mais Marceline, le bel esprit, osera le faire, elle.

Figaro. – Brrrr. Cela m'inquiète bien, ma foi ! Tu feras dire à Monseigneur que tu te rendras sur la brune au jardin.

Suzanne. – Tu comptes sur celui-là ?

---

1. Manœuvre, ruse.
2. Fleuve qui traverse Séville.
3. Remettre.
4. Un message anonyme.
5. Organisé sa journée.
6. Courra-t-il après celle-ci ?
7. Qui n'en peut plus.
8. Très vite.

Figaro. – Oh ! dame ! écoutez donc ; les gens qui ne veulent rien faire de rien, n'avancent rien et ne sont bons à rien. Voilà mon mot.

Suzanne. – Il est joli !

La Comtesse. – Comme son idée : vous consentiriez qu'elle s'y rendît ?

Figaro. – Point du tout. Je fais endosser un habit de Suzanne à quelqu'un : surpris par nous au rendez-vous, le comte pourra-t-il s'en dédire[9] ?

Suzanne. – À qui mes habits ?

Figaro. – Chérubin.

La Comtesse. – Il est parti.

Figaro. – Non pas pour moi : veut-on me laisser faire ?

Suzanne. – On peut s'en fier à lui pour mener une intrigue.

Figaro. – Deux, trois, quatre à la fois ; bien embrouillées, qui se croisent. J'étais né pour être courtisan.

Suzanne. – On dit que c'est un métier si difficile !

Figaro. – Recevoir, prendre, et demander ; voilà le secret en trois mots.

La Comtesse. – Il a tant d'assurance qu'il finit par m'en inspirer.

Figaro. – C'est mon dessein.

Suzanne. – Tu disais donc ?

Figaro. – Que pendant l'absence de Monseigneur je vais vous envoyer le Chérubin : coiffez-le, habillez-le ; je le renferme et l'endoctrine[10] ; et puis dansez, Monseigneur.

Il sort.

---

9. Nier qu'il se trouvait là.

10. Je lui donne des instructions.

L'intrigue

Ruse savamment ourdie dans le but d'assurer le succès d'une entreprise, la maîtrise de l'intrigue est caractéristique du valet de comédie. Avec la réplique de Figaro (« J'étais né pour être courtisan »), le terme prend une connotation sociale, absente du sens théâtral traditionnel. Cette coloration traduit l'évolution du personnage entre le premier et le second volets de la trilogie.

Scène 3

SUZANNE, LA COMTESSE, *assise*

LA COMTESSE, *tenant sa boîte à mouches*[1].– Mon Dieu, Suzon, comme je suis faite[2] !… ce jeune homme qui va venir !…

SUZANNE. – Madame ne veut donc pas qu'il en réchappe[3] ?

LA COMTESSE *rêve devant sa petite glace.* – Moi ?… tu verras comme je vais le gronder.

SUZANNE. – Faisons-lui chanter sa romance.

Elle la met sur la comtesse.

LA COMTESSE. – Mais c'est qu'en vérité, mes cheveux sont dans un désordre…

SUZANNE, *riant.* – Je n'ai qu'à reprendre ces deux boucles, Madame le grondera bien mieux.

LA COMTESSE, *revenant à elle.* – Qu'est-ce que vous dites donc, mademoiselle ?

Scène 4

CHÉRUBIN, *l'air honteux,* **SUZANNE, LA COMTESSE,** *assise*

SUZANNE. – Entrez, monsieur l'officier ; on est visible.

CHÉRUBIN *avance en tremblant.* – Ah, que ce nom m'afflige, Madame ! il m'apprend qu'il faut quitter des lieux… une marraine si… bonne !…

SUZANNE. – Et si belle !

CHÉRUBIN, *avec un soupir.* – Ah ! oui.

---

1. Petits morceaux d'étoffe noire que les femmes collaient sur leur visage ou leur décolleté pour faire ressortir la blancheur de la peau. Il y avait un miroir dans la boîte.

2. Comme j'ai mauvaise mine !

3. Qu'il échappe à la séduction exercée par la Comtesse.

SUZANNE *le contrefait.* – « Ah ! oui. » Le bon jeune homme ! avec ses longues paupières hypocrites. Allons, bel oiseau bleu[4], chantez la romance à Madame.

LA COMTESSE *la déplie.* – De qui… dit-on qu'elle est ?

SUZANNE. – Voyez la rougeur du coupable : en a-t-il un pied[5] sur les joues ?

CHÉRUBIN. – Est-ce qu'il est défendu… de chérir…

SUZANNE *lui met le poing sous le nez.* – Je dirai tout, vaurien !

LA COMTESSE. – Là… chante-t-il ?

CHÉRUBIN. – Oh ! Madame, je suis si tremblant !…

SUZANNE, *en riant.* – Et gnian, gnian, gnian, gnian, gnian gnian, gnian ; dès que[6] Madame le veut, modeste auteur ! Je vais l'accompagner.

LA COMTESSE. – Prends ma guitare.

La comtesse, assise, tient le papier pour suivre. Suzanne est derrière son fauteuil, et prélude en regardant la musique par-dessus sa maîtresse. Le petit page est devant elle, les yeux baissés. Ce tableau est juste la belle estampe d'après Van Loo[7], appelée La Conversation espagnole.

ROMANCE

Air : « *Malbrough s'en va-t-en guerre.* »

Premier couplet

Mon coursier[8] hors d'haleine,
(Que mon cœur, mon cœur a de peine !)
J'errais de plaine en plaine,
Au gré du destrier[9].

4. Chérubin porte « un léger manteau bleu sur l'épaule, et un chapeau chargé de plumes ».

5. Unité de mesure.

6. Puisque.

7. Peintre français (1705-1765).

8. Cheval de tournoi ou de bataille.

9. Cheval de bataille (*terme médiéval*).

Chérubin en troubadour

La romance de Chérubin est écrite dans un style dit « marotique » (de Clément Marot, poète français du XVIe siècle), imitant celui des troubadours médiévaux. Cette parodie de l'amour courtois renforce le caractère sentimental du jeune page, courtisant la Comtesse comme un chevalier servant auprès de sa « dame » inaccessible et vénérée.

Deuxième couplet
Au gré du destrier,
Sans varlet, n'écuyer[1] ;
Là près d'une fontaine,
(Que mon cœur, mon cœur a de peine !)
Songeant à ma marraine,
Sentais mes pleurs couler.

Troisième couplet
Sentais mes pleurs couler,
Prêt à me désoler ;
Je gravais sur un frêne
(Que mon cœur, mon cœur a de peine !)
Sa lettre sans la mienne ;
Le Roi vint à passer.

Quatrième couplet
Le Roi vint à passer,
Ses barons, son clergier[2].
« Beau page, dit la reine,
(Que mon cœur, mon cœur a de peine !)
Qui vous met à la gêne[3] ?
Qui vous fait tant plorer[4] ?

Cinquième couplet
Qui vous fait tant plorer ?
Nous faut le déclarer.
– Madame et Souveraine,
(Que mon cœur, mon cœur a de peine !)
J'avais une marraine,
Que toujours adorai.

1. Sans valet ni écuyer.
2. Forme ancienne de « clergé ».
3. Torture.
4. Pleurer.

Sixième couplet

Que toujours adorai :
Je sens que j'en mourrai.
– Beau page, dit la reine,
(Que mon cœur, mon cœur a de peine !)
N'est-il qu'une marraine ?
Je vous en servirai.

Septième couplet

Je vous en servirai ;
Mon page vous ferai ;
Puis à ma jeune Hélène,
(Que mon cœur, mon cœur a de peine !)
Fille d'un capitaine,
Un jour vous marirai.

Huitième couplet

Un jour vous marirai.
– Nenni, n'en faut parler ;
Je veux, traînant ma chaîne,
(Que mon cœur, mon cœur a de peine !)
Mourir de cette peine ;
Mais non m'en consoler. »

LA COMTESSE. – Il y a de la naïveté[5]… du sentiment même.

SUZANNE *va poser la guitare sur un fauteuil.* – Oh ! pour du sentiment, c'est un jeune homme qui… Ah çà ! monsieur l'officier, vous a-t-on dit que pour égayer la soirée, nous voulons savoir d'avance si un de mes habits vous ira passablement[6] ?

LA COMTESSE. – J'ai peur que non.

SUZANNE *se mesure avec lui.* – Il est de ma grandeur. Ôtons d'abord le manteau. (*Elle le détache.*)

CHÉRUBIN. – Et si quelqu'un entrait ?

5. Simplicité, grâce naturelle.
6. Correctement.

SUZANNE. – Est-ce que nous faisons du mal donc ? Je vais fermer la porte ; (*elle court*) mais c'est la coiffure que je veux voir.

LA COMTESSE. – Sur ma toilette[1], une baigneuse[2] à moi.

Suzanne entre dans le cabinet dont la porte est au bord du théâtre.

Scène 5

CHÉRUBIN, LA COMTESSE, *assise*

LA COMTESSE. – Jusqu'à l'instant du bal le comte ignorera que vous soyez au château. Nous lui dirons après que le temps d'expédier votre brevet[3] nous a fait naître l'idée…

CHÉRUBIN *le lui montre.* – Hélas ! Madame, le voici ; Bazile me l'a remis de sa part.

LA COMTESSE. – Déjà ? l'on a craint d'y perdre une minute. (*Elle lit.*) Ils se sont tant pressés qu'ils ont oublié d'y mettre son cachet.

Elle le lui rend.

Scène 6

CHÉRUBIN, LA COMTESSE, SUZANNE

SUZANNE *entre avec un grand bonnet.* – Le cachet, à quoi ?

LA COMTESSE. – À son brevet.

SUZANNE. – Déjà ?

LA COMTESSE. – C'est ce que je disais. Est-ce là ma baigneuse ?

SUZANNE *s'assied près de la comtesse.* – Et la plus belle de toutes. (*Elle chante avec des épingles dans sa bouche.*)

Tournez-vous donc envers ici,

1. Meuble sur lequel étaient posés les objets de toilette.

2. Bonnet de femme, aux bords rabattus.

3. Authentifier le brevet d'officier.

Jean de Lyra[4], mon bel ami.

(*Chérubin se met à genoux. Elle le coiffe*[5].) Madame, il est charmant !

La Comtesse. – Arrange son collet, d'un air un peu plus féminin.

Suzanne *l'arrange.* – Là… mais voyez donc ce morveux, comme il est joli en fille ! j'en suis jalouse, moi ! (*Elle lui prend le menton.*) Voulez-vous bien n'être pas joli comme ça ?

La Comtesse. – Qu'elle est folle ! Il faut relever la manche, afin que l'amadis[6] prenne[7] mieux… (*Elle la retrousse.*) Qu'est-ce qu'il a donc au bras ? un ruban !

Suzanne. – Et un ruban à vous. Je suis bien aise que Madame l'ait vu. Je lui avais dit que je le dirais, déjà ! Oh ! si Monseigneur n'était pas venu, j'aurais bien repris le ruban ; car je suis presque aussi forte que lui.

La Comtesse. – Il y a du sang ! (*Elle détache le ruban.*)

Chérubin, *honteux.* – Ce matin, comptant partir, j'arrangeais la gourmette[8] de mon cheval ; il a donné de la tête[9], et la bossette[10] m'a effleuré le bras.

La Comtesse. – On n'a jamais mis un ruban…

Suzanne. – Et surtout un ruban volé. Voyons donc… ce que la bossette… la courbette[11]… la cornette[12] du cheval… Je n'entends rien à tous ces noms-là. Ah ! qu'il a le bras blanc ! c'est comme une femme ! plus blanc que le mien ! regardez donc, Madame ! (*Elle les compare.*)

La Comtesse, *d'un ton glacé.* – Occupez-vous plutôt de m'avoir du taffetas gommé[13], dans ma toilette.

Suzanne lui pousse la tête, en riant ; il tombe sur les deux mains. Elle entre dans le cabinet au bord du théâtre. Elle le lui rend.

---

4. Nom inventé, formé sur « lyre », instrument et symbole des poètes.

5. Elle lui met le bonnet.

6. Bout de manche boutonné au poignet.

7. Tienne.

8. Chaînette fixant le mors dans la bouche du cheval.

9. Donné un coup de tête.

10. Ornement en forme de bosse, placé sur le harnais du cheval.

11. Saut du cheval qui fléchit ses pattes antérieures sous le ventre.

12. Coiffe de femme.

13. Enduit de gomme (servant de pansement).

Scène 7

Chérubin *à genoux,* **La Comtesse** *assise.*

La Comtesse *reste un moment sans parler, les yeux sur son ruban. Chérubin la dévore de ses regards.* – Pour mon ruban, monsieur… comme c'est celui dont la couleur m'agrée le plus… j'étais fort en colère de l'avoir perdu.

Scène 8

Chérubin *à genoux,* **La Comtesse** *assise,* **Suzanne**

Suzanne, *revenant.* – Et la ligature à son bras ?

Elle remet à la comtesse du taffetas gommé et des ciseaux.

La Comtesse. – En allant lui chercher tes hardes, prends le ruban d'un autre bonnet.

Suzanne sort par la porte du fond, en emportant le manteau du page.

Scène 9

Chérubin *à genoux,* **La Comtesse** *assise.*

Chérubin, *les yeux baissés.* – Celui qui m'est ôté m'aurait guéri en moins de rien.

La Comtesse. – Par quelle vertu ? (*Lui montrant le taffetas.*) Ceci vaut mieux.

Chérubin, *hésitant.* – Quand un ruban… a serré la tête… ou touché la peau d'une personne…

La Comtesse, *coupant la phrase.* –… étrangère, il devient bon pour les blessures ? J'ignorais cette propriété. Pour l'éprouver, je garde celui-ci qui vous a serré le bras. À la première égratignure… de mes femmes, j'en ferai l'essai.

CHÉRUBIN, *pénétré*[1]. – Vous le gardez, et moi, je pars !

LA COMTESSE. – Non pour toujours.

CHÉRUBIN. – Je suis si malheureux !

LA COMTESSE, *émue.* – Il pleure à présent ! c'est ce vilain Figaro avec son pronostic !

CHÉRUBIN, *exalté.* – Ah ! je voudrais toucher au terme qu'il m'a prédit[2] ! sûr de mourir à l'instant, peut-être ma bouche oserait…

LA COMTESSE *l'interrompt et lui essuie les yeux avec son mouchoir.* – Taisez-vous, taisez-vous, enfant. Il n'y a pas un brin de raison dans tout ce que vous dites. (*On frappe à la porte, elle élève la voix.*) Qui frappe ainsi chez moi ?

Scène 10

CHÉRUBIN, LA COMTESSE, LE COMTE, *en dehors.*

LE COMTE, *en dehors.* – Pourquoi donc enfermée ?

LA COMTESSE, *troublée, se lève.* – C'est mon époux ! grands dieux !… (*À Chérubin qui s'est levé aussi.*) Vous sans manteau, le col[3] et les bras nus ! seul avec moi ! cet air de désordre, un billet reçu, sa jalousie !…

LE COMTE, *en dehors.* – Vous n'ouvrez pas ?

LA COMTESSE. – C'est que… je suis seule.

LE COMTE, *en dehors.* – Seule ! Avec qui parlez-vous donc ?

LA COMTESSE, *cherchant.* –… Avec vous sans doute.

CHÉRUBIN, *à part.* – Après les scènes d'hier, et de ce matin, il me tuerait sur la place[4] !

Il court au cabinet de toilette, y entre, et tire la porte sur lui.

---

1. Ému.

2. Être sur le point de mourir comme il me l'a prédit.

3. Cou.

4. Sur place, aussitôt.

Scène 11

La Comtesse, *seule, en ôte la clef et court ouvrir au comte.*

Ah ! quelle faute ! quelle faute !

Scène 12

Le Comte, La Comtesse

Le Comte, *un peu sévère.* – Vous n'êtes pas dans l'usage de vous enfermer !

La Comtesse, *troublée.* – Je… je chiffonnais[1]… oui, je chiffonnais avec Suzanne ; elle est passée un moment chez elle.

Le Comte *l'examine.* – Vous avez l'air et le ton bien altérés[2] !

La Comtesse. – Cela n'est pas étonnant… pas étonnant du tout… je vous assure… nous parlions de vous… elle est passée, comme je vous dis…

Le Comte. – Vous parliez de moi !… Je suis ramené par l'inquiétude : en montant à cheval, un billet qu'on m'a remis, mais auquel je n'ajoute aucune foi, m'a… pourtant agité.

La Comtesse. – Comment, monsieur ?… quel billet ?

Le Comte. – Il faut avouer, madame, que vous ou moi sommes entourés d'êtres… bien méchants ! On me donne avis que dans la journée, quelqu'un que je crois absent doit chercher à vous entretenir.

La Comtesse. – Quel que soit cet audacieux, il faudra qu'il pénètre ici ; car mon projet est de ne pas quitter ma chambre de tout le jour.

Le Comte. – Ce soir, pour la noce de Suzanne ?

La Comtesse. – Pour rien au monde ; je suis très incommodée.

Le Comte. – Heureusement le docteur est ici. (*Le page fait tomber une chaise dans le cabinet.*) Quel bruit entends-je ?

La Comtesse, *plus troublée.* – Du bruit ?

1. Rangeais ou essayais des vêtements.
2. Modifiés.

LE COMTE. – On a fait tomber un meuble.

LA COMTESSE. – Je… je n'ai rien entendu, pour moi.

LE COMTE. – Il faut que vous soyez furieusement préoccupée !

LA COMTESSE. – Préoccupée ! de quoi ?

LE COMTE. – Il y a quelqu'un dans ce cabinet, madame.

LA COMTESSE. – Hé… qui voulez-vous qu'il y ait, monsieur ?

LE COMTE. – C'est moi qui vous le demande ; j'arrive.

LA COMTESSE. – Hé mais… Suzanne apparemment qui range.

LE COMTE. – Vous avez dit qu'elle était passée chez elle !

LA COMTESSE. – Passée… ou entrée là ; je ne sais lequel.

LE COMTE. – Si c'est Suzanne, d'où vient le trouble où je vous vois ?

LA COMTESSE. – Du trouble pour ma camariste ?

LE COMTE. – Pour votre camariste, je ne sais ; mais pour du trouble, assurément.

LA COMTESSE. – Assurément, monsieur, cette fille vous trouble, et vous occupe beaucoup plus que moi.

LE COMTE, *en colère*. – Elle m'occupe à tel point, madame, que je veux la voir à l'instant.

LA COMTESSE. – Je crois en effet, que vous le voulez souvent ; mais voilà bien les soupçons les moins fondés…

Scène 13

LE COMTE, LA COMTESSE ; SUZANNE *entre avec les hardes et pousse la porte du fond.*

LE COMTE. – Ils en seront plus aisés à détruire. (*Il parle au cabinet.*) Sortez, Suzon ; je vous l'ordonne.

Suzanne s'arrête auprès de l'alcôve dans le fond.

LA COMTESSE. – Elle est presque nue, monsieur ; vient-on troubler ainsi des femmes dans leur retraite ? Elle essayait des hardes que je lui donne en la mariant ; elle s'est enfuie quand elle vous a entendu.

Le Comte. – Si elle craint tant de se montrer, au moins elle peut parler. (*Il se tourne vers la porte du cabinet.*) Répondez-moi, Suzanne ; êtes-vous dans ce cabinet ?

Suzanne, restée au fond, se jette dans l'alcôve et s'y cache.

La Comtesse, *vivement, parlant au cabinet.* – Suzon, je vous défends de répondre. (*Au comte.*) On n'a jamais poussé si loin la tyrannie !

Le Comte *s'avance au cabinet.* – Oh ! bien, puisqu'elle ne parle pas, vêtue ou non, je la verrai.

La Comtesse *se met au-devant.* – Partout ailleurs je ne puis l'empêcher ; mais j'espère aussi que chez moi…

Le Comte. – Et moi j'espère savoir dans un moment[1] quelle est cette Suzanne mystérieuse. Vous demander la clef serait, je le vois, inutile ! mais il est un moyen sûr de jeter en dedans cette légère porte. Holà ! quelqu'un !

La Comtesse. – Attirer vos gens, et faire un scandale public d'un soupçon qui nous rendrait la fable du château ?

Le Comte. – Fort bien, madame ; en effet, j'y suffirai ; je vais à l'instant prendre chez moi ce qu'il faut… (*Il marche pour sortir et revient.*) Mais pour que tout reste au même état, voudrez-vous bien m'accompagner sans scandale et sans bruit, puisqu'il[2] vous déplaît tant ?… une chose aussi simple, apparemment, ne me sera pas refusée !

La Comtesse, *troublée.* – Eh ! monsieur, qui songe à vous contrarier ?

Le Comte. – Ah ! j'oubliais la porte qui va chez vos femmes ; il faut que je la ferme aussi, pour que vous soyez pleinement justifiée.

Il va fermer la porte du fond et en ôte la clef.

La Comtesse, *à part.* – Ô Ciel ! étourderie funeste !

Le Comte, *revenant à elle.* – Maintenant que cette chambre est close, acceptez mon bras, je vous prie ; (*il élève la voix*) et quant à la

1. Immédiatement.

2. Pronom neutre, équivalent à « cela » et représentant les mots *scandale* et *bruit*.

Suzanne du cabinet, il faudra qu'elle ait la bonté de m'attendre, et le moindre mal qui puisse lui arriver à mon retour…

LA COMTESSE. – En vérité, monsieur, voilà bien la plus odieuse aventure…

Le comte l'emmène et ferme la porte à la clef.

Le Comte Almaviva dans *le Barbier de Séville*, 1775, Bibliothèque de l'Arsenal, Paris.

Explication de texte 2

Acte II, scène 13
➔ p. 82 à 84, l. 1 à 39

Une scène de ménage comique ?

SITUER

1 Pourquoi le Comte est-il intervenu à la scène précédente ? Que cherche-t-il à savoir ?

2 Qu'est-ce que la Comtesse cherche à cacher ? Pourquoi ?

EXPLIQUER

Une parole impérieuse ➔ l. 1 à 11

3 Relevez les éléments qui révèlent le comportement autoritaire du Comte à l'égard de sa femme.

4 Montrez comment l'exploitation de l'espace contribue à rythmer la scène.

5 Analysez les fonctions du personnage de Suzanne.

Le recours à la force ➔ l. 12 à 21

6 Comment le rapport de force entre le Comte et sa femme se manifeste-t-il ?

7 Par quels moyens le dramaturge parvient-il à décrédibiliser Almaviva au profit de la Comtesse ?

Une révélation différée ➔ l. 22 à 39

8 Comment caractériseriez-vous les interventions de la Comtesse ? Quels effets produisent-elles ?

9 Quels procédés montrent que les soupçons du Comte sont immodérés ?

CONCLURE

10 Comment l'utilisation de l'espace accentue-t-elle le comique de la scène ?

ÉTUDE DE LA LANGUE

- Relevez les compléments circonstanciels de lieu dans les répliques et les didascalies.

ACTIVITÉS

Écrire

- Beaumarchais s'est explicitement inspiré d'un tableau pour composer la scène 4 de l'acte II (*La Conversation espagnole* de Van Loo).

Recherchez les tableaux ci-dessous sur internet. Après avoir sélectionné celui que vous préférez, vous vous en inspirerez pour imaginer une scène de théâtre. Vous veillerez à la précision des didascalies.

- *La Balançoire*, de Jean-Honoré Fragonard, 1775-1780.
- *Halte de chasse*, de Charles-André Van Loo, 1737.
- *La Gamme d'amour*, d'Antoine Watteau, 1717.

Jouer

- Vous choisirez, par groupe, une scène dont l'action vous a marqués. Recopiez-en les didascalies et mémorisez-les, afin d'interpréter la pantomime de la scène. Soyez le plus précis possible dans l'engagement de votre corps et dans les émotions que vous donnerez à voir. Grâce à votre interprétation, vos camarades devront retrouver la scène que vous avez sélectionnée.

Scène 14

Le Comte, Chérubin

Suzanne *sort de l'alcôve, accourt au cabinet et parle à la serrure.* – Ouvrez, Chérubin, ouvrez vite, c'est Suzanne ; ouvrez et sortez.

Chérubin *sort.* – Ah ! Suzon, quelle horrible scène !

Suzanne. – Sortez, vous n'avez pas une minute.

Chérubin, *effrayé.* – Eh ! par où sortir ?

Suzanne. – Je n'en sais rien, mais sortez.

Chérubin. – S'il n'y a pas d'issue ?

Suzanne. – Après la rencontre de tantôt[1], il vous écraserait, et nous serions perdues. Courez conter à Figaro…

Chérubin. – La fenêtre du jardin n'est peut-être pas bien haute. (*Il court y regarder.*)

Suzanne, *avec effroi.* – Un grand étage ! impossible ! Ah ! ma pauvre maîtresse ! Et mon mariage, ô Ciel !

Chérubin *revient.* – Elle donne sur la melonnière[2] ; quitte à gâter une couche ou deux.

Suzanne *le retient et s'écrie.* – Il va se tuer !

Chérubin, *exalté.* – Dans un gouffre allumé, Suzon ! oui, je m'y jetterais, plutôt que de lui nuire… Et ce baiser va me porter bonheur.

Il l'embrasse et court sauter par la fenêtre.

Scène 15

Suzanne, *seule, un cri de frayeur.*

Ah !… (*Elle tombe assise un moment. Elle va péniblement regarder à la fenêtre et revient.*) Il est déjà bien loin. Oh ! le petit garnement ! aussi leste que joli ! si celui-là manque de femmes… Prenons

1. Tout à l'heure.

2. Terrain de culture des melons.

sa place au plus tôt. (*En entrant dans le cabinet.*) Vous pouvez à présent, monsieur le comte, rompre la cloison, si cela vous amuse ; au diantre[3] qui répond un mot !

Elle s'y enferme.

Scène 16

LE COMTE, LA COMTESSE *rentrent dans la chambre.*

LE COMTE, *une pince à la main, qu'il jette sur le fauteuil.* – Tout est bien comme je l'ai laissé. Madame, en m'exposant à briser cette porte, réfléchissez aux suites : encore une fois, voulez-vous l'ouvrir ?

LA COMTESSE. – Eh, monsieur, quelle horrible humeur peut altérer ainsi les égards entre deux époux ? Si l'amour vous dominait au point de vous inspirer ces fureurs, malgré leur déraison je les excuserais ; j'oublierais peut-être, en faveur du motif, ce qu'elles ont d'offensant pour moi. Mais la seule vanité peut-elle jeter dans cet excès un galant homme ?

LE COMTE. – Amour ou vanité, vous ouvrirez la porte ; ou je vais à l'instant…

LA COMTESSE, *au-devant.* – Arrêtez, monsieur, je vous prie. Me croyez-vous capable de manquer à ce que je me dois ?

LE COMTE. – Tout ce qu'il vous plaira, madame ; mais je verrai qui est dans ce cabinet.

LA COMTESSE, *effrayée.* – Eh bien, monsieur, vous le verrez. Écoutez-moi… tranquillement.

LE COMTE. – Ce n'est donc pas Suzanne ?

LA COMTESSE, *timidement.* – Au moins n'est-ce pas non plus une personne… dont vous deviez rien redouter… Nous disposions[4] une plaisanterie… bien innocente en vérité, pour ce soir… et je vous jure…

3. Au diable.

4. Préparions.

LE COMTE. – Et vous me jurez ?

LA COMTESSE. – Que nous n'avions pas plus de dessein de vous offenser l'un que l'autre.

LE COMTE, *vite*. – L'un que l'autre ? c'est un homme ?

LA COMTESSE. – Un enfant, monsieur.

LE COMTE. – Hé qui donc ?

LA COMTESSE. – À peine osé-je le nommer !

LE COMTE, *furieux*. – Je le tuerai.

LA COMTESSE. – Grands dieux !

LE COMTE. – Parlez donc !

LA COMTESSE. – Ce jeune… Chérubin…

LE COMTE. – Chérubin ! l'insolent ! voilà mes soupçons et le billet expliqués.

LA COMTESSE, *joignant les mains*. – Ah ! monsieur, gardez de penser…

LE COMTE, *frappant du pied*. – (*À part*.) Je trouverai partout ce maudit page ! (*Haut*.) Allons, madame, ouvrez ; je sais tout maintenant. Vous n'auriez pas été si émue en le congédiant ce matin, il serait parti quand je l'ai ordonné, vous n'auriez pas mis tant de fausseté dans votre conte de Suzanne, il ne se serait pas si soigneusement caché, s'il n'y avait rien de criminel.

LA COMTESSE. – Il a craint de vous irriter en se montrant.

LE COMTE, *hors de lui, crie au cabinet*. – Sors donc, petit malheureux !

LA COMTESSE *le prend à bras-le-corps, en l'éloignant*. – Ah ! monsieur, monsieur, votre colère me fait trembler pour lui. N'en croyez pas un injuste soupçon, de grâce ; et que le désordre où vous l'allez trouver…

LE COMTE. – Du désordre !

LA COMTESSE. – Hélas, oui ; prêt à s'habiller en femme, une coiffure à moi sur la tête, en veste et sans manteau, le col ouvert, les bras nus ; il allait essayer…

LE COMTE. – Et vous vouliez garder votre chambre ! Indigne épouse ! ah ! vous la garderez… longtemps ; mais il faut avant que j'en chasse un insolent, de manière à ne plus le rencontrer nulle part.

La Comtesse *se jette à genoux, les bras élevés.* – Monsieur le comte, épargnez un enfant ; je ne me consolerais pas d'avoir causé…

Le Comte. – Vos frayeurs aggravent son crime.

La Comtesse. – Il n'est pas coupable, il partait : c'est moi qui l'ai fait appeler.

Le Comte, *furieux.* – Levez-vous. Ôtez-vous… Tu es bien audacieuse d'oser me parler pour un autre !

La Comtesse. – Eh bien ! je m'ôterai, monsieur, je me lèverai ; je vous remettrai même la clef du cabinet : mais, au nom de votre amour…

Le Comte. – De mon amour ! Perfide !

La Comtesse *se lève et lui présente la clef.* – Promettez-moi que vous laisserez aller cet enfant sans lui faire aucun mal ; et puisse après tout votre courroux tomber sur moi, si je ne vous convaincs pas…

Le Comte, *prenant la clef.* – Je n'écoute plus rien.

La Comtesse *se jette sur une bergère, un mouchoir sur les yeux.* – Oh ! Ciel ! il va périr.

Le Comte *ouvre la porte et recule.* – C'est Suzanne !

Elle s'y enferme.

Scène 17

La Comtesse, Le Comte, Suzanne

Suzanne *sort en riant.* – « Je le tuerai, je le tuerai. » Tuez-le donc, ce méchant page !

Le Comte, *à part.* – Ah ! quelle école[1] ! (*Regardant la comtesse qui est restée stupéfaite.*) Et vous aussi, vous jouez l'étonnement ?… Mais peut-être elle n'y est pas seule.

Il entre.

1. Quelle méprise !

Scène 18

LA COMTESSE *assise*, **SUZANNE**

SUZANNE *accourt à sa maîtresse.* – Remettez-vous, madame, il est bien loin, il a fait un saut…

LA COMTESSE. – Ah, Suzon, je suis morte.

Scène 19

LA COMTESSE *assise*, **SUZANNE, LE COMTE**

LE COMTE *sort du cabinet d'un air confus. Après un court silence.* – Il n'y a personne, et pour le coup j'ai tort. Madame… vous jouez fort bien la comédie.

SUZANNE, *gaiement.* – Et moi, Monseigneur ?

La comtesse, son mouchoir sur sa bouche pour se remettre, ne parle pas.

LE COMTE *s'approche.* – Quoi, madame, vous plaisantiez ?

LA COMTESSE, *se remettant un peu.* – Eh ! pourquoi non, monsieur ?

LE COMTE. – Quel affreux badinage ! et par quel motif, je vous prie ?…

LA COMTESSE. – Vos folies méritent-elles de la pitié ?

LE COMTE. – Nommer folies ce qui touche à l'honneur !

LA COMTESSE, *assurant son ton par degrés*[1]. – Me suis-je unie à vous pour être éternellement dévouée[2] à l'abandon et à la jalousie, que vous seul osez concilier ?

LE COMTE. – Ah ! madame, c'est sans ménagement[3].

SUZANNE. – Madame n'avait qu'à vous laisser appeler les gens.

1. Peu à peu.
2. Vouée.
3. Vous ne me ménagez pas.

Le Comte. – Tu as raison, et c'est à moi de m'humilier… Pardon, je suis d'une confusion !…

Suzanne. – Avouez, Monseigneur, que vous la méritez un peu !

Le Comte. – Pourquoi donc ne sortais-tu pas lorsque je t'appelais ? Mauvaise !

Suzanne. – Je me rhabillais de mon mieux, à grand renfort d'épingles, et Madame qui me le défendait avait bien ses raisons pour le faire.

Le Comte. – Au lieu de rappeler mes torts, aide-moi plutôt à l'apaiser.

La Comtesse. – Non, monsieur ; un pareil outrage ne se couvre point[4]. Je vais me retirer aux Ursulines[5], et je vois trop qu'il en est temps.

Le Comte. – Le pourriez-vous sans quelques regrets ?

Suzanne. – Je suis sûre, moi, que le jour du départ serait la veille des larmes.

La Comtesse. – Eh ! quand cela serait, Suzon ? j'aime mieux le regretter que d'avoir la bassesse de lui pardonner ; il m'a trop offensée.

Le Comte. – Rosine !…

La Comtesse. – Je ne la suis plus, cette Rosine que vous avez tant poursuivie ! Je suis la pauvre comtesse Almaviva, la triste femme délaissée, que vous n'aimez plus.

Suzanne. – Madame !

Le Comte, *suppliant*. – Par pitié !

La Comtesse. – Vous n'en aviez aucune pour moi.

Le Comte. – Mais aussi ce billet… Il m'a tourné le sang !

La Comtesse. – Je n'avais pas consenti qu'on l'écrivît.

Le Comte. – Vous le saviez ?

La Comtesse. – C'est cet étourdi de Figaro…

Le Comte. – Il en était ?

La Comtesse. –… qui l'a remis à Bazile.

---

4. Ne s'excuse point.

5. Nom d'un couvent.

LE COMTE. – Qui m'a dit le tenir d'un paysan. Ô perfide chanteur[1] ! lame à deux tranchants ! c'est toi qui payeras pour tout le monde.

LA COMTESSE. – Vous demandez pour vous un pardon que vous refusez aux autres : voilà bien les hommes ! Ah ! si jamais je consentais à pardonner en faveur de[2] l'erreur où vous a jeté ce billet, j'exigerais que l'amnistie fût générale.

LE COMTE. – Eh bien ! de tout mon cœur, comtesse. Mais comment réparer une faute aussi humiliante ?

LA COMTESSE *se lève.* – Elle l'était pour tous deux.

LE COMTE. – Ah ! dites pour moi seul. Mais je suis encore à concevoir comment les femmes prennent si vite et si juste l'air et le ton des circonstances. Vous rougissiez, vous pleuriez, votre visage était défait… D'honneur, il l'est encore.

LA COMTESSE, *s'efforçant de sourire.* – Je rougissais… du ressentiment[3] de vos soupçons. Mais les hommes sont-ils assez délicats pour distinguer l'indignation d'une âme honnête outragée, d'avec la confusion qui naît d'une accusation méritée ?

LE COMTE, *souriant.* – Et ce page en désordre, en veste et presque nu…

LA COMTESSE, *montrant Suzanne.* – Vous le voyez devant vous. N'aimez-vous pas mieux l'avoir trouvé que l'autre ? en général, vous ne haïssez pas de rencontrer celui-ci.

LE COMTE, *riant plus fort.* – Et ces prières, ces larmes feintes…

LA COMTESSE. – Vous me faites rire, et j'en ai peu d'envie.

LE COMTE. – Nous croyons valoir quelque chose en politique, et nous ne sommes que des enfants. C'est vous, c'est vous, madame, que le roi devrait envoyer en ambassade à Londres ! Il faut que votre sexe ait fait une étude bien réfléchie de l'art de se composer[4] pour réussir à ce point !

LA COMTESSE. – C'est toujours vous qui nous y forcez.

SUZANNE. – Laissez-nous prisonniers sur parole, et vous verrez si nous sommes gens d'honneur.

1. Menteur.

2. En considération de.

3. Au souvenir de l'injure.

4. Jouer un rôle, feindre.

LA COMTESSE. – Brisons là[5], monsieur le comte. J'ai peut-être été trop loin ; mais mon indulgence en un cas aussi grave doit au moins m'obtenir la vôtre.

LE COMTE. – Mais vous répéterez que vous me pardonnez.

LA COMTESSE. – Est-ce que je l'ai dit, Suzon ?

SUZANNE. – Je ne l'ai pas entendu, madame.

LE COMTE. – Eh bien ! que ce mot vous échappe.

LA COMTESSE. – Le méritez-vous, ingrat ?

LE COMTE. – Oui, par mon repentir.

SUZANNE. – Soupçonner un homme dans le cabinet de Madame !

LE COMTE. – Elle m'en a si sévèrement puni !

SUZANNE. – Ne pas s'en fier à elle quand elle dit que c'est sa camariste !

LE COMTE. – Rosine, êtes-vous donc implacable ?

LA COMTESSE. – Ah ! Suzon ! que je suis faible ! quel exemple je te donne ! (*Tendant la main au comte.*) On ne croira plus à la colère des femmes.

SUZANNE. – Bon ! madame, avec eux ne faut-il pas toujours en venir là ?

Le comte baise ardemment la main de sa femme.

Scène 20

SUZANNE, FIGARO, LA COMTESSE, LE COMTE

FIGARO, *arrivant tout essoufflé.* – On disait Madame incommodée. Je suis vite accouru… je vois avec joie qu'il n'en est rien.

LE COMTE, *sèchement.* – Vous êtes fort attentif[6] !

FIGARO. – Et c'est mon devoir. Mais puisqu'il n'en est rien, Monseigneur, tous vos jeunes vassaux des deux sexes sont en bas avec les violons et les cornemuses, attendant, pour m'accompagner, l'instant où vous permettrez que je mène ma fiancée…

5. Arrêtons là (cette discussion).

6. Attentionné, prévenant.

Le Comte. – Et qui surveillera la comtesse au château ?

Figaro. – La veiller ! elle n'est pas malade.

Le Comte. – Non ; mais cet homme absent qui doit l'entretenir ?

Figaro. – Quel homme absent ?

Le Comte. – L'homme du billet que vous avez remis à Bazile.

Figaro. – Qui dit cela ?

Le Comte. – Quand je ne le saurais pas d'ailleurs, fripon ! ta physionomie qui t'accuse me prouverait déjà que tu mens.

Figaro. – S'il en est ainsi, ce n'est pas moi qui mens, c'est ma physionomie.

Suzanne. – Va, mon pauvre Figaro, n'use pas ton éloquence en défaites[1] ; nous avons tout dit.

Figaro. – Et quoi dit ? vous me traitez comme un Bazile[2] !

Suzanne. – Que tu avais écrit le billet de tantôt pour faire accroire à Monseigneur, quand il entrerait, que le petit page était dans ce cabinet où je me suis enfermée.

Le Comte. – Qu'as-tu à répondre ?

La Comtesse. – Il n'y a plus rien à cacher, Figaro ; le badinage est consommé[3].

Figaro, *cherchant à deviner*. – Le badinage… est consommé ?

Le Comte. – Oui, consommé. Que dis-tu là-dessus ?

Figaro. – Moi ! je dis… que je voudrais bien qu'on en pût dire autant de mon mariage ; et si vous l'ordonnez…

Le Comte. – Tu conviens donc enfin du billet ?

Figaro. – Puisque Madame le veut, que Suzanne le veut, que vous le voulez vous-même, il faut bien que je le veuille aussi : mais à votre place, en vérité, Monseigneur, je ne croirais pas un mot de tout ce que nous vous disons.

Le Comte. – Toujours mentir contre l'évidence ! à la fin cela m'irrite.

---

1. En vain, inutilement.

2. Allusion à une scène du *Barbier de Séville* où l'ensemble des personnages jouent, de concert, une prétendue situation, tandis que Bazile est le seul à ne pas être au courant (III, 11).

3. La plaisanterie est terminée.

La Comtesse, *en riant.* – Eh, ce pauvre garçon ! pourquoi voulez-vous, monsieur, qu'il dise une fois la vérité ?

Figaro, *bas à Suzanne.* – Je l'avertis de son danger ; c'est tout ce qu'un honnête homme peut faire.

Suzanne, *bas.* – As-tu vu le petit page ?

Figaro, *bas.* – Encore tout froissé.

Suzanne, *bas.* – Ah, pécaïre[4] !

La Comtesse. – Allons, Monsieur le comte, ils brûlent de s'unir : leur impatience est naturelle ! entrons pour la cérémonie.

Le Comte, *à part.* – Et Marceline, Marceline… (*Haut.*) Je voudrais être… au moins vêtu.

La Comtesse. – Pour nos gens ! Est-ce que je le suis ?

Scène 21

Figaro, Suzanne, La Comtesse, Le Comte, Antonio

Antonio, *demi-gris[5], tenant un pot de giroflées[6] écrasées.* – Monseigneur ! Monseigneur !

Le Comte. – Que me veux-tu, Antonio ?

Antonio. – Faites donc une fois griller les croisées[7] qui donnent sur mes couches. On jette toutes sortes de choses par ces fenêtres ; et tout à l'heure encore on vient d'en jeter un homme.

Le Comte. – Par ces fenêtres ?

Antonio. – Regardez comme on arrange mes giroflées !

Suzanne, *bas à Figaro.* – Alerte, Figaro, alerte.

Figaro. – Monseigneur, il est gris dès le matin.

---

4. Exclamation provençale (francisé en *peuchère* !) exprimant un sentiment affectueux ou ironique.

5. À moitié ivre.

6. Fleurs odorantes.

7. Faites mettre des grilles aux fenêtres, une fois pour toutes.

Antonio. – Vous n'y êtes pas. C'est un petit reste d'hier. Voilà comme on fait des jugements… ténébreux.

Le Comte, *avec feu.* – Cet homme ! cet homme ! où est-il ?

Antonio. – Où il est ?

Le Comte. – Oui.

Antonio. – C'est ce que je dis. Il faut me le trouver déjà[1]. Je suis votre domestique ; il n'y a que moi qui prends soin de votre jardin ; il y tombe un homme, et vous sentez… que ma réputation en est effleurée[2].

Suzanne, *bas à Figaro.* – Détourne, détourne.

Figaro. – Tu boiras donc toujours ?

Antonio. – Et si je ne buvais pas, je deviendrais enragé.

La Comtesse. – Mais en prendre ainsi sans besoin…

Antonio. – Boire sans soif et faire l'amour en tout temps, madame, il n'y a que ça qui nous distingue des autres bêtes.

Le Comte, *vivement.* – Réponds-moi donc ou je vais te chasser.

Antonio. – Est-ce que je m'en irais ?

Le Comte. – Comment donc ?

Antonio, *se touchant le front.* – Si vous n'avez pas assez de ça pour garder un bon domestique, je ne suis pas assez bête, moi, pour renvoyer un si bon maître.

Le Comte *le secoue avec colère.* – On a, dis-tu, jeté un homme par cette fenêtre ?

Antonio. – Oui, Mon Excellence ; tout à l'heure, en veste blanche, et qui s'est enfui, jarni[3], courant…

Le Comte, *impatienté.* – Après ?

Antonio. – J'ai bien voulu courir après ; mais je me suis donné contre la grille une si fière gourde[4] à la main que je ne peux plus remuer ni pied ni patte de ce doigt-là.

Levant le doigt.

---

1. Dès maintenant.
2. Jeu sur le double sens du verbe : « égratigner » et « enlever les fleurs ».
3. Déformation de « je renie Dieu » (*juron*).
4. Un coup qui engourdit.

Le Comte. – Au moins tu reconnaîtrais l'homme ?

Antonio. – Oh ! que oui-da !… si je l'avais vu pourtant !

Suzanne, *bas à Figaro*. – Il ne l'a pas vu.

Figaro. – Voilà bien du train[5] pour un pot de fleurs ! combien te faut-il, pleurard ! avec ta giroflée ? Il est inutile de chercher, Monseigneur, c'est moi qui ai sauté.

Le Comte. – Comment ? c'est vous !

Antonio. – « Combien te faut-il, pleurard ? » Votre corps a donc bien grandi depuis ce temps-là ? car je vous ai trouvé beaucoup plus moindre et plus fluet[6] !

Figaro. – Certainement ; quand on saute, on se pelotonne…

Antonio. – M'est avis que c'était plutôt… qui dirait, le gringalet de page.

Le Comte. – Chérubin, tu veux dire ?

Figaro. – Oui, revenu tout exprès avec son cheval, de la porte de Séville, où peut-être il est déjà.

Antonio. – Oh ! non, je ne dis pas ça, je ne dis pas ça ; je n'ai pas vu sauter de cheval, car je le dirais de même.

Le Comte. – Quelle patience !

Figaro. – J'étais dans la chambre des femmes en veste blanche : il fait un chaud !… J'attendais là ma Suzannette, quand j'ai ouï tout à coup la voix de Monseigneur et le grand bruit qui se faisait : je ne sais quelle crainte m'a saisi à l'occasion de ce billet ; et s'il faut avouer ma bêtise, j'ai sauté sans réflexion sur les couches, où je me suis même un peu foulé le pied droit.

Il frotte son pied.

5. Tapage.

6. Mince.

L'homme aux expédients

Ce passage met en évidence la virtuosité de Figaro. Le valet est un comédien-né, qui improvise avec brio en fonction de la situation, tant avec sa parole, qu'avec son corps (« *il frotte son pied* »). Le Comte souligne avec ironie les qualités d'improvisateur du valet en le surnommant : « l'homme aux expédients » (l. 78).

ANTONIO. – Puisque c'est vous, il est juste de vous rendre ce brimborion de papier[1] qui a coulé[2] de votre veste en tombant.

LE COMTE *se jette dessus.* – Donne-le-moi.

Il ouvre le papier et le referme.

FIGARO, *à part.* – Je suis pris.

LE COMTE, *à Figaro.* – La frayeur ne vous aura pas fait oublier ce que contient ce papier, ni comment il se trouvait dans votre poche ?

FIGARO, *embarrassé, fouille dans ses poches et en tire des papiers.* – Non sûrement… Mais c'est que j'en ai tant. Il faut répondre à tout… (*Il regarde un des papiers.*) Ceci ? ah ! c'est une lettre de Marceline, en quatre pages ; elle est belle !… Ne serait-ce pas la requête de ce pauvre braconnier en prison ?… non, la voici… J'avais l'état des meubles du petit château dans l'autre poche…

Le comte rouvre le papier qu'il tient.

LA COMTESSE, *bas à Suzanne.* – Ah dieux ! Suzon. C'est le brevet d'officier.

SUZANNE, *bas à Figaro.* – Tout est perdu, c'est le brevet.

LE COMTE *replie le papier.* – Eh bien ! l'homme aux expédients[3], vous ne devinez pas ?

ANTONIO, *s'approchant de Figaro.* – Monseigneur dit si vous ne devinez pas !

FIGARO *le repousse.* – Fi donc ! vilain, qui me parle dans le nez !

LE COMTE. – Vous ne vous rappelez pas ce que ce peut être ?

FIGARO. – A, a, a, ah ! *Povero*[4] ! ce sera le brevet de ce malheureux enfant, qu'il m'avait remis et que j'ai oublié de lui rendre. O, o, o, oh ! étourdi que je suis ! que fera-t-il sans son brevet ? Il faut courir…

LE COMTE. – Pourquoi vous l'aurait-il remis ?

FIGARO, *embarrassé.* – Il… désirait qu'on y fît quelque chose.

LE COMTE *regarde son papier.* – Il n'y manque rien.

LA COMTESSE, *bas à Suzanne.* – Le cachet.

---

1. Ce petit morceau de papier.

2. Glissé.

3. Homme qui trouve toujours les moyens de se tirer d'embarras.

4. « Pauvre de moi ! » (*exclamation italienne*)

SUZANNE, *bas à Figaro.* – Le cachet manque.

LE COMTE, *à Figaro.* – Vous ne répondez pas ?

FIGARO. – C'est… qu'en effet il y manque peu de chose. Il dit que c'est l'usage…

LE COMTE. – L'usage ! l'usage ! l'usage de quoi ?

FIGARO. – D'y apposer le sceau de vos armes. Peut-être aussi que cela ne valait pas la peine.

LE COMTE *rouvre le papier et le chiffonne de colère.* – Allons, il est écrit que je ne saurai rien. (*À part.*) C'est ce Figaro qui les mène et je ne m'en vengerais pas !

Il veut sortir avec dépit.

FIGARO, *l'arrêtant.* – Vous sortez sans ordonner mon mariage[5] ?

Scène 22

BAZILE, BARTHOLO, MARCELINE, FIGARO, LE COMTE, GRIPPE-SOLEIL, LA COMTESSE, SUZANNE, ANTONIO ; VALETS DU COMTE, SES VASSAUX

MARCELINE, *au comte.* – Ne l'ordonnez pas, Monseigneur ! Avant de lui faire grâce[6], vous nous devez justice. Il a des engagements avec moi.

LE COMTE, *à part.* – Voilà ma vengeance arrivée.

FIGARO. – Des engagements ! de quelle nature ? Expliquez-vous.

MARCELINE. – Oui, je m'expliquerai, malhonnête !

La comtesse s'assied sur une bergère. Suzanne est derrière elle.

LE COMTE. – De quoi s'agit-il, Marceline ?

MARCELINE. – D'une obligation de mariage.

FIGARO. – Un billet, voilà tout, pour de l'argent prêté.

MARCELINE, *au comte.* – Sous condition de m'épouser. Vous êtes un grand seigneur, le premier juge de la province…

---

5. Organiser la cérémonie.

6. Lui accorder ce qu'il demande.

LE COMTE. – Présentez-vous au tribunal ; j'y rendrai justice à tout le monde.

BAZILE, *montrant Marceline*. – En ce cas, Votre Grandeur permet que je fasse aussi valoir mes droits sur Marceline ?

LE COMTE, *à part*. – Ah ! voilà mon fripon du billet.

FIGARO. – Autre fou de la même espèce !

LE COMTE, *en colère, à Bazile*. – Vos droits ! vos droits ! Il vous convient bien de parler devant moi, maître sot !

ANTONIO, *frappant dans sa main*. – Il ne l'a, ma foi, pas manqué du premier coup : c'est son nom.

LE COMTE. – Marceline, on suspendra tout jusqu'à l'examen de vos titres, qui se fera publiquement dans la grand-salle d'audience. Honnête Bazile ! agent fidèle et sûr ! allez au bourg chercher les gens du Siège[1].

BAZILE. – Pour son affaire ?

LE COMTE. – Et vous m'amènerez le paysan du billet.

BAZILE. – Est-ce que je le connais ?

LE COMTE. – Vous résistez !

BAZILE. – Je ne suis pas entré au château pour en faire les commissions.

LE COMTE. – Quoi donc ?

BAZILE. – Homme à talent sur l'orgue du village, je montre le clavecin à Madame, à chanter à ses femmes, la mandoline aux pages ; et mon emploi surtout est d'amuser votre compagnie avec ma guitare, quand il vous plaît de l'ordonner.

GRIPPE-SOLEIL *s'avance*. – J'irai bien, Monsigneu, si cela vous plaira.

LE COMTE. – Quel est ton nom, et ton emploi ?

GRIPPE-SOLEIL. – Je suis Grippe-Soleil, mon bon signeu ; le petit patouriau des chèvres, commandé pour le feu d'artifice. C'est fête aujourd'hui dans le troupiau ; et je sais oùs-ce-qu'est toute l'enragée boutique à procès[2] du pays.

---

1. Les magistrats.

2. Désigne de manière péjorative les « marchands » de justice.

Le Comte. – Ton zèle me plaît ; vas-y : mais vous, (*à Bazile*) accompagnez Monsieur en jouant de la guitare, et chantant pour l'amuser en chemin. Il est de ma compagnie.

Grippe-Soleil, *joyeux*. – Oh ! moi, je suis de la… ?

Suzanne l'apaise de la main, en lui montrant la comtesse.

Bazile, *surpris*. – Que j'accompagne Grippe-Soleil en jouant ?…

Le Comte. – C'est votre emploi. Partez, ou je vous chasse.

Il sort.

Scène 23

Les acteurs précédents, *excepté* **Le Comte**

Bazile, *à lui-même*. – Ah ! je n'irai pas lutter contre le pot de fer, moi qui ne suis…

Figaro. – Qu'une cruche.

Bazile, *à part*. – Au lieu d'aider à leur mariage, je m'en vais assurer le mien avec Marceline. (*À Figaro*.) Ne conclus rien, crois-moi, que je ne sois de retour.

Il va prendre la guitare sur le fauteuil du fond.

Figaro *le suit*. – Conclure ! oh ! va, ne crains rien ; quand même tu ne reviendrais jamais… Tu n'as pas l'air en train de[3] chanter ; veux-tu que je commence ?… allons gai, haut, la-mi-la, pour ma fiancée.

Il se met en marche à reculons, danse en chantant la séguedille[4] suivante. Bazile accompagne, et tout le monde le suit.

---

3. En état de.

4. Danse espagnole d'origine andalouse.

SÉGUEDILLE

Air noté.

Je préfère à richesse,
La sagesse
De ma Suzon ;
Zon, zon, zon,
Zon, zon, zon,
zon, zon, zon,
zon, zon, zon.
Aussi sa gentillesse
Est maîtresse
De ma raison ;
Zon, zon, zon,
Zon, zon, zon,
Zon, zon, zon,
Zon, zon, zon.

Le bruit s'éloigne, on n'entend pas le reste.

Scène 24

SUZANNE, LA COMTESSE

LA COMTESSE, *dans sa bergère.* – Vous voyez, Suzanne, la jolie scène que votre étourdi m'a value avec son billet.

SUZANNE. – Ah ! madame, quand je suis rentrée du cabinet, si vous aviez vu votre visage ! il s'est terni tout à coup ; mais ce n'a été qu'un nuage ; et par degrés vous êtes devenue rouge, rouge, rouge !

LA COMTESSE. – Il a donc sauté par la fenêtre ?

SUZANNE. – Sans hésiter, le charmant enfant ! léger… comme une abeille !

LA COMTESSE. – Ah ! ce fatal jardinier ! Tout cela m'a remuée au point… que je ne pouvais rassembler deux idées.

SUZANNE. – Ah ! madame, au contraire ; et c'est là que j'ai vu combien l'usage du grand monde donne d'aisance aux dames comme il faut, pour mentir sans qu'il y paraisse.

LA COMTESSE. – Crois-tu que le comte en soit la dupe ? et s'il trouvait cet enfant au château !

SUZANNE. – Je vais recommander de le cacher si bien…

LA COMTESSE. – Il faut qu'il parte. Après ce qui vient d'arriver, vous croyez bien que je ne suis pas tentée de l'envoyer au jardin à votre place.

SUZANNE. – Il est certain que je n'irai pas non plus. Voilà donc mon mariage encore une fois…

LA COMTESSE *se lève.* – Attends… Au lieu d'un autre ou de toi, si j'y allais moi-même ?

SUZANNE. – Vous, madame ?

LA COMTESSE. – Il n'y aurait personne d'exposé… Le comte alors ne pourrait nier… Avoir puni sa jalousie et lui prouver son infidélité, cela serait… Allons : le bonheur d'un premier hasard[1] m'enhardit à tenter le second. Fais-lui savoir promptement que tu te rendras au jardin. Mais surtout que personne…

SUZANNE. – Ah ! Figaro.

LA COMTESSE. – Non, non. Il voudrait mettre ici du sien. Mon masque de velours[2] et ma canne ; que j'aille y rêver sur la terrasse.

Suzanne entre dans le cabinet de toilette.

Scène 25

LA COMTESSE, *seule.*

Il est assez effronté, mon petit projet ! (*Elle se retourne.*) Ah ! le ruban ! mon joli ruban ! je t'oubliais ! (*Elle le prend sur sa bergère et le roule.*) Tu ne me quitteras plus… tu me rappelleras la scène où ce malheureux enfant… Ah ! monsieur le comte, qu'avez-vous fait ?… Et moi, que fais-je en ce moment ?…

---

1. L'issue heureuse d'une première aventure risquée.
2. Masque protégeant le visage du soleil.

Scène 26

La Comtesse, Suzanne

(La comtesse met furtivement le ruban dans son sein.)

Suzanne. – Voici la canne et votre loup[1].

La Comtesse. – Souviens-toi que je t'ai défendu d'en dire un mot à Figaro.

Suzanne, *avec joie.* – Madame, il est charmant votre projet. Je viens d'y réfléchir. Il rapproche tout, termine tout, embrasse[2] tout ; et, quelque chose qui arrive, mon mariage est maintenant certain.

Elle baise la main de sa maîtresse. Elles sortent.

Pendant l'entracte, des valets arrangent la salle d'audience : on apporte les deux banquettes à dossier des avocats, que l'on place aux deux côtés du théâtre, de façon que le passage soit libre par-derrière. On pose une estrade à deux marches dans le milieu du théâtre, vers le fond, sur laquelle on place le fauteuil du comte. On met la table du greffier et son tabouret de côté sur le devant, et des sièges pour Brid'oison et d'autres juges, des deux côtés de l'estrade du comte.

1. Masque de velours.
2. Renferme tout.

Acte III

Le théâtre représente une salle du château, appelée salle du trône et servant de salle d'audience, ayant sur le côté une impériale en dais[1] et, dessous, le portrait du roi.

Scène 1

LE COMTE, PÉDRILLE, *en veste et botté, tenant un paquet cacheté.*

LE COMTE, *vite.* – M'as-tu bien entendu ?

PÉDRILLE. – Excellence, oui.

Il sort.

Scène 2

LE COMTE *seul, criant.*

Pédrille ?

Scène 3

LE COMTE, PÉDRILLE, *revient.*

PÉDRILLE. – Excellence ?

LE COMTE. – On ne t'a pas vu ?

1. Étoffe déployée au-dessus du trône du Comte, qui rend ici la justice au nom du roi.

PÉDRILLE. – Âme qui vive[1].

LE COMTE. – Prenez le cheval barbe[2].

PÉDRILLE. – Il est à la grille du potager, tout sellé.

LE COMTE. – Ferme, d'un trait, jusqu'à Séville.

PÉDRILLE. – Il n'y a que trois lieues[3], elles sont bonnes[4].

LE COMTE. – En descendant, sachez si le page est arrivé.

PÉDRILLE. – Dans l'hôtel[5] ?

LE COMTE. – Oui ; surtout depuis quel temps.

PÉDRILLE. – J'entends.

LE COMTE. – Remets-lui son brevet et reviens vite.

PÉDRILLE. – Et s'il n'y était pas ?

LE COMTE. – Revenez plus vite et m'en rendez compte. Allez.

Scène 4

LE COMTE *seul, marche en rêvant.*

J'ai fait une gaucherie[6] en éloignant Bazile !... la colère n'est bonne à rien. Ce billet remis par lui, qui m'avertit d'une entreprise sur la comtesse ; la camariste enfermée quand j'arrive ; la maîtresse affectée d'une terreur fausse ou vraie ; un homme qui saute par la fenêtre, et l'autre après qui avoue... ou qui prétend que c'est lui... Le fil m'échappe. Il y a là-dedans une obscurité... Des libertés chez mes vassaux, qu'importe à gens de cette étoffe[7] ? Mais la comtesse ! si quelque insolent attentait... où m'égaré-je ? En vérité quand la tête se monte, l'imagination la mieux réglée devient folle comme un rêve ! Elle s'amusait ; ces ris[8] étouffés, cette joie mal éteinte ! Elle se respecte, et mon honneur... où diable on l'a placé ! De l'autre part

1. Personne.
2. Cheval de Barbarie, ancien nom des pays « berbères » de l'Afrique du Nord.
3. Ancienne mesure de distance (une lieue = 4 km environ).
4. Faciles à parcourir.
5. Hôtel particulier du Comte.
6. Maladresse.
7. De cette sorte, de cette condition.
8. Rires.

où suis-je ? cette friponne de Suzanne a-t-elle trahi mon secret ?… Comme il n'est pas encore le sien… Qui[9] donc m'enchaîne à cette fantaisie[10] ? j'ai voulu vingt fois y renoncer… Étrange effet de l'irrésolution ! si je la voulais sans débat, je la désirerais mille fois moins. Ce Figaro se fait bien attendre ! il faut le sonder adroitement, (*Figaro paraît dans le fond ; il s'arrête*) et tâcher, dans la conversation que je vais avoir avec lui, de démêler d'une manière détournée s'il est instruit ou non de mon amour pour Suzanne.

Scène 5

Le Comte, Figaro

Figaro, *à part*. – Nous y voilà.

Le Comte. –… S'il en sait par elle un seul mot…

Figaro, *à part*. – Je m'en suis douté.

Le Comte. –… je lui fais épouser la vieille.

Figaro, *à part*. – Les amours de M. Bazile.

Le Comte. –… Et voyons ce que nous ferons de la jeune.

Figaro, *à part*. – Ah ! ma femme, s'il vous plaît.

Le Comte *se retourne*. – Hein ? quoi ? qu'est-ce que c'est ?

Figaro *s'avance*. – Moi, qui me rends à vos ordres.

Le Comte. – Et pourquoi ces mots ?

Figaro. – Je n'ai rien dit.

Le Comte *répète*. – « Ma femme, s'il vous plaît » ?

Figaro. – C'est… la fin d'une réponse que je faisais : « Allez le dire à ma femme, s'il vous plaît. »

Le Comte *se promène*. – « Sa femme » !… Je voudrais bien savoir quelle affaire peut arrêter Monsieur, quand je le fais appeler ?

---

9. Qu'est-ce qui.

10. Caprice.

FIGARO, *feignant d'assurer son habillement.* – Je m'étais sali sur ces couches en tombant ; je me changeais.

LE COMTE. – Faut-il une heure ?

FIGARO. – Il faut le temps.

LE COMTE. – Les domestiques ici… sont plus longs à s'habiller que les maîtres !

FIGARO. – C'est qu'ils n'ont point de valets pour les y aider.

LE COMTE. –… Je n'ai pas trop compris ce qui vous avait forcé tantôt de courir un danger inutile, en vous jetant…

FIGARO. – Un danger ! on dirait que je me suis engouffré tout vivant…

LE COMTE. – Essayez de me donner le change en feignant de le prendre[1], insidieux valet ! vous entendez fort bien que ce n'est pas le danger qui m'inquiète, mais le motif.

FIGARO. – Sur un faux avis, vous arrivez furieux, renversant tout, comme le torrent de la Morena[2] ; vous cherchez un homme ; il vous le faut, ou vous allez briser les portes, enfoncer les cloisons ! je me trouve là par hasard ; qui sait dans votre emportement si…

LE COMTE, *interrompant.* – Vous pouviez fuir par l'escalier.

FIGARO. – Et vous, me prendre au corridor.

LE COMTE, *en colère.* – Au corridor ! (*À part.*) Je m'emporte, et nuis à ce que je veux savoir.

FIGARO, *à part.* – Voyons-le venir, et jouons serré.

LE COMTE, *radouci.* – Ce n'est pas ce que je voulais dire, laissons cela. J'avais… oui, j'avais quelque envie de t'emmener à Londres, courrier de dépêches… mais toutes réflexions faites…

FIGARO. – Monseigneur a changé d'avis ?

LE COMTE. – Premièrement, tu ne sais pas l'anglais.

FIGARO. – Je sais *God-dam*[3].

LE COMTE. – Je n'entends pas.

---

1. Essayez donc de me tromper en feignant de l'être vous-même.

2. Chaîne de montagnes espagnole.

3. Juron anglais, abréviation de *God damn me* (« Que Dieu me damne »).

FIGARO. – Je dis que je sais *God-dam.*

LE COMTE. – Eh bien ?

FIGARO. – Diable ! c'est une belle langue que l'anglais ; il en faut peu pour aller loin. Avec *God-dam* en Angleterre, on ne manque de rien nulle part. Voulez-vous tâter d'un bon poulet gras ? entrez dans une taverne, et faites seulement ce geste au garçon. (*Il tourne la broche.*) *God-dam* ! on vous apporte un pied de bœuf salé sans pain. C'est admirable ! Aimez-vous à boire un coup d'excellent bourgogne ou de clairet[4] ? rien que celui-ci. (*Il débouche une bouteille.*) *God-dam* ! on vous sert un pot de bière, en bel étain, la mousse aux bords. Quelle satisfaction ! Rencontrez-vous une de ces jolies personnes qui vont trottant menu[5], les yeux baissés, coudes en arrière, et tortillant un peu des hanches ? mettez mignardement[6] tous les doigts unis sur la bouche. Ah ! *God-dam* ! elle vous sangle un soufflet de crocheteur[7]. Preuve qu'elle entend. Les Anglais, à la vérité, ajoutent par-ci, par-là quelques autres mots en conversant ; mais il est bien aisé de voir que *God-dam* est le fond de la langue ; et si Monseigneur n'a pas d'autre motif de me laisser en Espagne…

LE COMTE, *à part.* – Il veut venir à Londres ; elle n'a pas parlé.

FIGARO, *à part.* – Il croit que je ne sais rien ; travaillons-le un peu dans son genre.

LE COMTE. – Quel motif avait la comtesse pour me jouer un pareil tour ?

FIGARO. – Ma foi, monseigneur, vous le savez mieux que moi.

LE COMTE. – Je la préviens sur tout[8] et la comble de présents.

FIGARO. – Vous lui donnez, mais vous êtes infidèle. Sait-on gré du superflu à qui nous prive du nécessaire ?

LE COMTE. –… Autrefois tu me disais tout.

FIGARO. – Et maintenant je ne vous cache rien.

Le langage de Figaro

La tirade de « God-dam » se trouve à l'origine dans une version manuscrite du *Barbier de Séville* (acte I, sc. 2). Beaumarchais la reprend ici pour illustrer la verve de Figaro, dans une digression de pitre qui rappelle aussi les *lazzi* (les plaisanteries) de la *Commedia dell'arte.*

4. Vin de Bordeaux.

5. À petits pas.

6. Délicatement.

7. Elle vous donne un coup de poing avec force. Le crocheteur (porteur) était réputé pour sa force.

8. Je vais au devant de tous ses désirs.

Le Comte. – Combien la comtesse t'a-t-elle donné pour cette belle association ?

Figaro. – Combien me donnâtes-vous pour la tirer des mains du docteur ? Tenez, monseigneur, n'humilions pas l'homme qui nous sert bien, crainte d'en faire un mauvais valet.

Le Comte. – Pourquoi faut-il qu'il y ait toujours du louche en ce que tu fais ?

Figaro. – C'est qu'on en voit partout quand on cherche des torts.

Le Comte. – Une réputation détestable !

Figaro. – Et si je vaux mieux qu'elle ? y a-t-il beaucoup de seigneurs qui puissent en dire autant ?

Le Comte. – Cent fois je t'ai vu marcher à la fortune[1], et jamais aller droit.

Figaro. – Comment voulez-vous ? la foule est là : chacun veut courir, on se presse, on pousse, on coudoie, on renverse, arrive qui peut ; le reste est écrasé. Aussi c'est fait ; pour moi, j'y renonce.

Le Comte. – À la fortune ? (*À part.*) Voici du neuf.

Figaro. – (*À part.*) À mon tour maintenant. (*Haut.*) Votre Excellence m'a gratifié de la conciergerie du château ; c'est un fort joli sort ; à la vérité je ne serai pas le courrier étrenné des nouvelles intéressantes[2] ; mais en revanche, heureux avec ma femme au fond de l'Andalousie…

Le Comte. – Qui t'empêcherait de l'emmener à Londres ?

Figaro. – Il faudrait la quitter si souvent que j'aurais bientôt du mariage par-dessus la tête.

Le Comte. – Avec du caractère et de l'esprit, tu pourrais un jour t'avancer dans les bureaux.

Figaro. – De l'esprit pour s'avancer ? Monseigneur se rit du mien. Médiocre et rampant ; et l'on arrive à tout.

Le Comte. – … Il ne faudrait qu'étudier un peu sous moi la politique.

Figaro. – Je la sais.

Le Comte. – Comme l'anglais, le fond de la langue !

1. Mener ta vie au hasard.

2. Qui connaît le premier les nouvelles.

FIGARO. – Oui, s'il y avait de quoi se vanter. Mais feindre d'ignorer ce qu'on sait, de savoir tout ce qu'on ignore, d'entendre ce qu'on ne comprend pas, de ne point ouïr ce qu'on entend[3], surtout de pouvoir au-delà de ses forces ; avoir souvent pour grand secret de cacher qu'il n'y en a point ; s'enfermer pour tailler des plumes et paraître profond, quand on n'est, comme on dit, que vide et creux ; jouer bien ou mal un personnage ; répandre des espions et pensionner des traîtres ; amollir des cachets[4] ; intercepter des lettres ; et tâcher d'ennoblir la pauvreté des moyens par l'importance des objets : voilà toute la politique, ou je meure[5] !

LE COMTE. – Eh ! c'est l'intrigue que tu définis !

FIGARO. – La politique, l'intrigue, volontiers ; mais comme je les crois un peu germaines[6], en fasse qui voudra. « J'aime mieux ma mie, ô gué ! »[7] comme dit la chanson du bon roi.

LE COMTE, *à part.* – Il veut rester. J'entends… Suzanne m'a trahi.

FIGARO, *à part.* – Je l'enfile[8] et le paye en sa monnaie.

LE COMTE. – Ainsi tu espères gagner ton procès contre Marceline ?

FIGARO. – Me feriez-vous un crime de refuser une vieille fille, quand Votre Excellence se permet de nous souffler toutes les jeunes ?

LE COMTE, *raillant.* – Au tribunal, le magistrat s'oublie, et ne voit plus que l'ordonnance[9].

FIGARO. – Indulgente aux grands, dure aux petits…

LE COMTE. – Crois-tu donc que je plaisante ?

FIGARO. – Eh ! qui le sait, Monseigneur ? *Tempo è galant'uomo*[10], dit l'italien ; il dit toujours la vérité : c'est lui qui m'apprendra qui me veut du mal ou du bien.

LE COMTE, *à part.* – Je vois qu'on lui a tout dit ; il épousera la duègne.

FIGARO, *à part.* – Il a joué au fin[11] avec moi ; qu'a-t-il appris ?

---

3. Jeu de mots sur le double sens du verbe entendre, qui signifie aussi « comprendre ».

4. Ramollir les cachets de cire, pour ouvrir et lire secrètement les lettres.

5. Ou que je meure si cela n'est pas vrai.

6. Sœurs ou cousines germaines, c'est-à-dire ressemblantes.

7. Allusion à la « chanson du bon roi » (Henri IV) évoquée dans la comédie de Molière, *Le Misanthrope* (1666, acte I, sc. 2).

8. Trompe (mot emprunté au jeu de trictrac, signifiant qu'on met l'adversaire dans l'impossibilité de jouer).

9. Loi.

10. « Le temps est galant homme », proverbe italien dont Figaro explicite ensuite le sens.

11. Il a joué au plus fin.

Explication de texte 3

Acte III, scène 5
➔ p. 109-110, l. 15 à 39 (à partir de « Je voudrais... »).

Une joute verbale ?

SITUER

1 À l'acte III, scène 4, le Comte explique son objectif. Que cherche-t-il à savoir de son valet ?

2 Quelles sont les intentions de Figaro ?

EXPLIQUER

Un échauffement rythmé ➔ l. 15 à 23

3 Quels reproches le Comte adresse-t-il à Figaro ? Quelles différentes formes prennent-ils ? Repérez les marques de l'accusation.

4 Analysez les défenses de Figaro face aux offensives du Comte. Comment l'habileté du valet est-elle mise en valeur ?

Un affrontement verbal ➔ l. 24 à 34

5 Comment le maître s'y prend-il pour obtenir des informations de son valet ? Mettez en évidence l'évolution d'Almaviva dans ce passage.

6 Comment Figaro souligne-t-il l'emportement du Comte ? Que provoquent les propos du valet sur le maître ?

Une trêve momentanée ➔ l. 35 à 39

7 Analysez l'utilisation de l'aparté dans la fin de l'extrait.

8 Quels indices suggèrent que Figaro l'emporte sur son rival ?

CONCLURE

9 Montrez comment, dans cet échange, la rivalité personnelle se double d'une rivalité sociale.

10 Soulignez la portée comique et satirique du passage. Qu'est-ce qui invite à prendre le parti du valet contre le maître ?

ÉTUDE DE LA LANGUE

- Relevez et classez les verbes au présent dans cette scène. Précisez leur valeur.

ACTIVITÉS

Écouter Mozart

- Mozart, dans son opéra *Les Noces de Figaro*, rend notamment compte de l'opposition du Comte et du valet dans la cavatine n° 3 de Figaro. Dans cet air célèbre, le valet, seul, s'adresse à Almaviva, absent. Écoutez ce passage en essayant de percevoir les moments où Figaro menace son maître.

Rechercher

- Vous êtes l'assistant d'un metteur en scène qui monte la pièce. Celui-ci vous demande de collecter des documents susceptibles de nourrir la représentation du procès et du personnage de Brid'oison. Cherchez tableaux, photos et gravures susceptibles de l'inspirer pour sa mise en scène.

Scène 6

Le Comte, un Laquais, Figaro

Le Laquais, *annonçant.* – Don Gusman Brid'oison.

Le Comte. – Brid'oison ?

Figaro. – Eh ! sans doute. C'est le juge ordinaire ; le lieutenant du siège ; votre prud'homme[1].

Le Comte. – Qu'il attende.

Le laquais sort.

Scène 7

Le Comte, Figaro

Figaro *reste un moment à regarder le comte qui rêve*[2]. –... Est-ce là ce que Monseigneur voulait ?

Le Comte, *revenant à lui.* – Moi ?... Je disais d'arranger ce salon pour l'audience publique.

Figaro. – Hé, qu'est-ce qu'il manque ? le grand fauteuil pour vous, de bonnes chaises aux prud'hommes, le tabouret du greffier, deux banquettes aux avocats, le plancher pour le beau monde, et la canaille[3] derrière. Je vais renvoyer les frotteurs[4].

Il sort.

1. Conseiller juridique.
2. Réfléchit.
3. Le peuple (*péjoratif*).
4. Valets qui frottent le parquet.

De Goëzman à Gusman

Le nom de don Gusman est une déformation évidente de celui du conseiller Goëzman (voir Biographie, p. 5) avec qui Beaumarchais règle ses comptes dans la scène du procès (acte III, sc. 12 à 16). Le nom Gusman à consonance espagnole jure grotesquement avec celui de Brid'oison, rappelant un personnage du *Tiers Livre* (1546) de Rabelais, le juge Bridoye qui rend la justice à coups de dés.

Scène 8

LE COMTE, *seul*

Le maraud m'embarrassait ! en disputant, il prend son avantage, il vous serre, vous enveloppe… Ah ! friponne et fripon ! vous vous entendez pour me jouer ! Soyez amis, soyez amants, soyez ce qu'il vous plaira, j'y consens ; mais, parbleu, pour époux…

Scène 9

SUZANNE, LE COMTE

SUZANNE, *essoufflée.* – Monseigneur… pardon, Monseigneur.

LE COMTE, *avec humeur.* – Qu'est-ce qu'il y a, mademoiselle ?

SUZANNE. – Vous êtes en colère !

LE COMTE. – Vous voulez quelque chose apparemment ?

SUZANNE, *timidement.* – C'est que ma maîtresse a ses vapeurs. J'accourais vous prier de nous prêter votre flacon d'éther. Je l'aurais rapporté dans l'instant.

LE COMTE *le lui donne.* – Non, non, gardez-le pour vous-même. Il ne tardera pas à vous être utile.

SUZANNE. – Est-ce que les femmes de mon état ont des vapeurs[5], donc ? c'est un mal de condition[6] qu'on ne prend que dans les boudoirs[7].

LE COMTE. – Une fiancée bien éprise, et qui perd son futur…

SUZANNE. – En payant Marceline avec la dot que vous m'avez promise…

LE COMTE. – Que je vous ai promise, moi ?

---

5. Troubles et malaises, qu'on attribuait aux femmes mélancoliques ou délaissées.

6. Réservé aux femmes « de condition », de la haute société.

7. Petits salons élégants des dames.

SUZANNE *baissant les yeux.* – Monseigneur, j'avais cru l'entendre.

LE COMTE. – Oui, si vous consentiez à m'entendre vous-même.

SUZANNE, *les yeux baissés.* – Et n'est-ce pas mon devoir d'écouter Son Excellence ?

LE COMTE. – Pourquoi donc, cruelle fille ! ne me l'avoir pas dit plus tôt ?

SUZANNE. – Est-il jamais trop tard pour dire la vérité ?

LE COMTE. – Tu te rendrais sur la brune au jardin ?

SUZANNE. – Est-ce que je ne m'y promène pas tous les soirs ?

LE COMTE. – Tu m'as traité ce matin si durement !

SUZANNE. – Ce matin ? et le page derrière le fauteuil ?

LE COMTE. – Elle a raison, je l'oubliais. Mais pourquoi ce refus obstiné, quand Bazile, de ma part ?…

SUZANNE. – Quelle nécessité qu'un Bazile ?…

LE COMTE. – Elle a toujours raison. Cependant il y a un certain Figaro à qui je crains bien que vous n'ayez tout dit !

SUZANNE. – Dame ! oui, je lui dis tout – hors ce qu'il faut lui taire.

LE COMTE, *en riant.* – Ah ! charmante ! Et, tu me le promets ? Si tu manquais à ta parole, entendons-nous, mon cœur : point de rendez-vous, point de dot, point de mariage.

SUZANNE, *faisant la révérence.* – Mais aussi, point de mariage, point de droit du seigneur, Monseigneur.

LE COMTE. – Où prend-elle ce qu'elle dit ? d'honneur j'en raffolerai ! Mais ta maîtresse attend le flacon…

SUZANNE, *riant et rendant le flacon.* – Aurais-je pu vous parler sans un prétexte ?

LE COMTE *veut l'embrasser.* – Délicieuse créature !

SUZANNE *s'échappe.* – Voilà du monde.

LE COMTE, *à part.* – Elle est à moi.

Il s'enfuit.

SUZANNE. – Allons vite rendre compte à Madame.

Scène 10

SUZANNE, FIGARO

FIGARO. – Suzanne, Suzanne ! où cours-tu donc si vite en quittant Monseigneur ?

SUZANNE. – Plaide à présent, si tu le veux ; tu viens de gagner ton procès.

Elle s'enfuit.

FIGARO *la suit.* – Ah ! mais, dis donc…

Scène 11

LE COMTE *rentre seul.*

« Tu viens de gagner ton procès ! » Je donnais là dans un bon piège ! Ô mes chers insolents ! je vous punirai de façon… Un bon arrêt, bien juste… mais s'il allait payer la duègne… avec quoi ?… s'il payait… Eeeeh ! n'ai-je pas le fier Antonio, dont le noble orgueil dédaigne en Figaro un inconnu[1] pour sa nièce ? En caressant cette manie… pourquoi non ? dans le vaste champ de l'intrigue, il faut savoir tout cultiver, jusqu'à la vanité d'un sot. (*Il appelle.*) Anto…

Il voit entrer Marceline, etc. Il sort.

Scène 12

BARTHOLO, MARCELINE, BRID'OISON

MARCELINE, *à Brid'oison.* – Monsieur, écoutez mon affaire.

BRID'OISON, *en robe, et bégayant un peu.* – Eh bien ! paarlons-en verbalement[2].

---

1. Né de parents inconnus.

2. Sans se rapporter aux documents écrits. L'adverbe, propre au langage juridique, forme toutefois ici un pléonasme avec « parler », signe de la maladresse de Brid'oison.

FANCHETTE. – C'est une promesse de mariage.

MARCELINE. – Accompagnée d'un prêt d'argent.

BRID'OISON. – J'en-entends, *et caetera*, le reste.

MARCELINE. – Non, monsieur, point d'*et caetera*.

BRID'OISON. – J'en-entends : vous avez la somme ?

MARCELINE. – Non, monsieur, c'est moi qui l'ai prêtée.

BRID'OISON. – J'en-entends bien : vou-ous redemandez l'argent ?

MARCELINE. – Non, monsieur ; je demande qu'il m'épouse.

BRID'OISON. – Eh, mais, j'en-entends fort bien ; et lui, veu-eut-il vous épouser ?

MARCELINE. – Non, monsieur ; voilà tout le procès !

BRID'OISON. – Croyez-vous que je ne l'en-entende pas, le procès ?

MARCELINE. – Non, monsieur. (*À Bartholo*) Où sommes-nous ? (*À Brid'oison*) Quoi ! c'est vous qui nous jugerez ?

BRID'OISON. – Est-ce que j'ai a-acheté ma charge pour autre chose ?

MARCELINE, *en soupirant*. – C'est un grand abus que de les vendre !

BRID'OISON. – Oui, l'on-on ferait mieux de nous les donner pour rien. Contre qui plai-aidez-vous ?

Scène 13

BARTHOLO, MARCELINE, BRID'OISON ;
FIGARO *rentre en se frottant les mains.*

MARCELINE, *montrant Figaro*. – Monsieur, contre ce malhonnête homme.

FIGARO, *très gaiement, à Marceline*. – Je vous gêne, peut-être. Monseigneur revient dans l'instant, monsieur le conseiller.

BRID'OISON. – J'ai vu ce ga-arçon-là quelque part ?

FIGARO. – Chez madame votre femme, à Séville, pour la servir, monsieur le conseiller.

BRID'OISON. – Dan-ans quel temps ?

FIGARO. – Un peu moins d'un an avant la naissance de monsieur votre fils, le cadet, qui est un bien joli enfant, je m'en vante.

BRID'OISON. – Oui, c'est le plus jo-oli de tous. On dit que tu-u fais ici des tiennes ?

FIGARO. – Monsieur est bien bon. Ce n'est là qu'une misère.

BRID'OISON. – Une promesse de mariage ! A-ah ! le pauvre benêt !

FIGARO. – Monsieur…

BRID'OISON. – A-t-il vu mon-on secrétaire, ce bon garçon ?

FIGARO. – N'est-ce pas Double-Main, le greffier ?

BRID'OISON. – Oui, c'est qu'il mange à deux râteliers.

FIGARO. – Manger ! je suis garant qu'il dévore. Oh ! que oui, je l'ai vu, pour l'extrait et pour le supplément d'extrait[1] ; comme cela se pratique, au reste.

BRID'OISON. – On-on doit remplir les formes.

FIGARO. – Assurément, monsieur : si le fond des procès appartient aux plaideurs, on sait bien que la forme est le patrimoine des tribunaux.

BRID'OISON. – Ce garçon-là n'è-est pas si niais que je l'avais cru d'abord. Eh bien, l'ami, puisque tu en sais tant, nou-ous aurons soin de ton affaire.

FIGARO. – Monsieur, je m'en rapporte à votre équité[2], quoique vous soyez de notre justice.

BRID'OISON. – Hein ?… Oui, je suis de la-a justice. Mais si tu dois et que tu-u ne payes pas ?…

FIGARO. – Alors Monsieur voit bien que c'est comme si je ne devais pas.

BRID'OISON. – San-ans doute. Hé mais ! qu'est-ce donc qu'il dit ?

---

1. Pour la copie d'un acte juridique et pour les suppléments. Comme son nom l'indique, Double-Main perçoit deux fois l'argent pour un même travail.

2. Sens de la justice.

Scène 14

BARTHOLO, MARCELINE, LE COMTE, BRID'OISON, FIGARO, UN HUISSIER

L'HUISSIER, *précédant le comte, crie.* – Monseigneur, messieurs.

LE COMTE. – En robe ici, seigneur Brid'oison ! ce n'est qu'une affaire domestique[1]. L'habit de ville était trop bon.

BRID'OISON. – C'è-est vous qui l'êtes, Monsieur le comte. Mais je ne vais jamais san-ans elle ; parce que la forme, voyez-vous, la forme ! Tel rit d'un juge en habit court, qui-i tremble au seul aspect d'un procureur en robe. La forme, la-a forme !

LE COMTE, *à l'huissier.* – Faites entrer l'audience[2].

L'HUISSIER *va ouvrir en glapissant.* – L'audience !

Scène 15

LES ACTEURS PRÉCÉDENTS, ANTONIO, LES VALETS DU CHÂTEAU, LES PAYSANS ET PAYSANNES *en habits de fête ;* **LE COMTE** *s'assied sur le grand fauteuil,* **BRID'OISON** *sur une chaise à côté ;* **LE GREFFIER** *sur le tabouret derrière sa table ;* **LES JUGES, LES AVOCATS** *sur les banquettes ;* **MARCELINE** *à côté de* **BARTHOLO ; FIGARO** *sur l'autre banquette ;* **LES PAYSANS ET VALETS** *debout derrière.*

BRID'OISON, *à Double-Main.* – Double-Main, a-appelez les causes[3].

DOUBLE-MAIN *lit un papier.* – Noble, très noble, infiniment noble, *Dom Pedro George, Hidalgo*[4], baron de *Los Altos, y Montes Fieros, y otros montes* ; contre *Alonzo Calderon*, jeune auteur dramatique. Il est question d'une comédie mort-née, que chacun désavoue et rejette sur l'autre.

1. Privée.
2. La cour, les plaignants.
3. Présentez les affaires, les litiges.
4. Noble espagnol.

LE COMTE. – Ils ont raison tous deux. Hors de Cour[5]. S'ils font ensemble un autre ouvrage, pour qu'il marque un peu dans le grand monde, ordonné que le noble y mettra son nom, le poète son talent.

DOUBLE-MAIN *lit un autre papier.* – André Petrutchio, laboureur ; contre le receveur de la province. Il s'agit d'un forcement arbitraire[6].

LE COMTE. – L'affaire n'est pas de mon ressort. Je servirai mieux mes vassaux en les protégeant près du Roi. Passez.

DOUBLE-MAIN *en prend un troisième* (*Bartholo et Figaro se lèvent*). – Barbe – Agar – Raab – Madeleine – Nicole – Marceline de Verte-Allure, fille majeure (*Marceline se lève et salue*) ; contre Figaro… nom de baptême en blanc ?

FIGARO. – Anonyme.

BRID'OISON. – A-anonyme ! Què-el patron[7] est-ce là ?

FIGARO. – C'est le mien.

DOUBLE-MAIN *écrit.* – Contre anonyme Figaro. Qualités ?

FIGARO. – Gentilhomme.

LE COMTE. – Vous êtes gentilhomme ? (*Le greffier écrit.*)

FIGARO. – Si le ciel l'eût voulu, je serais fils d'un prince.

LE COMTE, *au greffier.* – Allez.

L'HUISSIER, *glapissant.* – Silence, messieurs.

DOUBLE-MAIN *lit.* –… Pour cause d'opposition faite au mariage dudit Figaro par ladite de Verte-Allure. Le docteur Bartholo plaidant pour la demanderesse, et ledit Figaro pour lui-même ; si la Cour le permet, contre le vœu de l'usage et la jurisprudence[8] du siège.

FIGARO. – L'usage, maître Double-Main, est souvent un abus ; le client un peu instruit sait toujours mieux sa cause que certains avocats qui, suant à froid, criant à tue-tête, et connaissant tout, hors le fait, s'embarrassent aussi peu de ruiner le plaideur que d'ennuyer l'auditoire, et d'endormir Messieurs ; plus boursouflés après que

5. Signifie que la demande des plaignants est rejetée.

6. Augmentation injustifiée des impôts.

7. Saint dont on porte le prénom.

8. Contre ce que veulent l'usage et la coutume du tribunal.

s'ils eussent composé l'*Oratio pro Murena*[1] ; moi je dirai le fait en peu de mots. Messieurs…

DOUBLE-MAIN. – En voilà beaucoup d'inutiles, car vous n'êtes pas demandeur et n'avez que la défense. Avancez, docteur, et lisez la promesse.

FIGARO. – Oui, promesse !

BARTHOLO, *mettant ses lunettes.* – Elle est précise.

BRID'OISON. – I-il faut la voir.

DOUBLE-MAIN. – Silence donc, messieurs.

L'HUISSIER, *glapissant.* – Silence.

BARTHOLO *lit.* – « Je soussigné reconnais avoir reçu de damoiselle, *etc.*, Marceline de Verte-Allure, dans le château d'Aguas-Frescas, la somme de deux mille piastres fortes cordonnées[2] ; laquelle somme je lui rendrai à sa réquisition, dans ce château, et je l'épouserai, par forme de reconnaissance, *etc.* » Signé Figaro, tout court. Mes conclusions sont au payement[3] du billet, et à l'exécution de la promesse, avec dépens[4]. (*Il plaide.*) Messieurs… jamais cause plus intéressante ne fut soumise au jugement de la Cour ! et depuis Alexandre le Grand, qui promit mariage à la belle Thalestris[5]…

LE COMTE, *interrompant.* – Avant d'aller plus loin, avocat… convient-on de la validité du titre ?

BRID'OISON, *à Figaro.* – Qu'oppo… qu'oppo-osez-vous à cette lecture ?

FIGARO. – Qu'il y a, messieurs, malice, erreur, ou distraction dans la manière dont on a lu la pièce ; car il n'est pas dit dans l'écrit : « laquelle somme je lui rendrai, *et* je l'épouserai » ; mais : « laquelle somme je lui rendrai *ou* je l'épouserai » ; ce qui est bien différent.

LE COMTE. – Y a-t-il *et* dans l'acte, ou bien *ou* ?

BARTHOLO. – Il y a *et*.

---

1. Célèbre plaidoyer de Cicéron (Ier siècle av. J.-C.), homme politique romain.

2. Pièces de monnaie espagnoles, entourées d'un cordon.

3. Je demande le paiement.

4. Figaro devrait en plus payer les frais du procès.

5. Reine des Amazones qui, selon la légende,
aurait demandé à Alexandre le Grand de lui faire un enfant.

FIGARO. – Il y a *ou*.

BRID'OISON. – Dou-ouble-Main, lisez vous-même.

DOUBLE-MAIN, *prenant le papier*. – Et c'est le plus sûr ; car souvent les parties déguisent en lisant. (*Il lit*.) « E. e. e. damoiselle e. e. e. de Verte-Allure e. e. e. Ah ! laquelle somme je lui rendrai à sa réquisition, dans ce château… et… ou… et… ou… » Le mot est si mal écrit… il y a un pâté.

BRID'OISON. – Un pâ-âté ? je sais ce que c'est.

BARTHOLO, *plaidant*. – Je soutiens, moi, que c'est la conjonction copulative *et* qui lie les membres corrélatifs de la phrase ; je payerai la demoiselle *et* je l'épouserai.

FIGARO, *plaidant*. – Je soutiens, moi, que c'est la conjonction alternative *ou*, qui sépare lesdits membres ; je payerai la donzelle *ou* je l'épouserai : à pédant, pédant et demi ; qu'il s'avise de parler latin, j'y suis grec[6] ; je l'extermine.

LE COMTE. – Comment juger pareille question ?

BARTHOLO. – Pour la trancher, messieurs, et ne plus chicaner sur un mot, nous passons qu'il y ait *ou*.

FIGARO. – J'en demande acte.

BARTHOLO. – Et nous y adhérons. Un si mauvais refuge ne sauvera pas le coupable : examinons le titre en ce sens. (*Il lit*.) « Laquelle somme je lui rendrai dans ce château *où* je l'épouserai. » C'est ainsi qu'on dirait, messieurs : « vous vous ferez saigner dans ce lit *où* vous resterez chaudement » ; c'est « dans lequel ». « Il prendra deux gros[7] de rhubarbe *où* vous mêlerez un peu de tamarin » ; dans lesquels on mêlera… Ainsi « château *où* je l'épouserai », messieurs, c'est « château dans lequel »…

FIGARO. – Point du tout : la phrase est dans le sens de celle-ci : « *ou* la maladie vous tuera, *ou* ce sera le médecin ; *ou bien* le médecin » ; c'est incontestable. Autre exemple : « *ou* vous n'écrirez rien qui plaise, *ou* les sots vous dénigreront ; *ou bien* les sots » ; le sens est clair ; car, audit cas, « *sots* ou *méchants* » sont le substantif qui

---

6. J'y suis très habile.

7. Poids équivalant à trois grammes environ.

gouverne. Maître Bartholo croit-il donc que j'aie oublié ma syntaxe ? Ainsi, je la payerai dans ce château, *virgule, ou* je l'épouserai…

BARTHOLO, *vite.* – Sans virgule.

FIGARO, *vite.* – Elle y est. C'est *virgule*, messieurs, *ou bien* je l'épouserai.

BARTHOLO, *regardant le papier ; vite.* – Sans virgule, messieurs.

FIGARO, *vite.* – Elle y était, messieurs. D'ailleurs, l'homme qui épouse est-il tenu de rembourser ?

BARTHOLO, *vite.* – Oui ; nous nous marions séparés de biens.

FIGARO, *vite.* – Et nous de corps, dès que[1] mariage n'est pas quittance[2].

Les juges se lèvent et opinent tout bas.

BARTHOLO. – Plaisant acquittement !

DOUBLE-MAIN. – Silence, messieurs.

L'HUISSIER, *glapissant.* – Silence.

BARTHOLO. – Un pareil fripon appelle cela payer ses dettes !

FIGARO. – Est-ce votre cause, avocat, que vous plaidez ?

BARTHOLO. – Je défends cette demoiselle.

FIGARO. – Continuez à déraisonner ; mais cessez d'injurier. Lorsque, craignant l'emportement des plaideurs, les tribunaux ont toléré qu'on appelât des tiers[3], ils n'ont pas entendu que ces défenseurs modérés deviendraient impunément des insolents privilégiés. C'est dégrader le plus noble institut.

Les juges continuent d'opiner bas.

ANTONIO, *à Marceline, montrant les juges.* – Qu'ont-ils tant à balbucifier[4] ?

MARCELINE. – On a corrompu le grand juge, il corrompt l'autre, et je perds mon procès.

BARTHOLO, *bas, d'un ton sombre.* – J'en ai peur.

---

1. Dès lors que.
2. Le mariage ne supprime pas la dette.
3. Des personnes étrangères (ici, les avocats).
4. Déformation grotesque de « balbutier ».

FIGARO, *gaiement.* – Courage, Marceline !

DOUBLE-MAIN *se lève ; à Marceline.* – Ah, c'est trop fort ! je vous dénonce[5] ; et pour l'honneur du tribunal, je demande qu'avant faire droit[6] sur l'autre affaire, il soit prononcé sur celle-ci.

LE COMTE *s'assied.* – Non, greffier, je ne prononcerai point sur mon injure personnelle[7] : un juge espagnol n'aura point à rougir d'un excès digne au plus des tribunaux asiatiques[8] : c'est assez des autres abus ! J'en vais corriger un second en vous motivant mon arrêt : tout juge qui s'y refuse est un grand ennemi des lois ! Que peut requérir la demanderesse ? mariage à défaut de paiement ; les deux ensemble impliqueraient[9].

DOUBLE-MAIN. – Silence, messieurs !

L'HUISSIER, *glapissant.* – Silence !

LE COMTE. – Que nous répond le défendeur ? qu'il veut garder sa personne ; à lui permis.

FIGARO, *avec joie.* – J'ai gagné.

LE COMTE. – Mais comme le texte dit : « laquelle somme je payerai à la première réquisition, ou bien j'épouserai, etc. », la Cour condamne le défendeur à payer deux mille piastres fortes à la demanderesse, ou bien à l'épouser dans le jour. *Il se lève.*

FIGARO, *stupéfait.* – J'ai perdu.

ANTONIO, *avec joie.* – Superbe arrêt !

FIGARO. – En quoi superbe ?

ANTONIO. – En ce que tu n'es plus mon neveu[10]. Grand merci, Monseigneur.

L'HUISSIER, *glapissant.* – Passez, messieurs. *Le peuple sort.*

ANTONIO. – Je m'en vas tout conter à ma nièce. *Il sort.*

---

5. Je requiers contre vous une procédure pour outrage à magistrat.

6. Avant de rendre le jugement.

7. Sur l'injure qui m'est faite.

8. Réputés despotiques à l'époque.

9. Seraient en contradiction.

10. Le mari de ma nièce.

Scène 16

LE COMTE, *allant de côté et d'autre ;* **MARCELINE, BARTHOLO, FIGARO, BRID'OISON**

MARCELINE *s'assied.* – Ah ! je respire.

FIGARO. – Et moi, j'étouffe.

LE COMTE, *à part.* – Au moins je suis vengé, cela soulage.

FIGARO, *à part.* – Et ce Bazile qui devait s'opposer[1] au mariage de Marceline ; voyez comme il revient ! (*Au Comte qui sort.*) Monseigneur, vous nous quittez ?

LE COMTE. – Tout est jugé.

FIGARO, *à Brid'oison.* – C'est ce gros enflé de conseiller…

BRID'OISON. – Moi, gros-os enflé !

FIGARO. – Sans doute. Et je ne l'épouserai pas : je suis gentilhomme une fois[2].

Le comte s'arrête.

BARTHOLO. – Vous l'épouserez.

FIGARO. – Sans l'aveu[3] de mes nobles parents ?

BARTHOLO. – Nommez-les, montrez-les.

FIGARO. – Qu'on me donne un peu de temps : je suis bien près de les revoir ; il y a quinze ans que je les cherche.

BARTHOLO. – Le fat ! c'est quelque enfant trouvé !

FIGARO. – Enfant perdu, docteur ; ou plutôt enfant volé.

LE COMTE *revient.* – « Volé, perdu », la preuve ? il crierait qu'on lui fait injure !

FIGARO. – Monseigneur, quand les langes à dentelles, tapis brodés et joyaux d'or trouvés sur moi par les brigands n'indiqueraient pas ma haute naissance, la précaution qu'on avait prise de me faire

---

1. Faire opposition devant le tribunal.
2. Une fois pour toutes.
3. Consentement.

des marques distinctives témoignerait assez combien j'étais un fils précieux ; et cet hiéroglyphe[4] à mon bras…

Il veut se dépouiller le bras droit.

MARCELINE, *se levant vivement.* – Une spatule[5] à ton bras droit ?

FIGARO. – D'où savez-vous que je dois l'avoir ?

MARCELINE. – Dieux ! c'est lui !

FIGARO. – Oui, c'est moi.

BARTHOLO, *à Marceline.* – Et qui ? lui !

MARCELINE, *vivement.* – C'est Emmanuel.

BARTHOLO, *à Figaro.* – Tu fus enlevé par des bohémiens ?

FIGARO, *exalté.* – Tout près d'un château. Bon docteur, si vous me rendez à ma noble famille, mettez un prix à ce service ; des monceaux d'or n'arrêteront pas mes illustres parents.

BARTHOLO, *montrant Marceline.* – Voilà ta mère.

FIGARO. –… Nourrice ?

BARTHOLO. – Ta propre mère.

LE COMTE. – Sa mère !

FIGARO. – Expliquez-vous.

MARCELINE, *montrant Bartholo.* – Voilà ton père.

FIGARO, *désolé.* – O o oh ! aïe de moi !

MARCELINE. – Est-ce que la nature ne te l'a pas dit mille fois ?

FIGARO. – Jamais.

LE COMTE, *à part.* – Sa mère !

BRID'OISON. – C'est clair, i-il ne l'épousera pas.

BARTHOLO. – Ni moi non plus.

MARCELINE. – Ni vous ! et votre fils ? vous m'aviez juré…

4. Caractère de l'écriture égyptienne, signifiant ici « signe indéchiffrable ».

5. Instrument de chirurgien.

Figaro et le drame bourgeois

Alors que Figaro incarne, dans *Le Barbier de Séville*, le valet de comédie idéal, détaché du réel, le personnage découvre ici qu'il a des parents. Un glissement s'opère de la comédie au drame bourgeois, qui sera confirmé par le dernier volet de la trilogie : *La Mère coupable*.

BARTHOLO. – J'étais fou. Si pareils souvenirs engageaient, on serait tenu d'épouser tout le monde.

BRID'OISON. – E-et si l'on y regardait de si près, per-ersonne n'épouserait personne.

BARTHOLO. – Des fautes si connues ! une jeunesse déplorable !

MARCELINE, *s'échauffant par degrés.* – Oui, déplorable, et plus qu'on ne croit ! Je n'entends pas nier mes fautes, ce jour les a trop bien prouvées ! mais qu'il est dur de les expier après trente ans d'une vie modeste ! J'étais née, moi, pour être sage, et je la suis devenue sitôt qu'on m'a permis d'user de ma raison. Mais dans l'âge des illusions, de l'inexpérience et des besoins, où les séducteurs nous assiègent, pendant que la misère nous poignarde, que peut opposer une enfant à tant d'ennemis rassemblés ? Tel nous juge ici sévèrement, qui, peut-être, en sa vie a perdu dix infortunées !

FIGARO. – Les plus coupables sont les moins généreux ; c'est la règle.

MARCELINE, *vivement.* – Hommes plus qu'ingrats, qui flétrissez par le mépris les jouets de vos passions, vos victimes ! c'est vous qu'il faut punir des erreurs de notre jeunesse ; vous et vos magistrats, si vains du droit de nous juger, et qui nous laissent enlever, par leur coupable négligence, tout honnête moyen de subsister. Est-il un seul état pour les malheureuses filles ? Elles avaient un droit naturel à toute la parure des femmes[1] : on y laisse former mille ouvriers de l'autre sexe.

FIGARO, *en colère.* – Ils font broder jusqu'aux soldats !

MARCELINE, *exaltée.* – Dans les rangs même plus élevés, les femmes n'obtiennent de vous qu'une considération dérisoire ; leurrées de respects apparents, dans une servitude réelle ; traitées en mineures pour nos biens, punies en majeures pour nos fautes ! ah, sous tous les aspects, votre conduite avec nous fait horreur ou pitié !

FIGARO. – Elle a raison !

LE COMTE, *à part.* – Que trop raison !

BRID'OISON. – Elle a, mon-on Dieu ! raison.

---

1. Les travaux de couture et de broderie, qui devraient être « naturellement » réservés aux femmes pauvres selon Marceline, mais que l'on confiait souvent à des hommes, notamment à des soldats.

MARCELINE. – Mais que nous font, mon fils, les refus d'un homme injuste ? ne regarde pas d'où tu viens, vois où tu vas ; cela seul importe à chacun. Dans quelques mois, ta fiancée ne dépendra plus que d'elle-même ; elle t'acceptera, j'en réponds : vis entre une épouse, une mère tendres qui te chériront à qui mieux mieux. Sois indulgent pour elles, heureux pour toi, mon fils ; gai, libre et bon pour tout le monde : il ne manquera rien à ta mère.

FIGARO. – Tu parles d'or[2], maman, et je me tiens à ton avis. Qu'on est sot, en effet ! il y a des mille, mille ans que le monde roule, et dans cet océan de durée où j'ai par hasard attrapé quelques chétifs trente ans qui ne reviendront plus, j'irais me tourmenter pour savoir à qui je les dois ! tant pis pour qui s'en inquiète. Passer ainsi la vie à chamailler, c'est peser sur le collier[3] sans relâche, comme les malheureux chevaux de la remonte des fleuves qui ne reposent pas, même quand ils s'arrêtent, et qui tirent toujours quoiqu'ils cessent de marcher. Nous attendrons.

LE COMTE. – Sot événement qui me dérange !

BRID'OISON, *à Figaro*. – Et la noblesse et le château ? vous impo-osez[4] à la justice.

FIGARO. – Elle allait me faire faire une belle sottise, la justice ! après que j'ai manqué, pour ces maudits cent écus, d'assommer vingt fois Monsieur[5], qui se trouve aujourd'hui mon père ! Mais, puisque le Ciel a sauvé ma vertu de ces dangers, mon père, agréez mes excuses… Et vous, ma mère, embrassez-moi… le plus maternellement que vous pourrez.

Marceline lui saute au cou.

---

2. Tu dis des choses très justes.

3. Partie du harnais passée autour du cou des chevaux attelés.

4. Cherchez à tromper.

5. Allusion au *Barbier de Séville*.

Scène 17

Bartholo, Figaro, Marceline, Brid'oison, Suzanne, Antonio, Le Comte

Suzanne, *accourant, une bourse à la main.* – Monseigneur, arrêtez ; qu'on ne les marie pas : je viens payer Madame avec la dot que ma maîtresse me donne.

Le Comte, *à part.* – Au diable la maîtresse ! Il semble que tout conspire…

Il sort.

Scène 18

Bartholo, Antonio, Suzanne, Figaro, Marceline, Brid'oison

Antonio, *voyant Figaro embrasser sa mère, dit à Suzanne.* – Ah ! oui, payer ! Tiens, tiens.

Suzanne *se retourne.* – J'en vois assez : sortons, mon oncle.

Figaro, *l'arrêtant.* – Non, s'il vous plaît. Que vois-tu donc ?

Suzanne. – Ma bêtise et ta lâcheté.

Figaro. – Pas plus de l'une que de l'autre.

Suzanne, *en colère.* – Et que tu l'épouses à gré[1], puisque tu la caresses.

Figaro, *gaiement.* – Je la caresse, mais je ne l'épouse pas.

Suzanne veut sortir, Figaro la retient.

Suzanne *lui donne un soufflet.* – Vous êtes bien insolent d'oser me retenir !

Figaro, *à la compagnie.* – C'est-il çà de l'amour ? Avant de nous quitter, je t'en supplie, envisage bien cette chère femme-là.

1. De ton plein gré.

SUZANNE. – Je la regarde.

FIGARO. – Et tu la trouves ?

SUZANNE. – Affreuse.

FIGARO. – Et vive la jalousie ! elle ne vous marchande[2] pas.

MARCELINE, *les bras ouverts.* – Embrasse ta mère, ma jolie Suzannette. Le méchant qui te tourmente est mon fils.

SUZANNE *court à elle.* – Vous, sa mère !

Elles restent dans les bras l'une de l'autre.

ANTONIO. – C'est donc de tout à l'heure ?

FIGARO. –… Que je le sais.

MARCELINE, *exaltée.* – Non, mon cœur entraîné vers lui ne se trompait que de motif ; c'était le sang qui me parlait.

FIGARO. – Et moi le bon sens, ma mère, qui me servait d'instinct quand je vous refusais, car j'étais loin de vous haïr ; témoin l'argent…

MARCELINE *lui remet un papier.* – Il est à toi : reprends ton billet[3], c'est ta dot.

SUZANNE *lui jette la bourse.* – Prends encore celle-ci.

FIGARO. – Grand merci.

MARCELINE, *exaltée.* – Fille assez malheureuse, j'allais devenir la plus misérable des femmes et je suis la plus fortunée des mères ! Embrassez-moi, mes deux enfants ; j'unis dans vous toutes mes tendresses. Heureuse autant que je puis l'être, ah ! mes enfants, combien je vais aimer !

FIGARO, *attendri, avec vivacité.* – Arrête donc, chère mère ! arrête donc ! voudrais-tu voir se fondre en eau mes yeux noyés des premières larmes que je connaisse ? elles sont de joie, au moins. Mais quelle stupidité ! j'ai manqué d'en être honteux : je les sentais couler entre mes doigts, regarde ; (*il montre ses doigts écartés*) et je les retenais bêtement ! va te promener, la honte ! je veux rire et pleurer en même temps ; on ne sent pas deux fois ce que j'éprouve.

Il embrasse sa mère d'un côté, Suzanne de l'autre.

---

2. Elle ne vous ménage pas.

3. La promesse de mariage de Figaro à Marceline.

MARCELINE. – Ô mon ami !

SUZANNE. – Mon cher ami !

BRID'OISON, *s'essuyant les yeux d'un mouchoir.* – Et bien ! moi ! je suis donc bê-ête aussi !

FIGARO, *exalté.* – Chagrin, c'est maintenant que je puis te défier : atteins-moi, si tu l'oses, entre ces deux femmes chéries.

ANTONIO, *à Figaro.* – Pas tant de cajoleries, s'il vous plaît. En fait de mariage dans les familles, celui des parents va devant, savez. Les vôtres se baillent-ils la main[1] ?

BARTHOLO. – Ma main ! puisse-t-elle se dessécher et tomber, si jamais je la donne à la mère d'un tel drôle !

ANTONIO, *à Bartholo.* – Vous n'êtes donc qu'un père marâtre[2] ? (*À Figaro.*) En ce cas, not' galant, plus de parole.

SUZANNE. – Ah ! mon oncle…

ANTONIO. – Irai-je donner l'enfant de not' sœur à sti qui n'est l'enfant de personne ?

BRID'OISON. – Est-ce que cela-a se peut, imbécile ? on est toujours l'enfant de quelqu'un.

ANTONIO. – Tarare[3] !… Il ne l'aura jamais.

Il sort.

Scène 19

BARTHOLO, SUZANNE, FIGARO, MARCELINE, BRID'OISON

BARTHOLO, *à Figaro.* – Et cherche à présent qui t'adopte.

Il veut sortir.

MARCELINE, *courant prendre Bartholo à bras-le-corps, le ramène.* – Arrêtez, docteur, ne sortez pas !

---

1. S'épousent-ils.

2. Belle-mère ou mauvaise mère (*péjoratif*). Le mot est ici employé comme adjectif signifiant « ingrat, insensible » mais son accord avec « père » crée un effet comique.

3. Interjection familière exprimant l'incrédulité ou la moquerie.

Figaro, *à part.* – Non, tous les sots d'Andalousie sont, je crois, déchaînés contre mon pauvre mariage !

Suzanne, *à Bartholo.* – Bon petit papa, c'est votre fils.

Marceline, *à Bartholo.* – De l'esprit, des talents, de la figure.

Figaro, *à Bartholo.* – Et qui ne vous a pas coûté une obole.

Bartholo. – Et les cent écus qu'il m'a pris ?

Marceline, *le caressant.* – Nous aurons tant de soin de vous, papa !

Suzanne, *le caressant.* – Nous vous aimerons tant, petit papa !

Bartholo, *attendri.* – Papa ! bon papa ! petit papa ! voilà que je suis plus bête encore que Monsieur, moi. (*Montrant Brid'oison.*) Je me laisse aller comme un enfant. (*Marceline et Suzanne l'embrassent.*) Oh ! non, je n'ai pas dit oui. (*Il se retourne.*) Qu'est donc devenu Monseigneur ?

Figaro. – Courons le joindre ; arrachons-lui son dernier mot. S'il machinait quelque autre intrigue, il faudrait tout recommencer.

Tous ensemble. – Courons, courons.

Ils entraînent Bartholo dehors.

Scène 20

Brid'oison, *seul*

Plus bê-ête encore que Monsieur ! On peut se dire à soi-même ces-es sortes de choses-là, mais… I-ils ne sont pas polis du tout dan-ans cet endroit-ci.

Il sort.

Jean-Honoré Fragonard, *Un lieu de rencontre pour l'amour*, XVIIIe siècle, sépia sur papier, musée des Beaux-Arts de Lille, France.

Acte IV

Le théâtre représente une galerie ornée de candélabres[1], de lustres allumés, de fleurs, de guirlandes, en un mot préparée pour donner une fête. Sur le devant à droite est une table avec une écritoire[2], un fauteuil derrière.

Scène 1

FIGARO, SUZANNE

FIGARO, *la tenant à bras-le-corps.* – Eh bien ! amour, es-tu contente ? elle a converti[3] son docteur, cette fine langue dorée de ma mère ! malgré sa répugnance il l'épouse, et ton bourru d'oncle est bridé ; il n'y a que Monseigneur qui rage, car enfin notre hymen va devenir le prix[4] du leur. Ris donc un peu de ce bon résultat.

SUZANNE. – As-tu rien vu de plus étrange ?

FIGARO. – Ou plutôt d'aussi gai. Nous ne voulions qu'une dot arrachée à l'Excellence[5] ; en voilà deux dans nos mains, qui ne sortent pas des siennes. Une rivale acharnée te poursuivait ; j'étais tourmenté par une furie ; tout cela s'est changé, pour nous, dans la « plus bonne »[6] des mères. Hier j'étais comme seul au monde ; et voilà que j'ai tous mes parents ; pas si magnifiques, il est vrai, que je me les étais galonnés[7] ; mais assez bien pour nous, qui n'avons pas la vanité des riches.

SUZANNE. – Aucune des choses que tu avais disposées, que nous attendions, mon ami, n'est pourtant arrivée !

1. Grands chandeliers à plusieurs branches.

2. Coffret contenant ce qu'il faut pour écrire.

3. Fait changer d'avis.

4. Conséquence, récompense.

5. Le Comte Almaviva.

6. Incorrection volontaire par souci d'expressivité.

7. Je leur avais donné du galon, je les avais imaginés plus élevés socialement.

FIGARO. – Le hasard a mieux fait que nous tous, ma petite : ainsi va le monde ; on travaille, on projette, on arrange d'un côté ; la fortune[1] accomplit de l'autre : et depuis l'affamé conquérant qui voudrait avaler la terre, jusqu'au paisible aveugle qui se laisse mener par son chien, tous sont le jouet de ses caprices ; encore l'aveugle au chien est-il souvent mieux conduit, moins trompé dans ses vues, que l'autre aveugle avec son entourage. – Pour cet aimable aveugle qu'on nomme Amour…

Il la reprend tendrement à bras-le-corps.

SUZANNE. – Ah ! c'est le seul qui m'intéresse !

FIGARO. – Permets donc que, prenant l'emploi[2] de la folie[3], je sois le bon chien qui le mène à ta jolie mignonne porte ; et nous voilà logés pour la vie.

SUZANNE, *riant* – L'Amour et toi ?

FIGARO. – Moi et l'Amour.

SUZANNE. – Et vous ne chercherez pas d'autre gîte ?

FIGARO. – Si tu m'y prends, je veux bien que mille millions de galants…

SUZANNE. – Tu vas exagérer : dis ta bonne vérité.

FIGARO. – Ma vérité la plus vraie !

SUZANNE. – Fi donc, vilain ! en a-t-on plusieurs ?

FIGARO. – Oh ! que oui. Depuis qu'on a remarqué qu'avec le temps vieilles folies deviennent sagesse, et qu'anciens petits mensonges, assez mal plantés, ont produit de grosses, grosses vérités, on en a de mille espèces ! Et celles qu'on sait, sans oser les divulguer : car toute vérité n'est pas bonne à dire ; et celles qu'on vante, sans y ajouter foi : car toute vérité n'est pas bonne à croire ; et les serments passionnés, les menaces des mères, les protestations des buveurs, les promesses des gens en place, le dernier mot de nos marchands ; cela ne finit pas. Il n'y a que mon amour pour Suzon qui soit une vérité de bon aloi[4].

SUZANNE. – J'aime ta joie, parce qu'elle est folle ; elle annonce que tu es heureux. Parlons du rendez-vous du comte.

---

1. Le sort.
2. Le rôle.
3. Selon une allégorie traditionnelle, la Folie guide l'Amour après l'avoir aveuglé.
4. Digne d'estime.

Figaro. – Ou plutôt n'en parlons jamais ; il a failli me coûter Suzanne.

Suzanne. – Tu ne veux donc plus qu'il ait lieu ?

Figaro. – Si vous m'aimez, Suzon, votre parole d'honneur sur ce point : qu'il s'y morfonde ; et c'est sa punition.

Suzanne. – Il m'en a plus coûté de l'accorder que je n'ai de peine à le rompre ; il n'en sera plus question.

Figaro. – Ta bonne vérité ?

Suzanne. – Je ne suis pas comme vous autres savants ; moi, je n'en ai qu'une.

Figaro. – Et tu m'aimeras un peu ?

Suzanne. – Beaucoup.

Figaro. – Ce n'est guère.

Suzanne. – Et comment ?

Figaro. – En fait d'amour, vois-tu, trop n'est pas même assez.

Suzanne. – Je n'entends pas toutes ces finesses ; mais je n'aimerai que mon mari.

Figaro. – Tiens parole, et tu feras une belle exception à l'usage.

Il veut l'embrasser.

Scène 2

Figaro, Suzanne, La Comtesse

La Comtesse. – Ah ! j'avais raison de le dire : en quelque endroit qu'ils soient, croyez qu'ils sont ensemble. Allons donc, Figaro, c'est voler l'avenir, le mariage et vous-même, que d'usurper un tête-à-tête. On vous attend, on s'impatiente.

Figaro. – Il est vrai, madame, je m'oublie. Je vais leur montrer mon excuse.

Il veut emmener Suzanne.

La Comtesse *la retient.* – Elle vous suit.

Scène 3

Suzanne, La Comtesse

La Comtesse. – As-tu ce qu'il nous faut pour troquer de vêtement ?

Suzanne. – Il ne faut rien, madame ; le rendez-vous ne tiendra pas.

La Comtesse. – Ah ! vous changez d'avis ?

Suzanne. – C'est Figaro.

La Comtesse. – Vous me trompez.

Suzanne. – Bonté divine !

La Comtesse. – Figaro n'est pas homme à laisser échapper une dot.

Suzanne. – Madame ! eh ! que croyez-vous donc ?

La Comtesse. – Qu'enfin, d'accord avec le comte, il vous fâche[1] à présent de m'avoir confié ses projets. Je vous sais par cœur. Laissez-moi.

Elle veut sortir.

Suzanne *se jette à genoux.* – Au nom du ciel, espoir de tous ! vous ne savez pas, madame, le mal que vous faites à Suzanne ! après vos bontés continuelles et la dot que vous me donnez !...

La Comtesse *la relève.* – Hé mais... je ne sais ce que je dis ! En me cédant ta place au jardin, tu n'y vas pas, mon cœur ; tu tiens parole à ton mari ; tu m'aides à ramener le mien.

Suzanne. – Comme vous m'avez affligée !

La Comtesse. – C'est que je ne suis qu'une étourdie. (*Elle la baise au front.*) Où est ton rendez-vous ?

Suzanne *lui baise la main.* – Le mot de jardin m'a seul frappée.

La Comtesse, *montrant la table.* – Prends cette plume, et fixons un endroit.

Suzanne. – Lui écrire !

La Comtesse. – Il le faut.

Suzanne. – Madame ! au moins, c'est vous...

1. Il vous déplaît.

LA COMTESSE. – Je mets tout sur mon compte. (*Suzanne s'assied, la comtesse dicte.*) « Chanson nouvelle, sur l'air :...

Qu'il fera beau ce soir sous les grands marronniers... Qu'il fera beau, ce soir... »

SUZANNE *écrit.* – « Sous les grands marronniers... » Après ?

LA COMTESSE. – Crains-tu qu'il ne t'entende pas ?

SUZANNE *relit.* – C'est juste. (*Elle plie le billet.*) Avec quoi cacheter ?

LA COMTESSE. – Une épingle, dépêche : elle servira de réponse. Écris sur le revers : « Renvoyez-moi le cachet. »

SUZANNE *écrit en riant.* – Ah ! « le cachet » !... Celui-ci[2], madame, est plus gai que celui du brevet.

LA COMTESSE, *avec un souvenir douloureux.* – Ah !

SUZANNE *cherche sur elle.* – Je n'ai pas d'épingle à présent !

LA COMTESSE *détache sa lévite*[3]. – Prends celle-ci. (*Le ruban du page tombe de son sein à terre.*) Ah ! mon ruban !

SUZANNE *le ramasse.* – C'est celui du petit voleur ! vous avez eu la cruauté ?...

LA COMTESSE. – Fallait-il le laisser à son bras ? c'eût été joli ! Donnez donc !

SUZANNE. – Madame ne le portera plus, taché du sang de ce jeune homme.

LA COMTESSE *le reprend.* – Excellent pour Fanchette... Le premier bouquet qu'elle m'apportera...

2. Ce tour-ci.

3. Robe.

Explication de texte 4

Acte IV, scène 3
➔ p. 140, l. 1 à 20 (jusqu'à « *Elle la baise au front.* »).

Suzanne et la Comtesse : une complicité mise à mal ?

SITUER

1 De quoi la Comtesse souhaite-t-elle s'entretenir avec Suzanne ? Pourquoi a-t-elle demandé à rester seule avec elle (IV, 2) ?

2 Dans quelles dispositions d'esprit Suzanne est-elle au début de la scène ? Qu'a-t-elle convenu avec Figaro (IV, 1) ?

EXPLIQUER

Le refus ➔ l. 1 à 4

3 La Comtesse pense initialement que Suzanne est sa complice. Qu'est-ce qui le révèle ?

4 Montrez que l'annonce de Suzanne crée une certaine distance entre les deux femmes.

La dispute ➔ l. 5 à 11

5 Analysez les émotions manifestes dans ce passage.

6 Quels reproches la Comtesse adresse-t-elle à Suzanne ? Comment s'y prend-elle ?

7 Comment se traduit la montée de la tension entre les deux personnages ?

La réconciliation ➔ l. 12 à 20

8 Pourquoi Suzanne et la Comtesse se réconcilient-elles ? Relevez les indices qui expriment leur complicité retrouvée.

CONCLURE

9 Comment définiriez-vous la relation établie entre Suzanne et la Comtesse ?

10 En vous fondant sur votre analyse de la scène 5 de l'acte III, vous comparerez la relation du Comte et de Figaro avec celle qui unit Suzanne et la Comtesse.

ÉTUDE DE LA LANGUE

- Relevez et classez les pronoms personnels de l'extrait. En quoi ceux-ci soulignent-ils l'évolution des relations entre les deux personnages ?

ACTIVITÉ

Écrire

- Et si Suzanne ne s'était pas jetée aux genoux de la Comtesse ?

Vous réécrirez la fin de l'extrait (à partir de la ligne 12) en imaginant que Suzanne aurait eu une autre réaction. Vous commencerez par changer la didascalie initiale.

Le Mariage de Figaro : Mademoiselle Contat dans le rôle de Suzanne, 1784, musée Carnavalet, Paris.

Scène 4

Une jeune bergère, Chérubin *en fille,*
Fanchette *et beaucoup de jeunes filles habillées comme elle et tenant des bouquets.*
La Comtesse, Suzanne

Fanchette. – Madame, ce sont les filles du bourg qui viennent vous présenter des fleurs.

La Comtesse, *serrant*[1] *vite son ruban.* – Elles sont charmantes : je me reproche, mes belles petites, de ne pas vous connaître toutes. (*Montrant Chérubin.*) Quelle est cette aimable enfant qui a l'air si modeste ?

une bergère – C'est une cousine à moi, madame, qui n'est ici que pour la noce.

La Comtesse. – Elle est jolie. Ne pouvant porter vingt bouquets, faisons honneur à l'étrangère. (*Elle prend le bouquet de Chérubin et le baise au front.*) Elle en rougit ! (*À Suzanne.*) Ne trouves-tu pas, Suzon… qu'elle ressemble à quelqu'un ?

Suzanne. – À s'y méprendre, en vérité.

Chérubin, *à part, les mains sur son cœur.* – Ah ! Ce baiser-là m'a été bien loin !

Scène 5

Les jeunes filles, Chérubin *au milieu d'elles ;*
Fanchette, Antonio, Le Comte, La Comtesse, Suzanne

Antonio. – Moi je vous dis, Monseigneur, qu'il y est ; elles l'ont habillé chez ma fille ; toutes ses hardes y sont encore, et voilà son chapeau d'ordonnance[2] que j'ai retiré du paquet. (*Il s'avance, et regardant toutes les filles, il reconnaît Chérubin, lui enlève son bonnet*

1. Mettant à l'abri, dans un lieu sûr.
2. Chapeau d'uniforme militaire.

de femme, ce qui fait retomber ses longs cheveux en cadenette[3]*. Il lui met sur la tête le chapeau d'ordonnance et dit.*) Eh ! parguenne[4], v'là notre officier.

LA COMTESSE *recule.* – Ah ! Ciel !

SUZANNE. – Ce friponneau !

ANTONIO. – Quand je disais là-haut[5] que c'était lui !…

LE COMTE, *en colère.* – Eh bien, madame ?

LA COMTESSE. – Eh bien, monsieur ! vous me voyez plus surprise que vous, et, pour le moins, aussi fâchée.

LE COMTE. – Oui ; mais tantôt, ce matin ?

LA COMTESSE. – Je serais coupable en effet, si je dissimulais encore. Il était descendu chez moi. Nous entamions le badinage que ces enfants viennent d'achever ; vous nous avez surprises l'habillant ; votre premier mouvement est si vif ! il s'est sauvé, je me suis troublée, l'effroi général a fait le reste.

LE COMTE, *avec dépit, à Chérubin.* – Pourquoi n'êtes-vous pas parti ?

CHÉRUBIN, *ôtant son chapeau brusquement.* – Monseigneur…

LE COMTE. – Je punirai ta désobéissance.

FANCHETTE, *étourdiment.* – Ah ! Monseigneur, entendez-moi[6] ! Toutes les fois que vous venez m'embrasser, vous savez bien que vous dites toujours : « Si tu veux m'aimer, petite Fanchette, je te donnerai ce que tu voudras. »

LE COMTE, *rougissant.* – Moi ! j'ai dit cela ?

FANCHETTE. – Oui, Monseigneur. Au lieu de punir Chérubin, donnez-le-moi en mariage, et je vous aimerai à la folie.

LE COMTE, *à part.* – Être ensorcelé par un page !

LA COMTESSE. – Eh bien, monsieur, à votre tour ; l'aveu de cette enfant, aussi naïf que le mien, atteste enfin deux vérités : que c'est toujours sans le vouloir si je vous cause des inquiétudes, pendant que vous épuisez tout pour augmenter et justifier les miennes.

---

3. Longue tresse de cheveux portée par certains soldats.

4. Déformation de « Par Dieu ! » (*juron patois*).

5. Tout à l'heure.

6. Écoutez-moi.

ANTONIO. – Vous aussi, Monseigneur ? Dame ! je vous la redresserai comme feu sa mère[1], qui est morte… Ce n'est pas pour la conséquence ; mais c'est que Madame sait bien que les petites filles, quand elles sont grandes…

LE COMTE, *déconcerté, à part.* – Il y a un mauvais génie qui tourne tout ici contre moi !

Scène 6

LES JEUNES FILLES, CHÉRUBIN, ANTONIO, FIGARO, LE COMTE, LA COMTESSE, SUZANNE

FIGARO. – Monseigneur, si vous retenez nos filles, on ne pourra commencer ni la fête ni la danse.

LE COMTE. – Vous, danser ! vous n'y pensez pas. Après votre chute de ce matin, qui vous a foulé le pied droit !

FIGARO, *remuant la jambe.* – Je souffre encore un peu ; ce n'est rien. (*Aux jeunes filles.*) Allons, mes belles, allons !

LE COMTE *le retourne.* – Vous avez été fort heureux que ces couches ne fussent que du terreau bien doux !

FIGARO. – Très heureux, sans doute ; autrement…

ANTONIO *le retourne.* – Puis il s'est pelotonné en tombant jusqu'en bas.

FIGARO. – Un plus adroit, n'est-ce pas, serait resté en l'air ! (*Aux jeunes filles.*) Venez-vous, mesdemoiselles ?

ANTONIO *le retourne.* – Et pendant ce temps, le petit page galopait sur son cheval à Séville ?

FIGARO. – Galopait ou marchait au pas !…

LE COMTE *le retourne.* – Et vous aviez son brevet dans la poche ?

---

7. Je vous la corrigerai comme l'aurait fait sa défunte mère (ou bien : comme je l'ai fait envers sa défunte mère).

Figaro, *un peu étonné.* – Assurément, mais quelle enquête ? (*Aux jeunes filles.*) Allons donc, jeunes filles !

Antonio, *attirant Chérubin par le bras.* – En voici une qui prétend que mon neveu futur n'est qu'un menteur.

Figaro, *surpris.* – Chérubin !… (*À part.*) Peste du petit fat !

Antonio. – Y es-tu maintenant ?

Figaro, *cherchant.* – J'y suis… j'y suis… Hé ! qu'est-ce qu'il chante ?

Le Comte, *sèchement.* – Il ne chante pas ; il dit que c'est lui qui a sauté sur les giroflées.

Figaro, *rêvant.* – Ah ! s'il le dit… cela se peut ; je ne dispute pas de ce que j'ignore.

Le Comte. – Ainsi vous et lui ?…

Figaro. – Pourquoi non ? la rage de sauter peut gagner : voyez les moutons de Panurge[2] ; et quand vous êtes en colère, il n'y a personne qui n'aime mieux risquer…

Le Comte. – Comment, deux à la fois !…

Figaro. – On aurait sauté deux douzaines ; et qu'est-ce que cela fait, Monseigneur, dès qu'il[3] n'y a personne de blessé ? (*Aux jeunes filles.*) Ah çà, voulez-vous venir, ou non ?

Le Comte, *outré.* – Jouons-nous une comédie ?

On entend un prélude de fanfare.

Figaro. – Voilà le signal de la marche. À vos postes, les belles, à vos postes ! Allons, Suzanne, donne-moi le bras.

Tous s'enfuient, Chérubin reste seul, la tête baissée.

---

2. Dans *Le Quart-Livre* de Rabelais, Panurge jette un mouton à la mer. Tout le troupeau du marchand Dindenault s'élance à l'eau pour le suivre.

3. Puisque.

Scène 7

CHÉRUBIN, LE COMTE, LA COMTESSE

LE COMTE, *regardant aller Figaro.* – En voit-on de plus audacieux ? (*Au page.*) Pour vous, monsieur le sournois, qui faites le honteux, allez vous rhabiller bien vite ; et que je ne vous rencontre nulle part de la soirée.

LA COMTESSE. – Il va bien s'ennuyer.

CHÉRUBIN, *étourdiment.* – M'ennuyer ! j'emporte à mon front du bonheur pour plus de cent années de prison.

Il met son chapeau et s'enfuit.

Scène 8

LE COMTE, LA COMTESSE

(La Comtesse s'évente fortement sans parler.)

LE COMTE. – Qu'a-t-il au front de si heureux ?

LA COMTESSE, *avec embarras.* – Son… premier chapeau d'officier, sans doute ; aux enfants tout sert de hochet.

Elle veut sortir.

LE COMTE. – Vous ne nous restez pas, comtesse ?

LA COMTESSE. – Vous savez que je ne me porte pas bien.

LE COMTE. – Un instant pour votre protégée, ou je vous croirais en colère.

LA COMTESSE. – Voici les deux noces, asseyons-nous donc pour les recevoir.

LE COMTE, *à part.* – La noce ! il faut souffrir ce qu'on ne peut empêcher.

Le comte et la comtesse s'assoient vers un des côtés de la galerie.

Scène 9

Le Comte, La Comtesse, *assis ; l'on joue les « Folies d'Espagne » d'un mouvement de marche. (Symphonie notée.)*

MARCHE[1]

Les gardes-chasse, *fusil sur l'épaule.*
L'Alguazil[2], Les Prud'hommes, Brid'oison.
Les paysans et paysannes, *en habits de fête.*
Deux jeunes filles *portant la toque virginale à plumes blanches ;*
Deux autres, *le voile blanc ;*
Deux autres, *les gants et le bouquet de côté.*
Antonio *donne la main à* Suzanne, *comme étant celui qui la marie à Figaro.*
D'autres jeunes filles *portent une autre toque, un autre voile, un autre bouquet blanc, semblables aux premiers, pour* Marceline.
Figaro donne la main à Marceline, comme celui qui doit la remettre au docteur, lequel ferme la marche, un gros bouquet au côté. Les jeunes filles, en passant devant le comte, remettent à ses valets tous les ajustements[3] *destinés à Suzanne et à Marceline.*
Les Paysans et Paysannes s'étant rangés sur deux colonnes à chaque côté du salon, on danse une reprise du fandango[4] *(air noté) avec des castagnettes ; puis on joue la ritournelle*[5] *du duo, pendant laquelle Antonio conduit Suzanne au comte ; elle se met à genoux devant lui.*
Pendant que le comte lui pose la toque, le voile, et lui donne le bouquet, deux jeunes filles chantent le duo suivant (air noté) :

Jeune épouse, chantez les bienfaits et la gloire
D'un maître qui renonce aux droits qu'il eut sur vous :
Préférant au plaisir la plus noble victoire,
Il vous rend chaste et pure aux mains de votre époux.

---

1. Musique qui rythme le pas d'une troupe.
2. Officier de police espagnol.
3. Ornements, parures.
4. Danse espagnole.
5. Petit air constituant le refrain d'une chanson.

Suzanne est à genoux, et, pendant les derniers vers du duo, elle tire le comte par son manteau et lui montre le billet qu'elle tient ; puis elle porte la main qu'elle a du côté des spectateurs à sa tête, où le comte a l'air d'ajuster sa toque ; elle lui donne le billet.

Le comte le met furtivement dans son sein ; on achève de chanter le duo ; la fiancée se relève et lui fait une grande révérence.

Figaro vient la recevoir des mains du comte et se retire avec elle, à l'autre côté du salon, près de Marceline.

(On danse une autre reprise du fandango, pendant ce temps.)

Le comte, pressé de lire ce qu'il a reçu, s'avance au bord du théâtre et tire le papier de son sein ; mais en le sortant il fait le geste d'un homme qui s'est cruellement piqué le doigt ; il le secoue, le presse, le suce, et regardant le papier cacheté d'une épingle, il dit :

LE COMTE (*Pendant qu'il parle, ainsi que Figaro, l'orchestre joue pianissimo.*). – Diantre soit des femmes, qui fourrent des épingles partout ! (*Il la jette à terre, puis il lit le billet et le baise.*)

FIGARO, *qui a tout vu, dit à sa mère et à Suzanne.* – C'est un billet doux, qu'une fillette aura glissé dans sa main en passant. Il était cacheté d'une épingle, qui l'a outrageusement[1] piqué. (*La danse reprend : le comte qui a lu le billet le retourne ; il y voit l'invitation de renvoyer le cachet pour réponse. Il cherche à terre et retrouve enfin l'épingle qu'il attache à sa manche.*)

FIGARO, *à Suzanne et à Marceline.* – D'un objet aimé tout est cher. Le voilà qui ramasse l'épingle. Ah, c'est une drôle de tête ! (*Pendant ce temps, Suzanne a des signes d'intelligence[2] avec la comtesse. La danse finit, la ritournelle du duo recommence.) Figaro conduit Marceline au comte, ainsi qu'on a conduit Suzanne ; à l'instant où le comte prend la toque, et où l'on va chanter le duo, on est interrompu par les cris suivants :*

L'HUISSIER, *criant à la porte.* – Arrêtez donc, messieurs ! vous ne pouvez entrer tous… Ici les gardes, les gardes !

Les gardes vont vite à cette porte.

1. Violemment.
2. De complicité.

Le Comte, *se levant.* – Qu'est-ce qu'il y a ?

L'huissier. – Monseigneur, c'est monsieur Bazile, entouré d'un village entier, parce qu'il chante en marchant.

Le Comte. – Qu'il entre seul.

La Comtesse. – Ordonnez-moi de me retirer.

Le Comte. – Je n'oublie pas votre complaisance.

La Comtesse. – Suzanne !... elle reviendra. (*À part, à Suzanne.*) Allons changer d'habits.

Elle sort avec Suzanne.

Marceline. – Il n'arrive jamais que pour nuire.

Figaro. – Ah ! je m'en vais vous le faire déchanter !

Scène 10

Tous les Acteurs précédents, *excepté* **La Comtesse** *et* **Suzanne ; Bazile** *tenant sa guitare ;* **Grippe-Soleil**

Bazile *entre en chantant sur l'air du vaudeville[3] de la fin (air noté) :*

Cœurs sensibles, cœurs fidèles,
Qui blâmez l'amour léger,
Cessez vos plaintes cruelles :
Est-ce un crime de changer ?
Si l'Amour porte des ailes,
N'est-ce pas pour voltiger ?
N'est-ce pas pour voltiger ?
N'est-ce pas pour voltiger ?

3. Ici, couplets chantés. Au XIXe siècle, le vaudeville désignera un genre de comédie divertissante, multipliant rebondissements et quiproquos.

FIGARO *s'avance à lui.* – Oui, c'est pour cela justement qu'il a des ailes au dos ; notre ami, qu'entendez-vous par cette musique ?

BAZILE, *montrant Grippe-Soleil.* – Qu'après avoir prouvé mon obéissance à Monseigneur en amusant Monsieur, qui est de sa compagnie, je pourrai, à mon tour, réclamer sa justice.

GRIPPE-SOLEIL. – Bah ! Monsigneu, il ne m'a pas amusé du tout : avec leux[1] guenilles d'ariettes[2]…

LE COMTE. – Enfin que demandez-vous, Bazile ?

BAZILE. – Ce qui m'appartient, Monseigneur, la main de Marceline ; et je viens m'opposer…

FIGARO *s'approche.* – Y a-t-il longtemps que Monsieur n'a vu la figure d'un fou ?

BAZILE. – Monsieur, en ce moment même.

FIGARO. – Puisque mes yeux vous servent si bien de miroir, étudiez-y l'effet de ma prédiction. Si vous faites mine seulement d'approximer[3] Madame…

BARTHOLO, *en riant.* – Eh pourquoi ? laisse-le parler.

BRID'OISON *s'avance entre deux.* – Fau-aut-il que deux amis ?…

FIGARO. – Nous, amis !

BAZILE. – Quelle erreur !

FIGARO, *vite.* – Parce qu'il fait de plats airs de chapelle ?

BAZILE, *vite.* – Et lui, des vers comme un journal ?

FIGARO, *vite.* – Un musicien de guinguette !

BAZILE, vite. – Un postillon de gazette[4] !

FIGARO, *vite.* – Cuistre[5] d'oratorio[6] !

BAZILE, *vite.* – Jockey[7] diplomatique !

LE COMTE, *assis.* – Insolents tous les deux !

BAZILE. – Il me manque[8] en toute occasion.

---

1. Leurs.
2. Terme de mépris.
3. S'approcher de.
4. Allusion à la fonction de valet de poste que le Comte voulait attribuer à Figaro (le mot *gazette*, lui, renvoie aux anciennes activités journalistiques de celui-ci).
5. Pédant ridicule.
6. Drame lyrique.
7. Cavalier.
8. Manque de respect (*sous-entendu*).

FIGARO. – C'est bien dit, si cela se pouvait !

BAZILE. – Disant partout que je ne suis qu'un sot.

FIGARO. – Vous me prenez donc pour un écho ?

BAZILE. – Tandis qu'il n'est pas un chanteur que mon talent n'ait fait briller.

FIGARO. – Brailler.

BAZILE. – Il le répète !

FIGARO. – Et pourquoi non, si cela est vrai ? es-tu un prince, pour qu'on te flagorne[9] ? souffre la vérité, coquin ! puisque tu n'as pas de quoi gratifier un menteur ; ou si tu la crains de notre part, pourquoi viens-tu troubler nos noces ?

BAZILE, *à Marceline.* – M'avez-vous promis, oui ou non, si dans quatre ans vous n'étiez pas pourvue[10], de me donner la préférence ?

MARCELINE. – À quelle condition l'ai-je promis ?

BAZILE. – Que si vous retrouviez un certain fils perdu, je l'adopterais par complaisance.

TOUS ENSEMBLE. – Il est trouvé.

BAZILE. – Qu'à cela ne tienne !

TOUS ENSEMBLE, *montrant Figaro.* – Et le voici.

BAZILE, *reculant de frayeur.* – J'ai vu le diable !

BRID'OISON, *à Bazile.* – Et vou-ous renoncez à sa chère mère !

BAZILE. – Qu'y aurait-il de plus fâcheux que d'être cru le père d'un garnement ?

FIGARO. – D'en être cru le fils ; tu te moques de moi !

BAZILE, *montrant Figaro.* – Dès que Monsieur est de quelque chose ici, je déclare, moi, que je n'y suis plus de rien.

Il sort.

9. Flatte.

10. Mariée.

Scène 11

LES ACTEURS PRÉCÉDENTS, *excepté* **BAZILE**

BARTHOLO, *riant.* – Ah ! ah ! ah ! ah !

FIGARO, *sautant de joie.* – Donc à la fin j'aurai ma femme !

LE COMTE, *à part.* – Moi, ma maîtresse !

Il se lève.

BRID'OISON, *à Marceline.* – Et tou-out le monde est satisfait.

LE COMTE. – Qu'on dresse les deux contrats ; j'y signerai.

TOUS ENSEMBLE. – Vivat !

Ils sortent.

LE COMTE. – J'ai besoin d'une heure de retraite.

Il veut sortir avec les autres.

Scène 12

GRIPPE-SOLEIL, FIGARO, MARCELINE, LE COMTE

GRIPPE-SOLEIL, *à Figaro.* – Et moi, je vais aider à ranger[1] le feu d'artifice sous les grands marronniers, comme on l'a dit.

LE COMTE *revient en courant.* – Quel sot a donné un tel ordre ?

FIGARO. – Où est le mal ?

LE COMTE, *vivement.* – Et la comtesse qui est incommodée, d'où le verra-t-elle, l'artifice ? C'est sur la terrasse qu'il le faut, vis-à-vis son appartement.

FIGARO. – Tu l'entends, Grippe-Soleil ? la terrasse.

LE COMTE. – Sous les grands marronniers ! belle idée ! (*En s'en allant, à part.*) Ils allaient incendier mon rendez-vous !

1. Disposer.

Scène 13

FIGARO, MARCELINE

FIGARO. – Quel excès d'attention pour sa femme !

Il veut sortir.

MARCELINE *l'arrête.* – Deux mots, mon fils. Je veux m'acquitter[2] avec toi : un sentiment mal dirigé m'avait rendue injuste envers ta charmante femme : je la supposais d'accord avec le comte, quoique j'eusse appris de Bazile qu'elle l'avait toujours rebuté[3].

FIGARO. – Vous connaissiez mal votre fils, de le croire ébranlé par ces impulsions féminines. Je puis défier la plus rusée de m'en faire accroire[4].

MARCELINE. – Il est toujours heureux de le penser, mon fils ; la jalousie…

FIGARO. –… N'est qu'un sot enfant de l'orgueil, ou c'est la maladie d'un fou. Oh ! j'ai là-dessus, ma mère, une philosophie… imperturbable ; et si Suzanne doit me tromper un jour, je lui pardonne d'avance ; elle aura longtemps travaillé…

Il se retourne et aperçoit Fanchette qui cherche de côté et d'autre.

Scène 14

FIGARO, FANCHETTE, MARCELINE

FIGARO. – Eeeh…, ma petite cousine qui nous écoute !

FANCHETTE. – Oh ! pour ça, non : on dit que c'est malhonnête.

FIGARO. – Il est vrai ; mais comme cela est utile, on fait aller souvent l'un pour l'autre.

FANCHETTE. – Je regardais si quelqu'un était là.

---

2. Me libérer de la dette (ici, morale) que j'ai envers toi.

3. Repoussé.

4. Me tromper.

FIGARO. – Déjà dissimulée[1], friponne ! Vous savez bien qu'il n'y peut être.

FANCHETTE. – Et qui donc ?

FIGARO. – Chérubin.

FANCHETTE. – Ce n'est pas lui que je cherche, car je sais fort bien où il est ; c'est ma cousine Suzanne.

FIGARO. – Et que lui veut ma petite cousine ?

FANCHETTE. – À vous, petit cousin, je le dirai. C'est… ce n'est qu'une épingle que je veux lui remettre.

FIGARO, *vivement*. – Une épingle ! une épingle !… et de quelle part, coquine ? à votre âge, vous faites déjà un mét… (*Il se reprend, et dit d'un ton doux.*) Vous faites déjà très bien tout ce que vous entreprenez, Fanchette ; et ma jolie cousine est si obligeante…

FANCHETTE. – À qui donc en a-t-il de se fâcher ? Je m'en vais.

FIGARO, *l'arrêtant*. – Non, non, je badine ; tiens, ta petite épingle est celle que Monseigneur t'a dit de remettre à Suzanne, et qui servait à cacheter un petit papier qu'il tenait ; tu vois que je suis au fait[2].

FANCHETTE. – Pourquoi donc le demander, quand vous le savez si bien ?

FIGARO, *cherchant*. – C'est qu'il est assez gai de savoir comment Monseigneur s'y est pris pour t'en donner la commission.

FANCHETTE, *naïvement*. – Pas autrement que vous ne dites : « Tiens, petite Fanchette, rends cette épingle à ta belle cousine, et dis-lui seulement que c'est le cachet des grands marronniers. »

FIGARO. – « Des grands… » ?

FANCHETTE. – « Marronniers. » Il est vrai qu'il a ajouté : « Prends garde que personne ne te voie. »

FIGARO. – Il faut obéir, ma cousine : heureusement personne ne vous a vue. Faites donc joliment votre commission ; et n'en dites pas plus à Suzanne que Monseigneur n'a ordonné.

---

1. Déjà habituée à dissimuler.

2. Je suis au courant.

FANCHETTE. – Et pourquoi lui en dirais-je ? il me prend pour un enfant, mon cousin.

Elle sort en sautant.

Scène 15

FIGARO, MARCELINE

FIGARO. – Eh bien, ma mère ?

MARCELINE. – Eh bien, mon fils ?

FIGARO, *comme étouffé.* – Pour celui-ci[3] !… il y a réellement des choses… !

MARCELINE. – Il y a des choses ! hé, qu'est-ce qu'il y a ?

FIGARO, *les mains sur sa poitrine.* – Ce que je viens d'entendre, ma mère, je l'ai là comme un plomb.

MARCELINE, *riant.* – Ce cœur plein d'assurance n'était donc qu'un ballon gonflé ? une épingle a tout fait partir !

FIGARO, *furieux.* – Mais cette épingle, ma mère, est celle qu'il a ramassée !…

MARCELINE, *rappelant ce qu'il a dit.* – « La jalousie ! oh ! j'ai là-dessus, ma mère, une philosophie… imperturbable ; et si Suzanne m'attrape un jour, je le lui pardonne… »

FIGARO, *vivement.* – Oh ! ma mère ! on parle comme on sent : mettez le plus glacé des juges à plaider dans sa propre cause, et voyez-le expliquer la loi ! Je ne m'étonne plus s'il avait tant d'humeur sur ce feu ! Pour la mignonne aux fines épingles, elle n'en est pas où elle le croit, ma mère, avec ses marronniers ! Si mon mariage est assez fait pour légitimer ma colère, en revanche, il ne l'est pas assez pour que je n'en puisse épouser une autre, et l'abandonner…

MARCELINE. – Bien conclu ! abîmons[4] tout sur un soupçon. Qui t'a prouvé, dis-moi, que c'est toi qu'elle joue, et non le comte ? L'as-tu

3. Pour cette fois-ci.

4. Ruinons, saccageons.

étudiée de nouveau, pour la condamner sans appel ? Sais-tu si elle se rendra sous les arbres ? à quelle intention elle y va ? ce qu'elle y dira, ce qu'elle y fera ? Je te croyais plus fort en jugement !

FIGARO, *lui baisant la main avec respect.* – Elle a raison, ma mère, elle a raison, raison, toujours raison ! Mais accordons, maman, quelque chose à la nature ; on en vaut mieux après. Examinons en effet avant d'accuser et d'agir. Je sais où est le rendez-vous. Adieu, ma mère.

Il sort.

Scène 16

MARCELINE, *seule.*

Adieu ; et moi aussi, je le sais. Après l'avoir arrêté, veillons sur les voies[1] de Suzanne ; ou plutôt avertissons-la ; elle est si jolie créature ! Ah ! quand l'intérêt personnel ne nous arme pas les unes contre les autres, nous sommes toutes portées à soutenir notre pauvre sexe opprimé, contre ce fier, ce terrible… (*en riant*) et pourtant un peu nigaud de sexe masculin.

Elle sort.

1. Les projets.

Acte V

Le théâtre représente une salle de marronniers[1], dans un parc ; deux pavillons, kiosques, ou temples de jardins, sont à droite et à gauche ; le fond est une clairière ornée ; un siège de gazon sur le devant. Le théâtre est obscur.

Scène 1

Fanchette, *seule, tenant d'une main deux biscuits et une orange, et de l'autre une lanterne de papier allumée.*

Dans le pavillon à gauche, a-t-il dit. C'est celui-ci. S'il allait ne pas venir à présent ! mon petit rôle[2]… Ces vilaines gens[3] de l'office qui ne voulaient pas seulement me donner une orange et deux biscuits ! « Pour qui, mademoiselle ? – Eh bien, monsieur, c'est pour quelqu'un. – Oh ! nous savons. » Et quand ça serait ? parce que Monseigneur ne veut pas le voir, faut-il qu'il meure de faim ? Tout ça pourtant m'a coûté un fier baiser sur la joue !… Que sait-on ? il me le rendra peut-être. (*Elle voit Figaro qui vient l'examiner ; elle fait un cri.*) Ah !…

Elle s'enfuit, et elle entre dans le pavillon à sa gauche.

---

1. Un lieu planté de marronniers, formant un espace couvert.

2. Son rôle d'ingénue, évoqué par Chérubin à l'acte I, scène 7.

3. Ici, l'accord du mot gens se fait au féminin.

Scène 2

FIGARO, *un grand manteau sur les épaules, un large chapeau rabattu ;* **BAZILE, ANTONIO, BARTHOLO, BRID'OISON, GRIPPE-SOLEIL, TROUPE DE VALETS ET DE TRAVAILLEURS**

FIGARO, *d'abord seul.* – C'est Fanchette ! (*Il parcourt des yeux les autres à mesure qu'ils arrivent, et dit d'un ton farouche.*) Bonjour, messieurs ; bonsoir ; êtes-vous tous ici ?

BAZILE. – Ceux que tu as pressés d'y venir.

FIGARO. – Quelle heure est-il bien à peu près ?

ANTONIO *regarde en l'air.* – La lune devrait être levée.

BARTHOLO. – Eh ! quels noirs apprêts[1] fais-tu donc ? Il a l'air d'un conspirateur !

FIGARO, *s'agitant.* – N'est-ce pas pour une noce, je vous prie, que vous êtes rassemblés au château ?

BRID'OISON. – Cè-ertainement.

ANTONIO. – Nous allions là-bas, dans le parc, attendre un signal pour ta fête.

FIGARO. – Vous n'irez pas plus loin, messieurs ; c'est ici, sous ces marronniers, que nous devons tous célébrer l'honnête fiancée que j'épouse, et le loyal seigneur qui se l'est destinée.

BAZILE, *se rappelant la journée.* – Ah ! vraiment, je sais ce que c'est. Retirons-nous, si vous m'en croyez : il est question d'un rendez-vous ; je vous conterai cela près d'ici.

BRID'OISON, *à Figaro.* – Nou-ous reviendrons.

FIGARO. – Quand vous m'entendrez appeler, ne manquez pas d'accourir tous, et dites du mal de Figaro s'il ne vous fait voir une belle chose.

BARTHOLO. – Souviens-toi qu'un homme sage ne se fait point d'affaires[2] avec les grands.

---

1. Préparatifs.
2. Ne se querelle pas.

FIGARO. – Je m'en souviens.

BARTHOLO. – Qu'ils ont quinze et bisque[3] sur nous, par leur état.

FIGARO. – Sans leur industrie[4], que vous oubliez. Mais souvenez-vous aussi que l'homme qu'on sait timide est dans la dépendance de tous les fripons.

BARTHOLO. – Fort bien.

FIGARO. – Et que j'ai nom de Verte-Allure[5], du chef[6] honoré de ma mère.

BARTHOLO. – Il a le diable au corps.

BRID'OISON. – I-il l'a.

BAZILE, *à part*. – Le comte et sa Suzanne se sont arrangés sans moi ? Je ne suis pas fâché de l'algarade[7].

FIGARO, *aux valets*. – Pour vous autres, coquins, à qui j'ai donné l'ordre, illuminez-moi ces entours[8] ; ou, par la mort que je voudrais tenir aux dents, si j'en saisis un par le bras…

Il secoue le bras de Grippe-Soleil.

GRIPPE-SOLEIL *s'en va en criant et pleurant*. – A, a, o, oh ! Damné brutal !

BAZILE, *en s'en allant*. – Le Ciel vous tienne en joie, monsieur du marié !

Ils sortent.

---

3. Ils ont un grand avantage sur nous (expression empruntée au jeu de paume).

4. Ruse.

5. Nom de Marceline.

6. En vertu du droit de porter ce nom que je tiens de ma mère (*juridique*).

7. Querelle.

8. Alentours.

Scène 3

→ *Oral du BAC, p. 247*

Figaro, *seul, se promenant dans l'obscurité, dit du ton le plus sombre.*

Ô Femme ! femme ! femme ! créature faible et décevante !... nul animal[1] créé ne peut manquer à son instinct ; le tien est-il donc de tromper ?... Après m'avoir obstinément refusé quand je l'en pressais devant sa maîtresse ; à l'instant qu'elle me donne sa parole ; au milieu même de la cérémonie... Il riait en lisant, le perfide ! et moi comme un benêt !... Non, monsieur le comte, vous ne l'aurez pas... vous ne l'aurez pas. Parce que vous êtes un grand seigneur, vous vous croyez un grand génie[2] !... noblesse, fortune, un rang, des places ; tout cela rend si fier ! Qu'avez-vous fait pour tant de biens ? vous vous êtes donné la peine de naître, et rien de plus. Du reste, homme assez ordinaire ! tandis que moi, morbleu ! perdu dans la foule obscure, il m'a fallu déployer plus de science et de calculs pour subsister seulement, qu'on n'en a mis depuis cent ans à gouverner toutes les Espagnes ; et vous voulez jouter[3]... On vient... c'est elle... ce n'est personne. La nuit est noire en diable, et me voilà faisant le sot métier de mari, quoique je ne le sois qu'à moitié ! (*Il s'assied sur un banc.*) Est-il rien de plus bizarre que ma destinée ! fils de je ne sais pas qui ; volé par des bandits, élevé dans leurs mœurs, je m'en dégoûte et veux courir une carrière honnête ; et partout je suis repoussé ! J'apprends la chimie, la pharmacie, la chirurgie, et tout le crédit d'un grand seigneur peut à peine me mettre à la main une lancette[4] vétérinaire ! Las d'attrister des bêtes malades, et pour faire un métier contraire, je me jette à corps perdu dans le théâtre ;

1. Être vivant.
2. Jeu de mot sur le sens étymologique du terme (du latin *ingenium* désignant le « caractère inné ») et son sens plus récent (« homme supérieur »).
3. Combattre, rivaliser.
4. Petit instrument chirurgical coupant.

La prouesse du monologue

C'est la première fois, dans l'histoire du théâtre classique français, qu'un personnage, et surtout un valet, tient un si long monologue. Celui-ci constitue un « morceau de bravoure » d'autant plus remarquable qu'il associe des revendications sociales à une interrogation sur l'identité et la destinée humaines.

me fussé-je mis une pierre au cou ! Je broche[5] une comédie dans les mœurs du sérail[6] ; auteur espagnol, je crois pouvoir y fronder[7] Mahomet sans scrupule : à l'instant un envoyé... de je ne sais où se plaint que j'offense dans mes vers la Sublime Porte, la Perse, une partie de la presqu'île de l'Inde, toute l'Égypte, les royaumes de Barca, de Tripoli[8], de Tunis, d'Alger et de Maroc : et voilà ma comédie flambée, pour plaire aux princes mahométans, dont pas un, je crois, ne sait lire, et qui nous meurtrissent l'omoplate, en nous disant : « chiens de chrétiens » ! Ne pouvant avilir l'esprit, on se venge en le maltraitant. Mes joues creusaient[9] ; mon terme était échu[10] ; je voyais de loin arriver l'affreux recors[11], la plume fichée dans sa perruque ; en frémissant je m'évertue[12]. Il s'élève une question[13] sur la nature des richesses ; et comme il n'est pas nécessaire de tenir[14] les choses pour en raisonner, n'ayant pas un sou, j'écris sur la valeur de l'argent et sur son produit net[15] ; sitôt je vois, du fond d'un fiacre, baisser pour moi le pont d'un château fort, à l'entrée duquel je laissai l'espérance et la liberté[16]. (*Il se lève.*) Que je voudrais bien tenir un de ces puissants de quatre jours[17], si légers sur le mal qu'ils ordonnent, quand une bonne disgrâce a cuvé son orgueil ! je lui dirais... que les sottises imprimées n'ont d'importance qu'aux lieux où l'on en gêne le cours ; que sans la liberté de blâmer, il n'est point d'éloge flatteur ; et qu'il n'y a que les petits hommes qui redoutent les petits écrits. (*Il se rassied.*) Las de nourrir un obscur pensionnaire, on me met un jour dans la rue ; et comme il faut dîner, quoiqu'on ne soit plus en

5. Rédige hâtivement.
6. Sur les mœurs du harem.
7. Critiquer, railler.
8. La Sublime Porte est la Turquie ; la Perse est l'actuel Iran ; les royaumes de Barca sont l'actuelle Libye ; Tripoli, la capitale de la Libye.
9. Se creusaient.
10. Je devais payer mon loyer.
11. Assistant d'un huissier.
12. Je me démène.
13. Un débat.
14. Posséder.
15. Bénéfice.
16. Référence à l'emprisonnement de Beaumarchais, et allusion à un vers de Dante évoquant l'inscription sur la porte de l'Enfer : « Laissez toute espérance, vous qui entrez » (*La Divine Comédie*, « Enfer », chant III, v. 9).
17. Ministres éphémères.

Figaro *pícaro*

Le pícaro est un personnage ancré dans le réel et les difficultés matérielles. Il est né au XVIe siècle en Espagne, en réaction au roman de chevalerie, qui, lui, mettait en scène un héros détaché de la réalité. Le nom du valet de Beaumarchais fait écho à cette tradition littéraire, tout comme la faim et les problèmes concrets auxquels le personnage est confronté.

prison, je taille encore ma plume et demande à chacun de quoi il est question : on me dit que pendant ma retraite économique[1], il s'est établi dans Madrid un système de liberté sur la vente des productions, qui s'étend même à celles de la presse ; et que, pourvu que je ne parle en mes écrits, ni de l'autorité, ni du culte, ni de la politique, ni de la morale, ni des gens en place, ni des corps en crédit[2], ni de l'opéra, ni des autres spectacles, ni de personne qui tienne à quelque chose, je puis tout imprimer librement, sous l'inspection de deux ou trois censeurs. Pour profiter de cette douce liberté, j'annonce un écrit périodique, et croyant n'aller sur les brisées[3] d'aucun autre, je le nomme *Journal inutile*. Pou-ou ! je vois s'élever contre moi mille pauvres diables à la feuille[4] ; on me supprime[5] ; et me voilà derechef sans emploi ! Le désespoir m'allait saisir ; on pense à moi pour une place, mais par malheur j'y étais propre[6] : il fallait un calculateur, ce fut un danseur qui l'obtint. Il ne me restait plus qu'à voler ; je me fais banquier de pharaon[7] : alors, bonnes gens ! je soupe en ville, et les personnes dites « comme il faut » m'ouvrent poliment leur maison, en retenant pour elles les trois quarts du profit. J'aurais bien pu me remonter[8] ; je commençais même à comprendre que pour gagner du bien, le savoir-faire vaut mieux que le savoir. Mais comme chacun pillait autour de moi, en exigeant que je fusse honnête, il fallut bien périr encore. Pour le coup je quittais le monde, et vingt brasses[9] d'eau m'en allaient séparer, lorsqu'un dieu bienfaisant m'appelle à mon premier état[10]. Je reprends ma trousse et mon cuir anglais[11] ; puis, laissant la fumée aux sots qui s'en nourrissent, et la honte au milieu du chemin comme trop lourde à un piéton, je vais rasant de ville en ville, et je vis enfin sans souci. Un grand seigneur passe à Séville[12] ; il me reconnaît, je le marie ; et pour prix d'avoir eu par mes soins son épouse, il veut intercepter la mienne ! intrigue, orage à ce sujet.

1. L'emprisonnement (*euphémisme*).
2. Institutions influentes.
3. Entrer en concurrence avec quelqu'un sur un terrain qu'il s'est réservé.
4. Journalistes (*péjoratif*).
5. On interdit la parution de mon journal.
6. J'y étais apte.
7. Jeu de cartes, où le « banquier » jouait seul contre plusieurs.
8. Regagner l'argent perdu au jeu.
9. La brasse valait cinq pieds, c'est-à-dire un mètre soixante environ.
10. Métier.
11. La trousse contient le nécessaire du barbier et le cuir sert à aiguiser le rasoir.
12. Allusion au *Barbier de Séville*.

Prêt à tomber dans un abîme, au moment d'épouser ma mère, mes parents m'arrivent à la file[13]. (*Il se lève en s'échauffant.*) On se débat ; c'est vous, c'est lui, c'est moi, c'est toi ; non, ce n'est pas nous ; eh ! mais qui donc ? (*Il retombe assis.*) Ô bizarre suite d'événements ! Comment cela m'est-il arrivé ? Pourquoi ces choses et non pas d'autres ? Qui les a fixées sur ma tête ? Forcé de parcourir la route où je suis entré sans le savoir, comme j'en sortirai sans le vouloir, je l'ai jonchée d'autant de fleurs que ma gaieté me l'a permis ; encore je dis ma gaieté sans savoir si elle est à moi plus que le reste, ni même quel est ce Moi dont je m'occupe : un assemblage informe de parties inconnues ; puis un chétif être imbécile[14] ; un petit animal folâtre ; un jeune homme ardent au plaisir, ayant tous les goûts pour jouir, faisant tous les métiers pour vivre ; maître ici, valet là, selon qu'il plaît à la fortune[15] ! ambitieux par vanité, laborieux par nécessité ; mais paresseux… avec délices ! orateur selon le danger ; poète par délassement ; musicien par occasion ; amoureux par folles bouffées ; j'ai tout vu, tout fait, tout usé. Puis l'illusion s'est détruite, et, trop désabusé… Désabusé !… Suzon, Suzon, Suzon ! que tu me donnes de tourments !… J'entends marcher… on vient. Voici l'instant de la crise[16].

Il se retire près de la première coulisse à sa droite.

13. L'un après l'autre.

14. Faible.

15. Sort, destinée.

16. Moment d'un choix crucial à l'approche du dénouement.

Explication de texte 5

Acte V, scène 3
➔ p. 165, l. 80 à 96 (à partir de « *Il retombe assis.* »).

Le monologue de Figaro : une pause dans l'action ?

SITUER

1 Quel est l'élément déclencheur de ce monologue ?

2 Relisez le début du monologue. Rappelez-en les grandes étapes.

EXPLIQUER

Des méditations métaphysiques ➔ l. 80 à 82

3 Comment se manifeste le questionnement existentiel du personnage ?

4 Analysez le rôle donné au hasard dans la destinée individuelle. Qu'est-ce qui suggère que Figaro est dépassé par les événements ?

5 Quelles métaphores sont utilisées ? Interprétez-les.

Un portrait autobiographique ➔ l. 82 à 93

6 Figaro brosse son portrait autobiographique. Analysez-en les spécificités.

7 En quoi ce portrait se distingue-t-il de la figure du valet type de la comédie classique ?

8 Ce portrait de Figaro fait écho à la vie de Beaumarchais. Comment interprétez-vous ce rapprochement ?

Le retour au présent ➔ l. 93 à 96

9 Quels effets produisent les différentes répétitions ?

10 Qu'est-ce qui provoque et traduit le retour au présent de la crise pour le personnage ?

CONCLURE

11 Dans quelle mesure ce monologue vous semble constituer une pause dans l'action ?

ÉTUDE DE LA LANGUE

- Relevez les adjectifs qualificatifs. Classez-les selon leur fonction grammaticale.

ACTIVITÉS

Comparer des mises en scène

- Rendez-vous sur le site Théâtre en acte : https://www.reseau-canope.fr/edutheque-theatre-en-acte pour voir différentes captations de ce monologue. Comparez les mises en scène de Jean-Pierre Vincent, Christophe Rauck, Rémy Barché et Jean Meyer. Quelle proposition préférez-vous ? Pourquoi ?

Jouer

- Apprenez le début du monologue (de « Ô Femme ! femme ! femme !... » jusqu'à « *Il s'assied sur un banc* ») et essayez de l'interpréter. Vous pouvez, en vous rendant sur le site Théâtre en acte, écouter les conseils que le metteur en scène Jacques Weber adresse à Benjamin Lavernhe lors d'une répétition.

Scène 4

Figaro, La Comtesse *avec les habits de Suzon ;*
Suzanne *avec ceux de la comtesse,* **Marceline**

Suzanne, *bas à la comtesse.* – Oui, Marceline m'a dit que Figaro y serait.

Marceline. – Il y est aussi[1] ; baisse la voix.

Suzanne. – Ainsi l'un nous écoute et l'autre va venir me chercher ; commençons.

Marceline. – Pour n'en pas perdre un mot, je vais me cacher dans le pavillon.

Elle entre dans le pavillon où est entrée Fanchette.

Scène 5

Figaro, La Comtesse, Suzanne

Suzanne, *haut.* – Madame tremble ! est-ce qu'elle aurait froid ?

La Comtesse, *haut.* – La soirée est humide, je vais me retirer.

Suzanne, *haut.* – Si Madame n'avait pas besoin de moi, je prendrais l'air un moment, sous ces arbres.

La Comtesse, *haut.* – C'est le serein[2] que tu prendras.

Suzanne, *haut.* – J'y suis toute faite.

Figaro, *à part.* – Ah ! oui, le serein !

Suzanne se retire près de la coulisse, du côté opposé à Figaro.

1. Effectivement.
2. L'humidité de la tombée de la nuit.

Scène 6

FIGARO, CHÉRUBIN, LE COMTE, LA COMTESSE, SUZANNE
Figaro et Suzanne retirés de chaque côté sur le devant.

CHÉRUBIN, *en habit d'officier, arrive en chantant gaiement la reprise de l'air de la romance.* – La, la, la, etc.

J'avais une marraine,
Que toujours adorai.

LA COMTESSE, *à part.* – Le petit page !

CHÉRUBIN *s'arrête.* – On se promène ici ; gagnons vite mon asile, où la petite Fanchette… C'est une femme !

LA COMTESSE *écoute.* – Ah grands dieux !

CHÉRUBIN *se baisse en regardant de loin.* – Me trompé-je ? à cette coiffure en plumes qui se dessine au loin dans le crépuscule, il me semble que c'est Suzon.

LA COMTESSE, *à part.* – Si le comte arrivait !…

Le comte paraît dans le fond.

CHÉRUBIN *s'approche et prend la main de la comtesse, qui se défend.* – Oui, c'est la charmante fille qu'on nomme Suzanne : eh ! pourrais-je m'y méprendre à la douceur de cette main, à ce petit tremblement qui l'a saisie, surtout au battement de son cœur !

Il veut y appuyer le dos de la main de la comtesse ; elle la retire.

LA COMTESSE, *bas.* – Allez-vous-en.

CHÉRUBIN. – Si la compassion t'avait conduite exprès dans cet endroit du parc où je suis caché depuis tantôt ?…

LA COMTESSE. – Figaro va venir.

LE COMTE, *s'avançant, dit à part.* – N'est-ce pas Suzanne que j'aperçois ?

CHÉRUBIN, *à la comtesse.* – Je ne crains point du tout Figaro, car ce n'est pas lui que tu attends.

LA COMTESSE. – Qui donc ?

LE COMTE, *à part.* – Elle est avec quelqu'un.

CHÉRUBIN. – C'est Monseigneur, friponne, qui t'a demandé ce rendez-vous ce matin, quand j'étais derrière le fauteuil.

LE COMTE, *à part, avec fureur.* – C'est encore le page infernal !

FIGARO, *à part.* – On dit qu'il ne faut pas écouter !

SUZANNE, *à part.* – Petit bavard !

LA COMTESSE, *au page.* – Obligez-moi[1] de vous retirer.

CHÉRUBIN. – Ce ne sera pas au moins sans avoir reçu le prix de mon obéissance.

LA COMTESSE, *effrayée.* – Vous prétendez ?...

CHÉRUBIN, *avec feu.* – D'abord vingt baisers, pour ton compte, et puis cent pour ta belle maîtresse.

LA COMTESSE. – Vous oseriez ?

CHÉRUBIN. – Oh ! que oui, j'oserai ; tu prends sa place auprès de Monseigneur ; moi celle du comte auprès de toi ; le plus attrapé, c'est Figaro.

FIGARO, *à part.* – Ce brigandeau[2] !

SUZANNE, *à part.* – Hardi comme un page.

Chérubin veut embrasser la comtesse ; le comte se met entre deux et reçoit le baiser.

LA COMTESSE, *se retirant.* – Ah ! Ciel !

FIGARO, *à part, entendant le baiser.* – J'épousais une jolie mignonne !

Il écoute.

CHÉRUBIN, *tâtant les habits du comte ; à part.* – C'est Monseigneur !

Il s'enfuit dans le pavillon où sont entrées Fanchette et Marceline.

---

1. Ayez l'obligeance.

2. Petit brigand.

Scène 7

Figaro, Le Comte, La Comtesse, Suzanne

Figaro *s'approche.* – Je vais…

Le Comte, *croyant parler au page.* – Puisque vous ne redoublez[3] pas le baiser…

Il croit lui donner un soufflet.

Figaro, *qui est à portée, le reçoit.* – Ah !

Le Comte. –… Voilà toujours le premier payé.

Figaro *s'éloigne en se frottant la joue ; à part.* – Tout n'est pas gain non plus en écoutant.

Suzanne, *riant tout haut de l'autre côté.* – Ah ! ah ! ah ! ah !

Le Comte, *à la comtesse qu'il prend pour Suzanne.* – Entend-on quelque chose à ce page ? il reçoit le plus rude soufflet et s'enfuit en éclatant de rire.

Figaro, *à part.* – S'il s'affligeait de celui-ci !…

Le Comte. – Comment ! je ne pourrai faire un pas[4]… (*À la comtesse.*) Mais laissons cette bizarrerie ; elle empoisonnerait le plaisir que j'ai de te trouver dans cette salle.

La Comtesse, *imitant le parler de Suzanne.* – L'espériez-vous ?

Le Comte. – Après ton ingénieux billet ! (*Il lui prend la main.*) Tu trembles ?

La Comtesse. – J'ai eu peur.

Le Comte. – Ce n'est pas pour te priver du baiser que je l'ai pris.

Il la baise au front.

La Comtesse. – Des libertés !

Figaro, *à part.* – Coquine !

Suzanne, *à part.* – Charmante !

Le Comte *prend la main de sa femme.* – Mais quelle peau fine et douce, et qu'il s'en faut que la comtesse ait la main aussi belle !

---

3. Renouvelez.

4. Sans tomber sur Chérubin (*sous-entendu*).

La Comtesse, *à part*. – Oh ! la prévention[1] !

Le Comte. – A-t-elle ce bras ferme et rondelet ? ces jolis doigts pleins de grâce et d'espièglerie ?

La Comtesse, *de la voix de Suzanne*. – Ainsi l'amour ?…

Le Comte. – L'amour… n'est que le roman du cœur : c'est le plaisir qui en est l'histoire ; il m'amène à tes genoux.

La Comtesse. – Vous ne l'aimez plus ?

Le Comte. – Je l'aime beaucoup ; mais trois ans d'union rendent l'hymen[2] si respectable !

La Comtesse. – Que vouliez-vous en elle ?

Le Comte, *la caressant*. – Ce que je trouve en toi, ma beauté…

La Comtesse. – Mais dites donc.

Le Comte. –… Je ne sais : moins d'uniformité peut-être, plus de piquant[3] dans les manières ; un je ne sais quoi qui fait le charme ; quelquefois un refus, que sais-je ? Nos femmes croient tout accomplir en nous aimant : cela dit une fois, elles nous aiment, nous aiment ! (quand elles nous aiment), et sont si complaisantes et si constamment obligeantes[4], et toujours, et sans relâche, qu'on est tout surpris un beau soir de trouver la satiété[5] où l'on recherchait le bonheur !

La Comtesse, *à part*. – Ah ! quelle leçon !

Le Comte. – En vérité, Suzon, j'ai pensé mille fois que si nous poursuivons ailleurs ce plaisir qui nous fuit chez elles, c'est qu'elles n'étudient pas assez l'art de soutenir notre goût, de se renouveler à l'amour, de ranimer, pour ainsi dire, le charme de leur possession par celui de la variété.

La Comtesse, *piquée*. – Donc elles doivent tout ?…

Le Comte, *riant*. – Et l'homme rien ? Changerons-nous la marche de la nature ? notre tâche à nous fut de les obtenir : la leur…

La Comtesse. – La leur ?…

Le Comte. – Est de nous retenir : on l'oublie trop.

---

1. Préjugé.
2. Mariage.
3. Charme qui stimule l'intérêt.
4. Attentionnées.
5. Ici, lassitude.

LA COMTESSE. – Ce ne sera pas moi[6].

LE COMTE. – Ni moi.

FIGARO, *à part.* – Ni moi.

SUZANNE, *à part.* – Ni moi.

LE COMTE *prend la main de sa femme.* – Il y a de l'écho ici ; parlons plus bas. Tu n'as nul besoin d'y songer, toi que l'amour a faite et si vive et si jolie ! avec un grain de caprice tu seras la plus agaçante[7] maîtresse ! (*Il la baise au front.*) Ma Suzanne, un Castillan n'a que sa parole. Voici tout l'or promis pour le rachat du droit que je n'ai plus sur le délicieux moment que tu m'accordes. Mais comme la grâce que tu daignes y mettre est sans prix, j'y joindrai ce brillant[8], que tu porteras pour l'amour de moi.

LA COMTESSE, *une révérence.* – Suzanne accepte tout.

FIGARO, *à part.* – On n'est pas plus coquine que cela.

SUZANNE, *à part.* – Voilà du bon bien qui nous arrive.

LE COMTE, *à part.* – Elle est intéressée ; tant mieux.

LA COMTESSE *regarde au fond.* – Je vois des flambeaux.

LE COMTE. – Ce sont les apprêts de ta noce : entrons-nous un moment dans l'un de ces pavillons pour les laisser passer ?

LA COMTESSE. – Sans lumière ?

LE COMTE *l'entraîne doucement.* – À quoi bon ? nous n'avons rien à lire.

FIGARO, *à part.* – Elle y va, ma foi ! Je m'en doutais. *Il s'avance.*

LE COMTE *grossit sa voix en se retournant.* – Qui passe ici ?

FIGARO, *en colère.* – Passer ! on vient exprès.

LE COMTE, *bas, à la comtesse.* – C'est Figaro !…

Il s'enfuit.

LA COMTESSE. – Je vous suis.

Elle entre dans le pavillon à sa droite, pendant que le comte se perd dans le bois, au fond.

---

6. Ce ne sera pas moi qui l'oublierai (*sous-entendu*).

7. Aguichante.

8. Ce diamant.

Explication de texte 6

Acte V, scène 7
➔ p. 171-172, l. 24 à 44

Une leçon d'amour ?

SITUER

1 Avec qui le Comte pense-t-il se trouver ? Et la Comtesse ?

2 Par qui le Comte et la Comtesse sont-ils écoutés ? Que savent les différents témoins ?

EXPLIQUER

Les compliments du Comte ➔ l. 24 à 31

3 Comment le Comte s'y prend-il pour séduire son interlocutrice ? Quel(s) effet(s) sa tentative de séduction produit-elle ?

4 Comment et pourquoi le Comte glisse-t-il du général au particulier ?

Les interrogations de la Comtesse ➔ l. 32 à 36

5 Qu'est-ce que les répliques de la Comtesse ont en commun ? Que révèlent-elles ?

6 Le Comte cherche moins à discuter qu'à avancer dans son entreprise. Comment cela se manifeste-t-il ?

La leçon d'Almaviva ➔ l. 37 à 44

7 Comment le Comte met-il en évidence la complexité du désir amoureux ?

8 Quelles visions de l'amour semblent s'entrechoquer dans ses propos ? Comment ces oppositions sont-elles soulignées ?

CONCLURE

9 Montrez ce qui donne l'impression que le Comte est le maître de la situation.

10 Soulignez ce qui suggère que c'est en réalité la Comtesse qui mène la danse.

11 Comment le décor favorise-t-il le quiproquo ? Cette scène vous paraît-elle vraisemblable ? Justifiez.

ÉTUDE DE LA LANGUE

- Relevez et classez les comparatifs et superlatifs présents dans ce texte.

ACTIVITÉ

Débattre

- Dans la suite de la scène, le Comte distingue les devoirs qui, en amour, incomberaient aux hommes, de ceux qui dépendraient des femmes. « Notre tâche », déclare-t-il, « fut de les[1] obtenir ; la leur [...] est de nous retenir ». Comment caractériseriez-vous ce point de vue ? Trouvez-vous que cette affirmation soit encore vraie aujourd'hui ?

J.-Ph. de Saint-Quentin, illustration pour l'acte V du *Mariage de Figaro*, 1784, BnF, Paris.

---

1. Les femmes.

Scène 8

FIGARO, SUZANNE, *dans l'obscurité.*

FIGARO *cherche à voir où vont le comte et la comtesse, qu'il prend pour Suzanne.* – Je n'entends plus rien ; ils sont entrés ; m'y voilà. (*D'un ton altéré.*) Vous autres époux maladroits, qui tenez des espions à gages[1], et tournez des mois entiers autour d'un soupçon sans l'asseoir[2], que ne m'imitez-vous ? Dès le premier jour je suis ma femme, et je l'écoute ; en un tour de main on est au fait : c'est charmant, plus de doutes ; on sait à quoi s'en tenir. (*Marchant vivement.*) Heureusement que je ne m'en soucie guère, et que sa trahison ne me fait plus rien du tout. Je les tiens donc enfin !

SUZANNE, *qui s'est avancée doucement dans l'obscurité* (*À part*). – Tu vas payer tes beaux soupçons. (*Du ton de voix de la comtesse.*) Qui va là ?

FIGARO, *extravagant*[3]. – Qui va là ? Celui qui voudrait de bon cœur que la peste eût étouffé en naissant…

SUZANNE, *du ton de la comtesse.* – Eh ! mais, c'est Figaro !

FIGARO *regarde, et dit vivement.* – Madame la comtesse !

SUZANNE. – Parlez bas.

FIGARO, *vite.* – Ah ! Madame, que le Ciel vous amène à propos ! Où croyez-vous qu'est Monseigneur ?

SUZANNE. – Que m'importe un ingrat ? Dis-moi…

FIGARO, *plus vite.* – Et Suzanne mon épousée, où croyez-vous qu'elle soit ?

SUZANNE. – Mais parlez bas !

FIGARO, *très vite.* – Cette Suzon qu'on croyait si vertueuse, qui faisait la réservée ! Ils sont enfermés là-dedans. Je vais appeler.

SUZANNE, *lui fermant la bouche avec sa main, oublie de déguiser sa voix.* – N'appelez pas.

---

1. Qui payez des espions.

2. Sans le fonder sur des preuves solides.

3. Hors de lui.

FIGARO, *à part*. – Eh c'est Suzon ! *God-dam* !

SUZANNE, *du ton de la comtesse*. – Vous paraissez inquiet.

FIGARO, *à part*. – Traîtresse ! qui veut me surprendre !

SUZANNE. – Il faut nous venger, Figaro.

FIGARO. – En sentez-vous le vif désir ?

SUZANNE. – Je ne serais donc pas de mon sexe ! Mais les hommes en ont cent moyens.

FIGARO, *confidemment*[4]. – Madame, il n'y a personne ici de trop. Celui des femmes… les vaut tous.

SUZANNE, *à part*. – Comme je le souffletterais !

FIGARO, *à part*. – Il serait bien gai qu'avant la noce !…

SUZANNE. – Mais qu'est-ce qu'une telle vengeance, qu'un peu d'amour n'assaisonne pas ?

FIGARO. – Partout où vous n'en voyez point, croyez que le respect dissimule.

SUZANNE, *piquée*. – Je ne sais si vous le pensez de bonne foi, mais vous ne le dites pas de bonne grâce.

FIGARO, *avec une chaleur comique, à genoux*. – Ah ! Madame, je vous adore. Examinez le temps, le lieu, les circonstances, et que le dépit supplée en vous aux grâces qui manquent à ma prière.

SUZANNE, *à part*. – La main me brûle !

FIGARO, *à part*. – Le cœur me bat.

SUZANNE. – Mais, Monsieur, avez-vous songé ?…

FIGARO. – Oui, Madame, oui, j'ai songé.

SUZANNE. –… Que pour la colère et l'amour…

FIGARO. –… Tout ce qui se diffère est perdu. Votre main, Madame ?

SUZANNE, *de sa voix naturelle et lui donnant un soufflet*. – La voilà.

FIGARO. – Ah ! *demonio*[5] ! quel soufflet !

SUZANNE *lui en donne un second*. – Quel soufflet ! Et celui-ci ?

---

4. En secret.

5. Diable ! (*juron italien*).

FIGARO. – Eh *qu'es aquo*[1] ! de par le diable ! est-ce ici la journée des tapes ?

SUZANNE *le bat à chaque phrase.* – Ah ! *qu'es aquo ?* voilà pour tes soupçons ; voilà pour tes vengeances et pour tes trahisons, tes expédients, tes injures et tes projets. C'est-il çà de l'amour ? dis donc comme ce matin ?

FIGARO *rit en se relevant.* – *Santa Barbara !* oui c'est de l'amour. Ô bonheur ! ô délices ! ô cent fois heureux Figaro ! Frappe, ma bien-aimée, sans te lasser. Mais quand tu m'auras diapré[2] tout le corps de meurtrissures, regarde avec bonté, Suzon, l'homme le plus fortuné[3] qui fut jamais battu par une femme.

SUZANNE. – « Le plus fortuné ! » Bon fripon, vous n'en séduisiez pas moins la comtesse, avec un si trompeur babil[4], que m'oubliant moi-même, en vérité, c'était pour elle que je cédais.

FIGARO. – Ai-je pu me méprendre, au son de ta jolie voix ?

SUZANNE, *en riant.* – Tu m'as reconnue ? Ah ! comme je m'en vengerai !

FIGARO. – Bien rosser et garder rancune est aussi par trop féminin ! Mais dis-moi donc par quel bonheur je te vois là, quand je te croyais avec lui ; et comment cet habit, qui m'abusait, te montre enfin innocente…

SUZANNE. – Eh ! c'est toi qui es un innocent, de venir te prendre au piège apprêté pour un autre ! Est-ce notre faute à nous, si voulant museler un renard, nous en attrapons deux ?

FIGARO. – Qui donc prend l'autre ?

SUZANNE. – Sa femme.

FIGARO. – Sa femme ?

SUZANNE. – Sa femme.

FIGARO, *follement.* – Ah ! Figaro ! pends-toi ; tu n'as pas deviné celui-là[5] ! Sa femme ? Ô douze ou quinze mille fois spirituelles femelles ! Ainsi les baisers de cette salle[6]… ?

---

1. Qu'est-ce que c'est ? (*interrogation occitane*).
2. Paré de couleurs, ici, de bleus.
3. Chanceux.
4. Bavardage.
5. Cela, ce tour-là.
6. L'intérieur du pavillon.

SUZANNE. – Ont été donnés à Madame.

FIGARO. – Et celui du page ?

SUZANNE, *riant*. – À Monsieur.

FIGARO. – Et tantôt, derrière le fauteuil ?

SUZANNE. – À personne.

FIGARO. – En êtes-vous sûre ?

SUZANNE, *riant*. – Il pleut des soufflets, Figaro.

FIGARO *lui baise la main*. – Ce sont des bijoux que les tiens. Mais celui du comte était de bonne guerre.

SUZANNE. – Allons, superbe[7] ! humilie-toi[8].

FIGARO *fait tout ce qu'il annonce*. – Cela est juste ; à genoux, bien courbé, prosterné, ventre à terre.

SUZANNE, *en riant*. – Ah ! ce pauvre comte ! quelle peine il s'est donnée…

FIGARO *se relève sur ses genoux*. –… Pour faire la conquête de sa femme !

Scène 9

LE COMTE *entre par le fond du théâtre et va droit au pavillon à sa droite.* **FIGARO, SUZANNE.**

LE COMTE, *à lui-même*. – Je la cherche en vain dans le bois, elle est peut-être entrée ici.

SUZANNE, *à Figaro, parlant bas*. – C'est lui.

LE COMTE, *ouvrant le pavillon*. – Suzon, es-tu là-dedans ?

FIGARO, *bas*. – Il la cherche, et moi je croyais…

SUZANNE, *bas*. – Il ne l'a pas reconnue.

FIGARO. – Achevons-le, veux-tu ?

Il lui baise la main.

7. Fier, orgueilleux.

8. Fais preuve d'humilité.

Le Comte *se retourne.* – Un homme aux pieds de la comtesse !… Ah ! je suis sans armes.

Il s'avance.

Figaro *se relève tout à fait en déguisant sa voix.* – Pardon, madame, si je n'ai pas réfléchi que ce rendez-vous ordinaire était destiné pour la noce.

Le Comte, *à part.* – C'est l'homme du cabinet de ce matin.

Il se frappe le front.

Figaro *continue.* – Mais il ne sera pas dit qu'un obstacle aussi sot aura retardé nos plaisirs.

Le Comte, *à part.* – Massacre, mort, enfer !

Figaro, *la conduisant au cabinet.* – (*Bas.*) Il jure. (*Haut.*) Pressons-nous donc, madame, et réparons le tort qu'on nous a fait tantôt, quand j'ai sauté par la fenêtre.

Le Comte, à *part.* – Ah ! tout se découvre enfin.

Suzanne, *près du pavillon à sa gauche.* – Avant d'entrer, voyez si personne n'a suivi.

Il la baise au front.

Le Comte *s'écrie.* – Vengeance !

Suzanne s'enfuit dans le pavillon où sont entrés Fanchette, Marceline et Chérubin.

Scène 10

Le Comte, Figaro

(Le comte saisit le bras de Figaro.)

Figaro, *jouant la frayeur excessive.* – C'est mon maître !

Le Comte *le reconnaît.* – Ah ! scélérat, c'est toi ! Holà ! quelqu'un, quelqu'un !

Scène 11

Pédrille, Le Comte, Figaro

Pédrille, *botté.* – Monseigneur, je vous trouve enfin.

Le Comte. – Bon, c'est Pédrille. Es-tu tout seul ?

Pédrille. – Arrivant de Séville à étripe-cheval[1].

Le Comte. – Approche-toi de moi, et crie bien fort !

Pédrille, *criant à tue-tête.* – Pas plus de page que sur ma main. Voilà le paquet[2].

Le Comte *le repousse.* – Eh ! l'animal !

Pédrille. – Monseigneur me dit de crier.

Le Comte, *tenant toujours Figaro.* – Pour appeler. Holà ! quelqu'un ! si l'on m'entend, accourez tous !

Pédrille. – Figaro et moi, nous voilà deux ; que peut-il donc vous arriver ?

Scène 12

Les Acteurs précédents, Brid'oison, Bartholo, Bazile, Antonio, Grippe-Soleil,
toute la noce accourt avec des flambeaux.

Bartholo, *à Figaro.* – Tu vois qu'à ton premier signal…

Le Comte, *montrant le pavillon à sa gauche.* – Pédrille, empare-toi de cette porte.

Pédrille y va.

Bazile, *bas à Figaro.* – Tu l'as surpris avec Suzanne.

Le Comte, *montrant Figaro.* – Et vous, tous mes vassaux, entourez-moi cet homme et m'en répondez sur la vie.

---

1. À très vive allure.

2. Contenant le brevet de Chérubin.

BAZILE. – Ha ! Ha !

LE COMTE, *furieux.* – Taisez-vous donc ! (*À Figaro, d'un ton glacé.*) Mon cavalier[1], répondez-vous à mes questions ?

FIGARO, *froidement.* – Eh ! qui pourrait m'en exempter, Monseigneur ? Vous commandez à tout ici, hors à vous-même.

LE COMTE, *se contenant.* – Hors à moi-même !

ANTONIO. – C'est ça parler.

LE COMTE *reprenant sa colère.* – Non, si quelque chose pouvait augmenter ma fureur ! ce serait l'air calme qu'il affecte !

FIGARO. – Sommes-nous des soldats qui tuent et se font tuer pour des intérêts qu'ils ignorent ? Je veux savoir, moi, pourquoi je me fâche.

LE COMTE, *hors de lui.* – Ô rage ! (*Se contenant.*) Homme de bien qui feignez d'ignorer ! nous ferez-vous au moins la faveur de nous dire quelle est la dame actuellement par vous amenée dans ce pavillon ?

FIGARO, *montrant l'autre avec malice.* – Dans celui-là ?

LE COMTE, *vite.* – Dans celui-ci.

FIGARO, *froidement.* – C'est différent. Une jeune personne qui m'honore de ses bontés particulières.

BAZILE, *étonné.* – Ha ! Ha !

LE COMTE, *vite.* – Vous l'entendez, messieurs.

BARTHOLO, *étonné.* – Nous l'entendons ?

LE COMTE, *à Figaro.* – Et cette jeune personne a-t-elle un autre engagement que vous sachiez ?

FIGARO, *froidement.* – Je sais qu'un grand seigneur s'en est occupé quelque temps : mais, soit qu'il l'ait négligée ou que je lui plaise mieux qu'un plus aimable, elle me donne aujourd'hui la préférence.

LE COMTE, *vivement.* – La préf… (*Se contenant.*) Au moins il est naïf ! car ce qu'il avoue, messieurs, je l'ai ouï, je vous jure, de la bouche même de sa complice.

BRID'OISON, *stupéfait.* – Sa-a complice !

1. Titre ironique ici.

LE COMTE, *avec fureur.* – Or, quand le déshonneur est public, il faut que la vengeance le soit aussi.

Il entre dans le pavillon.

Scène 13

LES ACTEURS PRÉCÉDENTS, *hors* LE COMTE

ANTONIO. – C'est juste.

BRID'OISON, *à Figaro.* – Qui-i donc a pris la femme de l'autre ?

FIGARO, *en riant.* – Aucun n'a eu cette joie-là.

Scène 14

LES ACTEURS PRÉCÉDENTS, LE COMTE, CHÉRUBIN

LE COMTE, *parlant dans le pavillon, et attirant quelqu'un qu'on ne voit pas encore.* – Tous vos efforts sont inutiles ; vous êtes perdue, madame, et votre heure est bien arrivée ! (*Il sort sans regarder.*) Quel bonheur qu'aucun gage d'une union aussi détestée…

FIGARO *s'écrie.* – Chérubin !

LE COMTE. – Mon page ?

BAZILE. – Ha ! ha !

LE COMTE, *hors de lui, à part.* – Et toujours le page endiablé ! (*À Chérubin.*) Que faisiez-vous dans ce salon ?

CHÉRUBIN, *timidement.* – Je me cachais, comme vous l'avez ordonné.

PÉDRILLE. – Bien la peine de crever un cheval !

LE COMTE. – Entres-y, toi, Antonio ; conduis devant son juge l'infâme qui m'a déshonoré.

BRID'OISON. – C'est Madame que vous y-y cherchez ?

ANTONIO. – L'y a, parguenne une bonne Providence ! Vous en avez tant fait dans le pays[1]…

LE COMTE, *furieux*. – Entre donc !

Antonio entre.

Scène 15

LES ACTEURS PRÉCÉDENTS, *excepté* **ANTONIO**

LE COMTE. – Vous allez voir, messieurs, que le page n'y était pas seul.

CHÉRUBIN, *timidement*. – Mon sort eût été trop cruel, si quelque âme sensible n'en eût adouci l'amertume.

Scène 16

LES ACTEURS PRÉCÉDENTS, ANTONIO, FANCHETTE

ANTONIO, *attirant par le bras quelqu'un qu'on ne voit pas encore*. – Allons, madame, il ne faut pas vous faire prier pour en sortir, puisqu'on sait que vous y êtes entrée.

FIGARO *s'écrie*. – La petite cousine !

BAZILE. – Ha ! ha !

LE COMTE. – Fanchette !

ANTONIO *se retourne et s'écrie*. – Ah ! palsambleu[2], Monseigneur, il est gaillard[3] de me choisir pour montrer à la compagnie que c'est ma fille qui cause tout ce train-là !

LE COMTE, *outré*. – Qui la savait là-dedans ?

Il veut rentrer.

---

1. Allusion aux abus libertins de Comte.

2. Déformation de « Par le sang de Dieu » (*juron*).

3. C'est un peu fort.

BARTHOLO, *au-devant.* – Permettez, monsieur le comte, ceci n'est pas plus clair. Je suis de sang-froid, moi.

Il entre.

BRID'OISON. – Voilà une affaire au-aussi trop embrouillée.

Scène 17

LES ACTEURS PRÉCÉDENTS, MARCELINE

BARTHOLO, *parlant en dedans, et sortant.* – Ne craignez rien, madame, il ne vous sera fait aucun mal. J'en réponds. (*Il se retourne et s'écrie.*) Marceline !...

BAZILE. – Ha, Ha !

FIGARO, *riant.* – Eh ! quelle folie ! ma mère en est ?

ANTONIO. – À qui pis fera[4].

LE COMTE, *outré.* – Que m'importe à moi ? La comtesse...

Scène 18

LES ACTEURS PRÉCÉDENTS, SUZANNE

(*Suzanne, son éventail sur le visage.*)

LE COMTE. –... Ah ! la voici qui sort. (*Il la prend violemment par le bras.*) Que croyez-vous, messieurs, que mérite une odieuse...

SUZANNE *se jette à genoux, la tête baissée.*

LE COMTE, *fort.* – Non, non. (*Figaro se jette à genoux de l'autre côté.*)

LE COMTE, *plus fort.* – Non, non ! (*Marceline se jette à genoux devant lui.*)

LE COMTE, *plus fort.* – Non, non ! (*Tous se mettent à genoux, excepté Brid'oison.*)

LE COMTE, *hors de lui.* – Y fussiez-vous un cent[5] !

---

4. C'est à qui fera le pire.

5. Quand bien même vous seriez cent à me supplier.

Scène 19

Tous les Acteurs précédents, La Comtesse

La Comtesse *se jette à genoux.* – Au moins je ferai nombre.

Le Comte, *regardant la comtesse et Suzanne.* – Ah ! qu'est-ce que je vois !

Brid'oison, *riant.* – Et pardi, c'è-est Madame.

Le Comte *veut relever la comtesse.* – Quoi, c'était vous, comtesse ? (*D'un ton suppliant.*) Il n'y a qu'un pardon bien généreux…

La Comtesse, *en riant.* – Vous diriez « Non, non », à ma place ; et moi, pour la troisième fois d'aujourd'hui, je l'accorde sans condition.

Elle se relève.

Suzanne *se relève.* – Moi aussi.

Marceline *se relève.* – Moi aussi.

Figaro *se relève.* – Moi aussi ; il y a de l'écho ici !

Tous se relèvent.

Le Comte. – De l'écho ! J'ai voulu ruser avec eux ; ils m'ont traité comme un enfant !

La Comtesse, *en riant.* – Ne le regrettez pas, monsieur le comte.

Figaro, *s'essuyant les genoux avec son chapeau.* – Une petite journée comme celle-ci forme bien un ambassadeur !

Le Comte, *à Suzanne.* – Ce billet fermé d'une épingle ?…

Suzanne. – C'est Madame qui l'avait dicté.

Le Comte. – La réponse lui en est bien due.

Il baise la main de la comtesse.

La Comtesse. – Chacun aura ce qui lui appartient.

Elle donne la bourse à Figaro et le diamant à Suzanne.

Suzanne, *à Figaro.* – Encore une dot.

Figaro, *frappant la bourse dans sa main.* – Et de trois. Celle-ci fut rude à arracher !

Suzanne. – Comme notre mariage.

GRIPPE-SOLEIL. – Et la jarretière de la mariée, l'aurons-je[1] ?

LA COMTESSE *arrache le ruban qu'elle a tant gardé dans son sein, et le jette à terre.* – La jarretière ? Elle était avec ses habits ; la voilà.

Les garçons de la noce veulent la ramasser.

CHÉRUBIN, *plus alerte, court la prendre, et dit.* – Que celui qui la veut vienne me la disputer.

LE COMTE, *en riant, au page.* – Pour un monsieur si chatouilleux, qu'avez-vous trouvé de gai à certain soufflet de tantôt ?

CHÉRUBIN *recule en tirant à moitié son épée.* – À moi, mon colonel ?

FIGARO, *avec une colère comique.* – C'est sur ma joue qu'il l'a reçu : voilà comme les grands font justice !

LE COMTE, *riant.* – C'est sur sa joue ? Ah, ah, ah, qu'en dites-vous donc, ma chère comtesse ?

LA COMTESSE, *absorbée, revient à elle, et dit avec sensibilité.* – Ah ! oui, cher comte, et pour la vie, sans distraction, je vous le jure.

LE COMTE, *frappant sur l'épaule du juge.* – Et vous, don Brid'oison, votre avis maintenant ?

BRID'OISON. – Su-ur tout ce que je vois, monsieur le comte ?... Ma-a foi, pour moi, je-e ne sais que vous dire : voilà ma façon de penser.

TOUS, *ensemble.* – Bien jugé !

FIGARO. – J'étais pauvre, on me méprisait. J'ai montré quelque esprit, la haine est accourue. Une jolie femme et de la fortune[2]...

BARTHOLO, *en riant.* – Les cœurs vont te revenir en foule.

FIGARO. – Est-il possible ?

BARTHOLO. – Je les connais.

FIGARO, *saluant les spectateurs.* – Ma femme et mon bien mis à part, tous me feront honneur et plaisir.

On joue la ritournelle du vaudeville.
Air noté.

---

1. « L'aurais-je ? » (*patois*).

2. Chance.

VAUDEVILLE

BAZILE
Premier couplet
Triple dot, femme superbe ;
Que de biens pour un époux !
D'un seigneur, d'un page imberbe,
Quelque sot serait jaloux.
Du latin d'un vieux proverbe
L'homme adroit fait son parti.

FIGARO. – Je le sais… (*Il chante.*) *Gaudeant bene nati*[1].
BAZILE. – Non… (*Il chante.*) *Gaudeant bene nanti*[2].

SUZANNE
Deuxième couplet
Qu'un mari sa foi trahisse,
Il s'en vante, et chacun rit ;
Que sa femme ait un caprice,
S'il l'accuse on la punit.
De cette absurde injustice
Faut-il dire le pourquoi ?
Les plus forts ont fait la loi…

Bis.

1. « Que les bien-nés se réjouissent » (*formule latine*).
2. Bazile détourne le proverbe en jouant sur les mots : « Que les bien nantis se réjouissent » (*nanti* n'est pas un mot latin).

FIGARO

Troisième couplet

Jean Jeannot[3], jaloux risible,
Veut unir femme et repos ;
Il achète un chien terrible,
Et le lâche en son enclos.
La nuit, quel vacarme horrible !
Le chien court, tout est mordu,
Hors l'amant qui l'a vendu…

Bis.

LA COMTESSE

Quatrième couplet

Telle est fière et répond d'elle,
Qui n'aime plus son mari ;
Telle autre, presque infidèle,
Jure de n'aimer que lui.
La moins folle, hélas ! est celle
Qui se veille en son lien[4],
Sans oser jurer de rien…

Bis.

---

3. Nom de personnage de fabliau médiéval.

4. Qui surveille son mariage.

LE COMTE
Cinquième couplet

D'une femme de province
À qui ses devoirs sont chers,
Le succès est assez mince ;
Vive la femme aux bons airs !
Semblable à l'écu du Prince,
Sous le coin[1] d'un seul époux,
Elle sert au bien de tous...
Bis.

MARCELINE
Sixième couplet

Chacun sait la tendre mère,
Dont il a reçu le jour ;
Tout le reste est un mystère,
C'est le secret de l'amour.

FIGARO *continue l'air.*

Ce secret met en lumière
Comment le fils d'un butor[2]
Vaut souvent son pesant d'or...
Bis.

1. Morceau de fer, servant à marquer les monnaies à l'effigie du souverain.
2. Grossier personnage.

Septième couplet

Par le sort de la naissance,
L'un est roi, l'autre est berger ;
Le hasard fit leur distance ;
L'esprit seul peut tout changer.
De vingt rois que l'on encense,
Le trépas brise l'autel ;
Et Voltaire est immortel…

Bis.

CHÉRUBIN

Huitième couplet

Sexe aimé, sexe volage,
Qui tourmentez nos beaux jours,
Si de vous chacun dit rage[3],
Chacun vous revient toujours.
Le parterre[4] est votre image ;
Tel paraît le dédaigner,
Qui fait tout pour le gagner…

Bis.

3. Si chacun de vous dit du mal de l'autre.

4. Le public du théâtre.

SUZANNE

Neuvième couplet

Si ce gai, ce fol ouvrage,
Renfermait quelque leçon,
En faveur du badinage,
Faites grâce à la raison[1].
Ainsi la nature sage
Nous conduit, dans nos désirs,
À son but, par les plaisirs…

Bis.

BRID'OISON

Dixième couplet

Or, messieurs, la co-omédie
Que l'on juge en cè-et instant,
Sauf erreur, nous pein-eint la vie
Du bon peuple qui l'entend.
Qu'on l'opprime, il peste, il crie ;
Il s'agite en cent fa-açons ;
Tout fini-it par des chansons…

Bis.

BALLET GÉNÉRAL

1. En vertu de l'amusement offert par cette pièce, pardonnez-lui la leçon qu'elle peut comporter.

LE DOSSIER du lycéen

Structure de l'œuvre

SCÈNES	ACTIONS
	ACTE I
Scène 1	Suzanne doit se marier avec Figaro. Elle lui apprend que son maître, le Comte Almaviva, a des vues sur elle.
Scène 2	Figaro, indigné de l'attitude du comte, réfléchit à sa vengeance.
Scène 3	Figaro se moque de Bartholo et demande à Marceline si elle veut toujours plaider contre lui-même.
Scène 4	Marceline a eu autrefois un fils avec Bartholo, qui lui a refusé le mariage. Elle demande à Bartholo de l'aider à empêcher l'union de Suzanne avec Figaro, qu'elle veut épouser. Bartholo accepte avec joie de contrarier celui qui avait empêché ses noces avec Rosine (cf. *Le Barbier de Séville*).
Scènes 5 et 6	Marceline et Suzanne, qui aiment toutes deux Figaro, se querellent. Suzanne exprime son animosité envers Marceline.
Scène 7	Le Comte, qui a surpris Chérubin chez Fanchette, veut le renvoyer. Le page demande alors à Suzanne de plaider en sa faveur auprès de la Comtesse, qu'il aime et dont il dérobe le ruban de nuit.
Scène 8	À l'arrivée du Comte, le page se blottit derrière un fauteuil. Almaviva tente de séduire Suzanne, qui le repousse. Quand Bazile entre en scène, le Comte se cache à son tour.
Scène 9	Bazile suggère que Chérubin aime Suzanne et la Comtesse. Sortant de sa cachette, le Comte ordonne qu'on renvoie le page qu'il va ensuite découvrir dissimulé sous une robe. Il annonce à Suzanne qu'elle n'épousera pas Figaro.
Scènes 10 et 11	Figaro souhaite organiser une cérémonie pour remercier le Comte de renoncer à son droit de cuissage. Gêné, le Comte finit par accepter, devant l'élan général. Il accorde son pardon à Chérubin à condition que celui-ci parte rejoindre un régiment en Catalogne. Figaro explique à Chérubin comment feindre de s'en aller.

SCÈNES	ACTIONS
	ACTE II
Scène 1	Informée par Suzanne, la Comtesse veut contrer les desseins de son mari et favoriser le mariage de sa camériste.
Scène 2	Figaro expose à Suzanne et à la Comtesse son plan : ayant envoyé un billet au Comte pour éveiller sa jalousie, il demande à Suzanne d'accepter le rendez-vous désiré par son maître. Il y enverra Chérubin, déguisé, afin de surprendre Almaviva en pleine infidélité.
Scènes 3 à 5	La Comtesse est troublée à l'idée de voir Chérubin. Celui-ci, ému, chante à la Comtesse une romance. Elle s'aperçoit que le Comte n'a pas cacheté le brevet de Chérubin.
Scènes 6 à 19	Pendant que la Comtesse et Suzanne déguisent Chérubin, Almaviva frappe à la porte. Le page se cache dans un cabinet. Entendant du bruit, le Comte veut ouvrir mais la Comtesse refuse. Tandis que le Comte part pour prendre de quoi forcer la porte, Chérubin s'enfuit et Suzanne s'enferme dans le cabinet. Lorsque le Comte revient et ouvre le cabinet, il y trouve Suzanne et, embarrassé, tente de se faire pardonner de sa jalousie.
Scène 20	Figaro veut précipiter son mariage ; le Comte veut lui faire avouer qu'il est l'auteur du billet. Suzanne et la Comtesse le confirment. Figaro ne comprend pas.
Scène 21	Antonio, le jardinier, annonce qu'un homme sorti par la fenêtre est tombé sur ses fleurs. Figaro prétend que c'est lui. Un papier est tombé de sa poche : le brevet de Chérubin.
Scènes 22 et 23	Marceline demande au Comte de rendre justice : Figaro doit l'épouser. Le Comte est ravi de cette intervention qui le venge. Bazile exprime, en aparté*, son désir de se marier avec Marceline. On danse.
Scènes 24 à 26	Redoutant que le page soit surpris dans le domaine, la Comtesse décide de se rendre au jardin à la place de Chérubin. Elle demande à Suzanne de garder le secret. Suzanne et la Comtesse se réjouissent tour à tour du plan de celle-ci.

SCÈNES	ACTIONS
	ACTE III
Scènes 1 à 4	Le Comte demande à Pédrille d'aller à Séville pour vérifier que le page s'y est bien rendu. Il exprime sa confusion concernant les événements antérieurs.
Scène 5	Cherchant à savoir si son valet est instruit de son amour pour Suzanne, le Comte finit par croire que celui-ci connaît ses intentions. Il décide que Figaro épousera Marceline.
Scènes 6 à 8	On annonce l'arrivée du juge Brid'oison, le salon est arrangé pour l'audience de Figaro et Marceline. Le Comte exprime l'embarras qu'il a ressenti lors de sa discussion avec Figaro.
Scènes 9 à 11	Suzanne feint de céder aux avances du Comte. Un rendez-vous est donné au jardin le soir même. Elle annonce à Figaro qu'il vient de gagner son procès. Le Comte, qui a entendu la phrase de Suzanne, souhaite punir les deux fiancés.
Scènes 12 à 14	Bartholo et Marceline informent Brid'oison des enjeux du procès. Figaro, l'accusé, arrive, suivi de l'ensemble des auditeurs.
Scène 15	Après de longues et comiques tergiversations lors de la lecture de la promesse écrite par Figaro, le Comte tranche : Figaro doit rembourser Marceline ou bien l'épouser.
Scène 16	Une marque de naissance révèle que Figaro est en réalité Emmanuel, le fils disparu de Marceline et Bartholo.
Scènes 17 à 20	Suzanne apporte à Figaro la dot que la Comtesse lui a donnée. Elle apprend que Marceline est la mère de Figaro. Bartholo refuse d'épouser celle-ci. Par conséquent, Antonio refuse de donner Suzanne, sa nièce, à quelqu'un qui n'a pas de père. Chacun essaie de convaincre Bartholo qui se laisse amadouer. Brid'oison s'offusque ensuite qu'on l'ait traité de sot.

SCÈNES	ACTIONS
	ACTE IV
Scène 1	Figaro se réjouit de la bonne tournure que prennent les événements. Suzanne promet que le rendez-vous avec le Comte n'aura pas lieu.
Scènes 2 et 3	Suzanne ne veut pas retrouver le Comte. C'est la Comtesse qui s'y rendra. Elle demande à Suzanne d'écrire un billet précisant que la rencontre aura lieu sous les grands marronniers.
Scène 4	Les jeunes filles apportent des bouquets. La Comtesse choisit celui de Chérubin, qu'elle ne reconnaît pas.
Scène 5	Chérubin est démasqué. Le Comte s'emporte. Fanchette, qui dévoile naïvement les relations qu'elle a eues avec son maître, obtient de celui-ci la grâce du petit page.
Scène 6	Antonio et le Comte affirment que c'est Chérubin qui a sauté par la fenêtre. Figaro déclare qu'ils étaient deux à sauter dans le jardin.
Scènes 7 et 8	Le Comte renvoie le page et demande à sa femme de rester pour les noces.
Scène 9	La cérémonie commence. Le Comte reçoit secrètement le billet doux de Suzanne. Figaro surprend son maître en train de le lire, sans savoir qui l'a envoyé. Bazile interrompt la cérémonie.
Scènes 10 à 12	Marceline a juré d'épouser Bazile, à condition d'avoir retrouvé son enfant perdu. Quand il apprend que Figaro est ce fils, il renonce à la main de Marceline. Figaro se réjouit d'épouser enfin Suzanne. Le Comte espère son rendez-vous secret.
Scènes 13 à 16	Après avoir assuré qu'il ne sera jamais jaloux, Figaro surprend Fanchette avec l'épingle qu'elle doit remettre à Suzanne. Il apprend que le rendez-vous est fixé sous les grands marronniers et s'emporte. Marceline lui conseille d'examiner posément la situation. Elle veut prévenir Suzanne.

SCÈNES	ACTIONS
	ACTE V
Scènes 1 et 2	Préparatifs de fête. Figaro fait venir de nombreux témoins.
Scène 3	Dans un long monologue, Figaro revient sur sa vie mouvementée et les injustices qu'il a dû subir.
Scènes 4 à 6	Les femmes savent que Figaro est présent. Marceline se cache dans le pavillon où se trouve Fanchette. Suzanne feint de vouloir rester seule un moment, puis se cache. Chérubin arrive pour retrouver Fanchette. Il aperçoit la Comtesse, déguisée en Suzanne. En souhaitant l'embrasser, il donne, malgré lui, un baiser au Comte.
Scènes 7 à 9	Le Comte, pensant s'adresser à Suzanne, caresse et complimente la Comtesse. Figaro surgit lorsque le Comte s'apprête à entraîner celle qu'il croit être sa fiancée dans un pavillon obscur. Il veut révéler à la Comtesse la tromperie du Comte. Reconnaissant la voix de Suzanne, il veut l'attraper à son tour : il feint de désirer la Comtesse. Suzanne le bat et Figaro éclate de rire. Apercevant leur maître, Figaro et Suzanne (toujours déguisée) feignent de se faire la cour.
Scènes 10 à 13	Le Comte attrape son valet, qui fait semblant d'avoir peur. Il appelle à tue-tête pour faire venir des témoins : il pense révéler aux yeux de tous l'infidélité de Figaro et de la Comtesse.
Scènes 14 et 15	Pensant débusquer sa femme dans le pavillon, le Comte en sort Chérubin. À la grande surprise de tous, sortent ensuite Fanchette puis Marceline de cette même cachette.
Scène 18	Le Comte s'emporte violemment devant celle qu'il croit être sa femme. Suzanne se jette à genoux, suivie de tous les autres. Le Comte refuse catégoriquement de pardonner.
Scène 19	À l'arrivée de la Comtesse, le Comte comprend qu'il a été piégé et lui pardonne tout. Le mariage de Figaro aura bien lieu. Chaque personnage chante un couplet d'une ritournelle.

Antoine Watteau, *Les Plaisirs du bal*, 1715-1717, huile sur toile (52,5 x 65,2 cm), Dulwich Picture Gallery, Angleterre.

Testez votre lecture

Le cadre de l'action

1. Où se déroule l'action du *Mariage de Figaro* ? Quels sont les différents lieux traversés ?
2. Comment justifier la première partie du titre, « La Folle Journée », donnée à la pièce ?
3. À quelle époque se situe la pièce ? Quels indices nous permettent de l'affirmer ?

La construction dramaturgique

4. Quel est le plan imaginé par Figaro pour contrecarrer les vues que le Comte a sur sa future femme ?
5. Comment la Comtesse modifie-t-elle le plan originellement conçu par Figaro ? Pourquoi ?
6. Comment se déroule le procès qui se tient à l'acte III ? Pourquoi ?
7. Comment la pièce se termine-t-elle ?

Les personnages

8 Définissez le personnage de Figaro. Vous proposerez tout d'abord trois adjectifs pour le caractériser, en justifiant votre réponse. Vous rappellerez ensuite ce que l'on apprend du passé du personnage.

9 Avec qui le Comte a-t-il souhaité tromper sa femme ?

10 Quelle(s) relation(s) la Comtesse et Chérubin entretiennent-ils ?

11 Que désire Marceline au début de la pièce ? Pourquoi en vient-elle à changer d'avis ?

12 Qui sont Bazile et Antonio ? Quand et pourquoi apparaissent-ils ?

Accessoires, musique et déguisements

13 Quels rôles le ruban de nuit de la Comtesse et l'épingle jouent-ils dans la pièce ?

14 Qui se déguise dans *Le Mariage de Figaro* ? Pourquoi ?

15 Quand la musique apparaît-elle dans la pièce ? Quelles sont ses fonctions ?

Comprendre l'œuvre

1 Une écriture dynamique

Très concrètement pensée pour la scène, l'écriture de Beaumarchais est fondamentalement dynamique.

Une parole action

- Le dramaturge affirme que ce sont les actions des personnages qui ont inspiré leurs répliques*. « Ce qu'ils diront », déclare-t-il dans sa préface, « je n'en sais rien, c'est ce qu'ils feront qui m'occupe. Puis, quand ils sont bien animés, j'écris sous leur dictée ». Les paroles des personnages ont souvent une fonction **pragmatique** : elles équivalent à des actes. L'échange verbal peut jouer le rôle d'un duel, comme lorsque le Comte tente de savoir qui se cache dans le cabinet (II, 13) ou lors du face à face maître/valet (III, 5).

LEXIQUE

La **pragmatique** étudie les actes de langage. Le linguiste John L. Austin, dans *Quand dire, c'est faire* (1962), distingue les phrases constatives (qui établissent un constat) des phrases performatives, qui énoncent l'action qu'elles effectuent (ex : Je te le promets).

- Les mots peuvent aussi chercher à séduire : Almaviva courtise celle qu'il prend pour Suzanne, autant par ses caresses que par ses compliments (V, 7). L'efficacité de la parole garantit la vivacité de l'écriture.

Une « folle journée » mouvementée

- L'écriture de Beaumarchais se caractérise notamment par la précision de ses didascalies*, héritée du drame*. Les indications gestuelles et de déplacements, particulièrement nombreuses, rappellent que l'auteur a, en son temps, dirigé ses acteurs. La profusion des espaces, qui s'ouvrent sur l'extérieur tout en ménageant des cachettes, génère une joyeuse mobilité.

À PROPOS DE…

Le titre complet de l'œuvre est *Le Mariage de Figaro ou la **Folle Journée***. Tout en pointant le respect de l'unité de temps classique, ce titre annonce un moment hors du commun, durant lequel des événements incroyables sont susceptibles d'arriver. Il présage aussi le rythme trépidant de la pièce.

- Cet élan vital qui traverse la pièce se répercute dans le rythme d'une écriture, fréquemment concise, marquée par des ellipses et des interruptions. Même les tirades* et les monologues*, qui devraient correspondre à des moments de pause, sont traversés par cette énergie vivace.

---

* Les astérisques renvoient au lexique p. 253-254.

Un tourbillon musical

• Sept parties chantées émaillent le *Mariage* : la romance de Chérubin (II, 4), l'air entonné par Suzanne (II, 6), la séguedille de Figaro (II, 23), le duo chanté par les jeunes filles lors de la cérémonie (IV, 9), l'air de Bazile (IV, 10), ainsi que le vaudeville final (V, 19).

• En soulignant le climat festif de la journée, la musique insuffle également une énergie virevoltante à la pièce.

2 Les femmes dans *Le Mariage de Figaro*

De nombreuses femmes peuplent la pièce : Suzanne, la Comtesse, Marceline, Fanchette, mais aussi des figures anonymes (jeunes filles, bergères, ou paysannes). Elles se distinguent par leur âge, leur rang social et leur importance dramaturgique.

Femmes rivales ou complices ?

• Les femmes apparaissent parfois comme des rivales. À la scène 5 de l'acte I, Marceline et Suzanne se disputent l'amour de Figaro. Cependant, quand elles ne se trouvent pas en concurrence, une complicité féminine s'instaure : « Ah ! quand l'intérêt personnel ne nous arme pas les unes contre les autres, nous sommes toutes portées à soutenir notre pauvre sexe opprimé contre ce fier, ce terrible [...] et pourtant un peu nigaud de sexe masculin ! », s'écrie Marceline (IV, 16). La Comtesse et Suzanne entretiennent une relation complice : la camériste révèle par exemple à sa maîtresse que le Comte lui a fait des avances (II, 1).

Désirantes et désirées

• Les femmes sont objets de désir. Le Comte néglige son épouse, mais profite de la candeur de Fanchette, tout en étant irrésistiblement attiré par Suzanne. Figaro est fidèle à sa fiancée, tandis que Chérubin se dit ému par toutes les femmes, même s'il est particulièrement sensible à la Comtesse.

• Si ces figures féminines aspirent, elles aussi, à l'amour, elles espèrent surtout le mariage, qui leur garantirait une position respectable dans la société du XVIIIe siècle.

Victimes ou maîtresses de la situation ?

• En effet, ces personnages peuvent, à bien des égards, apparaître comme des victimes de leur époque. La Comtesse, délaissée par son époux, est aussi oppressée par sa « tyrannie » jalouse (II, 13). Quant à Suzanne, elle s'inquiète du **droit du Seigneur** tandis que le Comte paraît déjà profiter de son pouvoir auprès de la naïve Fanchette. Marceline dénonce leur servitude (III, 16).

• Malgré cette apparente soumission, les femmes jouent un rôle clé dans la dramaturgie : c'est bien le plan de la Comtesse, mené avec la complicité de Suzanne, et à l'insu de Figaro, qui permet le mariage de celui-ci tout en déjouant les desseins séducteurs du Comte !

LEXIQUE

Le **droit du Seigneur** est une coutume héritée du Moyen Âge autorisant le Seigneur à se glisser dans le lit de l'épouse d'un vassal lors de sa nuit de noces.

3 Chérubin

Beaumarchais présente Chérubin comme un « enfant de treize ans », mu par le désir et dont la fraîcheur garantit l'innocence : « Jeune adepte de la nature, tout ce qu'il voit a le droit de l'agiter ».

Un petit ange ?

• Le nom « Chérubin » renvoie à un petit ange, ce qui connote la candeur du personnage. Cette dénomination contraste toutefois avec la malice espiègle du page, qui se voit attiré par la Comtesse, mais aussi par Fanchette, Suzanne, et comme il l'avoue à la scène 8 de l'acte I, par toutes les femmes.

• L'audace sensuelle dont il fait preuve en volant le ruban de nuit de sa marraine (I, 8), le trouble qu'il manifeste lors de son face à face avec celle-ci à l'acte II, révèlent la volupté du personnage. Petit **Éros**, il incarne l'élan naissant, fugitif et irrépressible des premiers émois amoureux. C'est, selon le metteur en scène Rémy Barché, « un cœur qui bat ».

LEXIQUE

Éros (Cupidon, pour les Romains) est le dieu grec de l'Amour. Il est représenté comme un être androgyne (qui a la caractéristique des deux sexes), avec ses ailes et son carquois plein de flèches. Son nom a donné naissance au mot « érotisme » qui désigne une tendance plus ou moins prononcée à l'amour, sensuel ou sexuel.

Une identité trouble

• Jeune adolescent, Chérubin, n'est peut-être « plus un enfant, mais il n'est pas encore un homme », comme le dit Beaumarchais dans sa préface. Sa juvénilité lui confère une grâce féminine séduisante : « comme il est joli en fille ! » s'écrie Suzanne à son propos (II, 6).

• L'auteur souligne l'androgynie du personnage, lorsqu'il recommande que le rôle soit interprété par « une jeune et très jolie femme ». Le caractère ambigu du petit page fait de lui un être insaisissable, ce que confirment les divers moments où il se retrouve déguisé (par Suzanne et la Comtesse à l'acte II, puis en jeune fille portant un bouquet, IV,4). Fuyant, Chérubin l'est aussi par son mouvement perpétuel : il court, saute par la fenêtre, se cache. « C'est donc une couleuvre que ce petit... serpent-là ! » s'écrie le Comte en tentant de l'attraper (I, 9).

Un triste avenir ?

• Beaumarchais saisit le jeune noble dans l'instantanéité du désir qui s'éveille... mais que peut-il advenir de ce personnage ? Il est attiré par les mêmes femmes qu'Almaviva : Fanchette, Suzanne et la Comtesse.

• Dans sa thèse sur la pièce, Francine Lévy affirme que Chérubin est « la version enfantine du Comte ». Dans le dernier volet de la trilogie, le personnage meurt. On apprend aussi que la Comtesse a eu un enfant de lui : c'est ce qui fait d'elle une *Mère coupable* (troisième volet de la trilogie).

4 Dramaturgie des objets et traitement de l'espace

Les didascalies du *Mariage*, qui dessinent un espace précis, occupé par une multitude d'objets, inscrivent la pièce dans l'héritage du drame. Elles annoncent l'importance donnée à l'espace et à la mise en scène* dans la dramaturgie moderne

Prolifération d'objets aux multiples fonctions

• Bouquets, toise, miroir, lit, bonnet, guitare, pince... les objets sont légion dans la pièce. Ils jouent différentes fonctions. Composant le décor, ces accessoires créent l'illusion en imitant précisément le réel.

• Les objets jouent également une fonction symbolique. Ainsi, le grand fauteuil sur lequel s'assoit Almaviva lors du procès (III, 15), tel un trône, signale sa toute-puissance. Ces éléments, comme l'épingle et le ruban, revêtent une fonction dramaturgique lorsqu'ils jouent un rôle clé dans le déroulement de l'action.

L'épingle et le ruban

• Chérubin dérobe à Suzanne le ruban de nuit de la Comtesse (I, 7). Celle-ci le récupère, taché du sang du page, et le cache dans son sein (II, 26).

La Comtesse l'égare à nouveau, ce qui permet au garçon de le subtiliser une dernière fois (V, 19). Le ruban symbolise la relation trouble qui unit les deux personnages. Il signale le désir idéalisé du jeune homme, tout en révélant que la Comtesse n'y est pas insensible.

• Quant à l'épingle qui cachette le billet que Suzanne remet au Comte (IV, 10), elle devient l'élément qui fait croire à Figaro que sa femme le trompe (IV, 14).

Un espace complexe et dynamique

• Sous l'apparente unité de lieu qui ancre l'action dans la fiction espagnole (« *La scène est au château d'Aguas-Frescas* »), l'espace du *Mariage* est riche et multiple. Alternant intérieur et extérieur (les marronniers de l'acte V), espace privé (la chambre des valets et de la Comtesse) et espace public (la salle du trône à l'acte III ; la galerie ornée de candélabres à l'acte IV), l'espace est fondamentalement dynamique. Son occupation est un enjeu pour les personnages.

• La tyrannie du Comte se manifeste par le fait qu'il se sent chez lui partout. Pour créer de nouvelles tensions, Beaumarchais va jusqu'à fragmenter l'espace en donnant naissance à un « **troisième lieu** ».

À PROPOS DE...

On distingue, au théâtre, le lieu visible sur la scène, figuré par le décor, du lieu imaginé en coulisse. Dans *La Dramaturgie de Beaumarchais*, le critique J. Scherer montre que l'auteur nous amène à concevoir un **troisième lieu**, permettant à un ou plusieurs personnage(s) de se rendre provisoirement invisible(s) aux autres. C'est le cas du fauteuil où le Comte et Chérubin se dissimulent (I), du cabinet successivement investi par Chérubin et Suzanne (II) ou des différentes cachettes de l'acte V.

5 L'amour dans *Le Mariage de Figaro*

Le titre du *Mariage* place l'amour au centre de la pièce. Qu'il soit charnel, passionnel, ou idéalisé, filial, conjugal ou adultère, il revêt différents visages. Ces élans pulsionnels participent à la frénésie de la « folle journée ».

Des mariages

• Si la pièce raconte les efforts déployés par Suzanne et Figaro pour que leurs noces aient bien lieu, de nombreux autres mariages sont évoqués.

• Marceline espère elle aussi épouser le valet en remboursement d'une ancienne dette. Découvrant que Figaro est en réalité Emmanuel (III, 16), le fils disparu à qui elle avait donné naissance à la suite de son union avec Bartholo, elle convainc finalement le docteur de respecter son engagement… au grand dam de Bazile, le maître de musique qui désirait également sa main !

• Fanchette exprime le souhait de se marier avec Chérubin (IV, 5), tandis que celui-ci rêve de la Comtesse. Comme le rappelle justement le chant de Bazile (IV, 10) : « Si l'Amour porte des ailes, / N'est-ce pas pour voltiger ? »

La loi du désir

• La fougue du désir meut bon nombre de personnages. La romance que Chérubin chante à la Comtesse (II, 14) lui permet de déclarer indirectement ses sentiments interdits. Il incarne, à lui seul, le bouillonnement des premiers émois :

> Mon cœur palpite au seul aspect d'une femme ; les mots amour et volupté le font tressaillir et le troublent. Enfin, le besoin de dire à quelqu'un *Je vous aime*, est devenu pour moi si pressant, que je le dis tout seul, en courant dans le parc […], aux arbres, aux nuages, au vent qui les emporte avec mes paroles perdues. (I, 7)

• Quant au Comte, il se détourne de sa femme, pour séduire Fanchette ou tenter de gagner Suzanne. « L'amour », dit-il, « n'est que le roman du cœur : c'est le plaisir qui en est l'histoire » (V, 7).

• Tout le monde rêve d'amour. Seuls le Comte et Chérubin concrétisent leurs appétits… ce sont les femmes, pourtant, qui sont présentées comme le « sexe volage » (V, 19).

Amour et jalousie

• En effet, la femme est perçue comme un être infidèle. Loin de s'interroger sur le bien-fondé du billet qu'il a reçu de Bazile et qui accuse sa femme d'adultère, le Comte, emporté par une méfiance excessive, fait une intrusion violente dans ses appartements (II, 12).

• Alors qu'il avait assuré à sa mère qu'il ne serait, lui, jamais jaloux, Figaro sombre dans les mêmes doutes injustifiés vis-à-vis de Suzanne :

> Ô femme ! femme ! femme ! créature faible et décevante !… nul animal créé ne peut manquer à son instinct : le tien est-il donc de tromper ? […] Suzon, Suzon, Suzon ! Que tu me donnes de tourments ! (V, 3)

6 Les effets de théâtre dans le théâtre

LEXIQUE

La **mise en abyme** est un procédé qui consiste à représenter une œuvre dans une œuvre similaire. *Hamlet* de Shakespeare, ou *L'Illusion comique* de Corneille, qui mettent en scène une pièce dans la pièce, sont célèbres pour leur mise en abyme.

De nombreux effets de **mise en abyme** ponctuent la pièce.

Des personnages comédiens*

• Les personnages ne cessent de jouer des rôles. Suzanne fait semblant de céder aux avances du Comte (III, 9), tandis que la Comtesse feint de parler à celle-ci (III, 13) pour cacher à son époux la présence de Chérubin. Almaviva est souvent victime de la duperie des autres, mais il peut également tromper. À l'acte III, 5, Figaro et son maître se jouent la comédie afin de se sonder mutuellement.

• Dans ce contexte où feinte et hypocrisie semblent de mise, la franchise naïve de Fanchette provoque un effet comique. Plaidant en faveur de Chérubin, elle sollicite la pitié du Comte, rappelant devant témoins : « Toutes les fois que vous venez m'embrasser, [...] vous dites toujours : Si tu veux m'aimer, petite Fanchette, je te donnerai ce que tu voudras » (V, 5).

Déguisements et spectateurs

• Pour tromper les autres, les personnages se travestissent fréquemment. La Comtesse et Suzanne déguisent Chérubin (II, 6), avant d'intervertir elles-mêmes leurs costumes, mais aussi d'imiter leur façon de parler (V). Pour faire croire à son départ, Chérubin se camoufle parmi des jeunes filles en s'habillant comme elles (IV, 4).

LEXIQUE

Le spectateur **intra-scénique** se situe à l'intérieur de la fiction. Il se distingue du spectateur réel, même s'il vient souvent refléter celui-ci dans la pièce.

• La présence récurrente de spectateurs **intra-scéniques** créent des effets de théâtre dans le théâtre. Certains moments sont, sinon vus, du moins entendus par des témoins cachés : Chérubin puis le Comte (II, 8-9), Chérubin et Suzanne (III, 13). L'acte V multiplie ce procédé.

Des mises en scène

• Deux personnages se font metteurs en scène : Figaro, puis la Comtesse. Ils poursuivent le même but : confondre Almaviva en révélant son infidélité et permettre le mariage de Suzanne.

• Le valet veut faire passer Chérubin pour Suzanne, mais son plan échoue, relayé par celui de la Comtesse, qui interprète elle-même le rôle principal... avec succès !

• Enfin, la pièce se clôt en chanson, par un vaudeville qui rompt définitivement l'illusion du public en s'adressant directement à lui : « Or, messieurs, la co-omédie,/[...] nous pein-eint la vie /Du bon peuple qui l'entend ».

J.-Ph. de Saint-Quentin, illustration pour l'acte V du *Mariage de Figaro*, 1784, BnF, Paris.

Explorer le parcours associé : La comédie du valet

LES THÈMES

1 Le parcours de Figaro

Du *Barbier de Séville* à *La Mère coupable*, le personnage imaginé par Beaumarchais se déploie dans les trois volets des aventures de la famille Almaviva. Il acquiert ensuite une existence autonome au théâtre, comme à l'opéra.

Figaro dans la trilogie de Beaumarchais

- Figaro joue, dans *Le Barbier de Séville ou la Précaution inutile*, le rôle traditionnel du valet d'intrigue. Il épaule le jeune premier dans son entreprise amoureuse. Sous le nom d'emprunt de Lindor, le Comte Almaviva cherche à conquérir le cœur de Rosine, promise à son tuteur, le vieux barbon Bartholo.
- Le canevas de ce premier volet est inspiré de *L'École des femmes* de Molière. Dans la pièce de Beaumarchais, c'est le barbier qui conçoit le plan qui permettra le mariage des deux amants : « Présentez-vous chez le docteur en habit de cavalier, avec un billet de logement : il faudra bien qu'il vous héberge », déclare-t-il à son maître, « moi, je me charge du reste » (I, 4).
- Ce personnage ingénieux est aussi celui qui conclut la comédie*. Par son adresse directe au spectateur, Figaro s'écarte de son rôle pour exposer au public le sens de la comédie qui s'achève : « quand la jeunesse et l'amour sont d'accord pour tromper un vieillard, tout ce qu'il fait pour l'empêcher peut bien s'appeler à bon droit *La Précaution inutile* » (IV, 8).
- Alors que l'habileté du valet servait les intérêts du maître dans *Le Barbier*, dans *Le Mariage*[1], Figaro cherche à contrer les desseins du Comte, qui, de complice, devient rival. C'est en faveur de ses propres noces qu'il exhibe ses talents de machiniste : « pendant l'absence de Monseigneur, je vais vous envoyer le Chérubin ; coiffez-le, habillez-le ; je le renferme et l'endoctrine ; et puis dansez, Monseigneur », lance-t-il à Suzanne et sa maîtresse (II, 2).
- Si c'est bien lui qui, à l'origine, conçoit le plan pour duper Almaviva, c'est finalement celui de la Comtesse qui est adopté. Figaro est dépossédé de sa qualité de metteur en scène pour jouer le « sot métier de mari » (V, 3).

---

1. Le premier et le dernier volet de la trilogie de Beaumarchais font écho à des pièces de Molière, l'intrigue du *Mariage* est, quant à elle, totalement inédite.

À travers son fameux monologue, le valet acquiert une densité psychologique. Le gai et sémillant Figaro souffre des affres de l'amour et de la jalousie, tandis que son destin personnel se fait l'écho des injustices du siècle. Pourfendeur des privilèges de la noblesse, « orateur selon le danger ; poète par délassement » et « musicien par occasion » (V, 3), le personnage entretient un lien particulier avec son créateur.

« Citations à retenir

FIGARO. – *Aux vertus qu'on exige dans un domestique, Votre Excellence connaît-elle beaucoup de maîtres qui fussent dignes d'être valets.*

Le Barbier de Séville, I, 2.

LE COMTE. – *Qui t'a donné une philosophie aussi gaie ?*
FIGARO. – *L'habitude du malheur. Je me presse de rire de tout, de peur d'être obligé d'en pleurer.*

Le Barbier de Séville, I, 2.

SUZANNE. – *On peut s'en fier à lui pour mener une intrigue.*

Le Mariage de Figaro, II, 2.

Opposant au scélérat notre pénétrant Figaro, vieux serviteur très attaché, le seul être que le fripon n'a pu tromper dans la maison, l'intrigue qui se noue entre eux s'établit sous cet autre aspect.

Beaumarchais, *Un mot sur La Mère coupable*.

• Dans *La Mère coupable*, Figaro se dresse contre Bégearss, qui, en digne héritier de Tartuffe[2], manipule le Comte pour mieux le perdre, lui, et toute sa maisonnée. Le valet, qui a d'emblée repéré l'hypocrisie de l'imposteur, s'efforce de révéler la vérité aux autres personnages. Cherchant à contrer les machinations du traître, Figaro s'oppose au scélérat, incarnation du bien contre le mal. Il sert les enjeux moraux du mélodrame en s'inscrivant dans la logique manichéenne du genre. Dans ce dernier volet, le personnage est devenu un petit bourgeois, qui a vieilli. La Révolution a aboli les privilèges, estompant du même coup, la gaieté révoltée du valet d'autrefois.

2. Personnage de la pièce *Le Tartuffe* de Molière : un hypocrite qui se fait passer pour un dévot et manipule Orgon afin de prendre possession de sa femme, sa maison et sa fortune.

Le divorce d'un petit-bourgeois → Voir texte 5 – Groupement de textes 1, p. 233

• Ödön von Horváth écrit *Figaro divorce* en 1937. La pièce commence après la révolution... pas celle de 1789, précise l'auteur : « Je me suis autorisé à situer l'action à notre époque », un temps où l'humanité n'est « qu'une faible lumière dans les ténèbres ». Le comte et la comtesse Almaviva, accompagnés de leurs domestiques, traversent la frontière pour échapper aux troubles insurrectionnels. Bientôt, les valets quittent leurs maîtres et Figaro redevient barbier à Grand-Bisbille. Lesté d'une gravité nouvelle, il est devenu un petit-bourgeois, sombre et étriqué. Suzanne ne le reconnaît plus :

> Mon Figaro était confiant dans l'avenir, même quand l'orage menaçait ; il courait à la fenêtre quand la foudre tombait, alors que toi, tu ne sors pas sans parapluie, même s'il n'y a que des petits nuages ! Mon Figaro a croupi en prison pour avoir écrit la vérité, toi, tu n'oserais pas lire ses écrits, même en cachette ! Mon Figaro fut le premier à dire son fait à un comte Almaviva au sommet de sa puissance. Toi, tu gardes les formes à Grand-Bisbille ! Tu es un petit-bourgeois, lui était un citoyen du monde !

Elle désire un enfant que son époux ne cesse de lui refuser, ce qui précipite leur rupture. Dans ce nouvel ordre du monde, l'affrontement du maître et du valet n'a plus lieu d'être. L'ennemi n'est plus l'autre. Chacun doit désormais combattre sa médiocrité intérieure.

« Citations à retenir

FIGARO. – *Finalement, ma seule raison d'émigrer, c'était toi, je suis un émigré par fidélité conjugale et rien d'autre !*

Figaro divorce, Acte I, tableau 4.

FIGARO. – *Dans ma vie, monsieur le comte, j'ai eu si souvent l'estomac vide, que le mot « bourgeois » s'est vidé de toute horreur pour moi.*

Figaro divorce, Acte I, tableau 4.

FIGARO. – *Si on veut avoir la conscience tranquille, on ne peut pas se permettre, à notre époque, d'avoir des enfants. Tu ne lis donc pas les journaux ? Tous les deux jours un nouveau gaz de combat, des lance-flammes, des rayons mortels. Tout le monde y passera.*

Figaro divorce, Acte II, tableau 3.

Figaro en musique

• Le personnage de Figaro a donné lieu à de nombreuses adaptations opératiques. Paisiello, en 1782, Rossini en 1816, imaginent tous deux un *Barbier de Séville*, tandis que Mozart et Da Ponte composent *Les Noces de Figaro* en 1786. Deux siècles plus tard, en 1966, Darius Milhaud crée une version lyrique de *La Mère coupable*. Tout en restant fidèle au valet créé par Beaumarchais, chacune de ces œuvres le renouvelle et l'enrichit.

2 Les relations maître/valet

→ **Voir texte 2 – Groupement de textes, 1 p. 228**

Oscillant entre rivalité et complicité, les relations maître/valet sont au cœur de la dramaturgie du *Mariage de Figaro*.

Figaro/Almaviva : un rapport de forces

• Dans *Le Barbier de Séville*, premier volet de la trilogie espagnole, Figaro aide le Comte à conquérir celle qu'il aime, Rosine, la future Comtesse Almaviva. Dans *Le Mariage de Figaro*, l'adjuvant se mue en opposant. Désormais attiré par la fiancée de Figaro, le maître devient le rival du valet. « Ah ! s'il y avait un moyen d'attraper ce grand trompeur, de le faire donner dans un bon piège et d'empocher son or ! » s'écrie celui-ci à sa promise (I, 1).

• Pour assurer son mariage, Figaro imagine un plan pour duper le Comte. L'inimitié des deux personnages peut se manifester de manière frontale, comme dans la joute verbale qui les oppose, à la scène 5 de l'acte III. Certaines apostrophes de Figaro sont d'autant plus virulentes qu'elles s'adressent à un maître absent. C'est le cas du monologue de la scène 3 de l'acte V, dont certaines piques n'auraient, en raison de la censure, vraisemblablement pas pu être prononcées en présence du Seigneur.

• C'est la raison pour laquelle l'antagonisme des personnages se fait parfois sentir de façon plus détournée, par le biais de l'ironie notamment. Ainsi, le malicieux Figaro propose-t-il de rendre hommage à la bonté du Comte par une cérémonie qui, en réalité, ne vise qu'à dénoncer le pouvoir abusif de celui-ci : « il est bien temps que la vertu d'un si bon maître éclate (I, 10).

• De fait, la rivalité amoureuse et personnelle se double d'un conflit social. Porte-parole de Beaumarchais, le valet dénonce abus et privilèges des grands de ce monde. *Le Mariage de Figaro* signe la défaite du Comte. Le valet domine son maître par son habileté rhétorique : il suffit de comparer le monologue d'Almaviva (III, 4), qui présente le personnage comme un homme assez ordinaire, centré sur ses intérêts personnels, au monologue de Figaro (V, 3), qui transforme la scène en une véritable tribune. Figaro se montre supérieur également par son ingéniosité. À la fin, le Comte, dupé par tous, est contraint d'accepter le mariage de son valet.

Maître et valet dans *Les Noces de Figaro*

• Le livret de l'opéra de Da Ponte invite à relire le rapport entre le Comte et Figaro. En effet, la pièce de Beaumarchais, qui avait fait grand bruit en France, fut interdite à la troupe allemande par Joseph II. Le librettiste dut

« Citations à retenir

SUZANNE. – *Il y a, mon ami, que, las de courtiser les beautés des environs, monsieur le comte Almaviva veut rentrer au château, mais non pas chez sa femme, c'est sur la tienne, entends-tu, qu'il a jeté ses vues.*

Le Mariage de Figaro, I, 1.

LA COMTESSE. – *Quoi ! Suzon, il voulait te séduire ?*
SUZANNE. – *Oh ! que non ! Monseigneur n'y met pas tant de façon avec sa servante : il voulait m'acheter.*

Le Mariage de Figaro, II, 1.

LE COMTE. – *...Autrefois tu me disais tout.*
FIGARO. – *Et maintenant je ne vous cache rien.*

Le Mariage de Figaro, III, 5.

FIGARO. – *Non, monsieur le Comte, vous ne l'aurez pas... vous ne l'aurez pas. Parce que vous êtes un grand seigneur, vous vous croyez un grand génie !*

Le Mariage de Figaro, V, 3

déployer ses talents de conciliation pour convaincre l'Empereur de le laisser créer cette œuvre avec Mozart. Il estompa donc la portée critique du texte source. Dans l'opéra, l'opposition maître/valet existe toujours, mais la rivalité est plus amoureuse que sociale (la scène 5 de l'acte III est supprimée par exemple, tandis que le monologue de l'acte V, sc. 3 est considérablement réduit), bien que certaines paroles du domestique gardent une portée offensive : « S'il veut danser, Monsieur le Comte, c'est moi qui jouerait de la Guitare. S'il veut se mettre à mon école, c'est la cabriole que je lui apprendrai ».

• Par ailleurs, l'amourette du Comte devient, dans *Les Noces*, une passion ravageuse. La musique de Mozart, en exprimant la profondeur des passions et des sentiments, souligne l'humanité des protagonistes, rapprochant ainsi les serviteurs des maîtres...

Almaviva /Suzanne : désir et résistance

• Le spectateur apprend, dès la scène d'exposition*, que le Comte a des vues sur la fiancée de son valet. Bazile sert d'entremetteur au Seigneur Almaviva. Alors que celui-ci a, officiellement, aboli le droit de cuissage en épousant Rosine, il ne cesse, en réalité, « de courtiser les beautés des environs » (I, 1), dont Suzanne, qu'il tente de conquérir. Sa tentative de séduction est un échec :

LE COMTE *la rapproche de lui.* —Parle, parle, ma chère ; use aujourd'hui d'un droit que tu prends sur moi pour la vie.

SUZANNE *effrayée.* —Je n'en veux point, Monseigneur, je n'en veux point. (I, 8)

• Sous des dehors gais et légers, le désir du maître est, en réalité, terrifiant. C'est celui d'un homme de pouvoir qui entend exercer un droit de propriété. Pourtant, le conflit qui oppose Suzanne au Comte repose moins sur la différence de statut social que sur la différence de sexe. Almaviva convoite la femme plus que la domestique. Par la suite, Suzanne feint de céder aux avances du Comte et lui envoie un billet doux (IV, 9), pour révéler aux yeux de tous son désir adultère. Le rapport de forces se solde par la défaite du Comte.

Figaro, Suzanne et la Comtesse : une relation complice ?

• Il arrive cependant qu'au cours de cette « folle journée », les valets s'entendent avec leur maître... ou plutôt leur maîtresse, contre leur maître. En effet, Figaro, Suzanne et la Comtesse se concertent pour contrer ensemble les sombres desseins du Comte. Le plan proposé par le valet est toutefois vite abandonné, et remplacé, à l'insu de celui-ci, par le projet que l'épouse d'Almaviva confie à sa camériste (II, 24). Suzanne et la Comtesse entretiennent une relation complice, qui tranche nettement avec la rivalité opposant Figaro à son seigneur.

3 De quel genre est ce valet de comédie ?

Un valet de comédie

• On reconnaît dans Figaro **l'emploi du valet de comédie**. Dans *Le Barbier de Séville*, le personnage joue pleinement son rôle de machiniste : il aide le Comte à gagner le cœur et la main de Rosine. *Le Mariage de Figaro* porte la trace de cet héritage.

• Dans ce deuxième volet de la trilogie, le valet a un intérêt direct dans la réussite de son entreprise : c'est son mariage, et non celui de son maître, qui est en jeu. Suzanne rappelle les qualités de stratège de son fiancé : « De l'intrigue et de l'argent, te voilà dans ta sphère. » (I, 1). Figaro expose ensuite son programme pour la folle journée qui s'annonce : « Attention sur la journée, monsieur Figaro ! D'abord avancer l'heure de votre petite fête, pour épouser plus sûrement ; écarter une Marceline qui de vous est friande en diable ; empocher l'or et les présents ; donner le change aux petites passions de monsieur le Comte » (I, 2).

À PROPOS DE...

L'emploi au théâtre est une catégorie de rôle, requérant, du point de vue de l'apparence physique, de la voix et du jeu, certaines caractéristiques (jeune premier ou jeune première, barbon, soubrette, valet, etc.).

L'emploi du valet est constitutif du genre comique. Son pendant tragique est le confident. Si celui-ci occupe aussi une position subalterne par rapport à son maître, son importance dramaturgique est moindre. Malgré son infériorité sociale, le valet occupe, dans la comédie, un rôle majeur. Il est moteur de l'action.

• Le valet se voit toutefois dépossédé de son rôle de metteur en scène à l'acte II, lorsque la Comtesse décide de conduire son propre plan à l'insu de celui-ci. Figaro continue de jouer un rôle majeur, mais il n'est plus simple valet de comédie.

… aux inflexions romanesques

• Il acquiert en effet une profondeur qui détonne par rapport aux rôles comiques classiques. Le personnage de théâtre n'a, d'ordinaire, ni passé, ni avenir, mais s'inscrit dans l'immédiateté de la représentation*. Or, Beaumarchais confère une épaisseur particulière aux figures peuplant sa trilogie espagnole, à Figaro en particulier. Celui-ci énumère, dès *Le Barbier de Séville* (I, 2), les divers métiers qu'il a occupés (apothicaire, auteur dramatique, barbier…), dont la liste fait écho à celle du célèbre monologue du *Mariage* (V, 3). Le valet découvre en outre, au cours de l'acte III, l'identité de ses parents (Marceline et Bartholo), mais aussi son véritable nom : Emmanuel (III, 16). La multiplicité de ses aventures apparente Figaro au **pícaro**.

LEXIQUE

Le **pícaro** est le héros du roman picaresque. Ce genre littéraire, né en Espagne au XVIe siècle, raconte l'histoire d'un personnage de basse extraction, vivant en marge de la société, et cherchant, grâce à toutes sortes de combines et expédients, à gravir les échelons de celle-ci.

• C'est, en outre, la densité psychologique de Figaro qui le rapproche du personnage romanesque. Le monologue de la scène 3 de l'acte V, qui se soustrait aux impératifs du temps, de l'action et de l'intrigue théâtrale, donne accès aux tréfonds de l'âme du personnage, d'ordinaire interdits aux spectateurs. Le questionnement intime de Figaro, qui regrette de faire « le sot métier de mari » et s'interroge sur la place du hasard dans sa destinée, avant de développer une réflexion philosophique sur son identité, épouse les mouvements erratiques du monologue intérieur d'un personnage de roman.

… et aux accents autobiographiques

• Le valet rappelle aussi parfois son créateur. Comme Beaumarchais, Figaro est d'origine roturière. Comme lui, il tient tête aux nobles et aspire à réussir grâce à son mérite. Il partage avec son auteur la même gaieté insolente, la même virtuosité verbale et plusieurs aspects de son itinéraire (multiplicité des métiers effectués, goût pour les lettres et les affaires, procès…).

• Pour la critique P.-N. Nagy, Figaro « doit sa finalité à la biographie et à l'idéologie de Beaumarchais ; il y a moins évolution d'un rôle que création d'un type qui n'a plus de valet que le nom ; celui de l'homme nouveau qui conteste la noblesse, défend le droit, allie la vertu à l'utilité, la sensibilité à l'intelligence, autant dire un bourgeois tel qu'il se définit au XVIIIe siècle »[1].

---

1. P.-N. Nagy, « Les trois Figaro : la logique d'une incohérence », *Quarante-sept hommages offerts à J. Body*, Université de Tours, 1990, p. 111.

ÉCLAIRAGE Pierre Barbéris, « Un Hamlet comique : Figaro dans son monologue », 1985

Ni Hamlet[2], ni Figaro ne décident ni ne commandent aux événements à la manière de Rodrigue ou d'Auguste[3]. Il s'agit de monologues que nous appellerons existentiels. Ils expriment une réalité profonde qui pourrait aussi bien s'exprimer dans un roman, c'est-à-dire sans être soumise aux impératifs du temps théâtral ni à ceux de l'intrigue et de l'action. Ce sont des monologues philosophiques, poétiques, autobiographiques, sans autre ordre apparent que celui d'un pur langage libéré. Où et quand apparaissent-ils ? Pour faire bref, le monologue existentiel correspond à deux réalités nouvelles : 1) l'action dans le monde est devenue impossible ; 2) la forme théâtrale qui exprimait les anciennes relations et possibilités devient inadéquate. Le monologue existentiel exprime un certain blocage moral et esthétique. Le monde n'est plus dominé par un sens. Le monde n'est plus ouvert à l'action. Et donc, en conséquence, les formes littéraires, notamment théâtrales, qui disaient l'existence de ce sens et de cette possibilité se trouvent bouleversées de l'intérieur. Le héros qui se raconte sur la scène et qui médite à l'infini sur son expérience n'est plus un héros de théâtre. « Tempête sous un crâne »[4], le monologue existentiel est déjà un monologue romanesque, qui s'inscrit dans une durée incontrôlable, hémorragique. Il définit un réel aux frontières perdues, aux axes détruits. Par là il relève d'un certain tragique, mais d'un tragique moderne, lié à l'expérience concrète du monde immédiat, du monde dont l'Histoire est récente et courte. Vite, il retrouve cependant de très anciens problèmes : la mort, la vie, la place de l'homme dans l'univers, mais fortement réactivés par le réalisme,

---

2. Héros de la tragédie éponyme de Shakespeare (1603). Le personnage prononce un monologue célèbre commençant par «*To be or not to be...*» (« Être ou ne pas être... »).

3. Personnages du *Cid* (Rodrigue) et de *Cinna* (Auguste) de Corneille, qui prononcent des monologues délibératifs, c'est-à-dire des monologues au cours desquels les personnages pèsent le pour et le contre afin de prendre une décision qui mène à l'action.

4. Cette expression provient du titre d'un chapitre du roman *Les Misérables* de Victor Hugo (tome I, Livre VII, chapitre 3). La formule, qui renvoie de manière figurée aux crises de conscience que traverse son personnage principal Jean Valjean, est passée dans le langage courant.

et non plus simplement amplifiés à partir de modèles. [...] Or il est assez évident que le monologue de Figaro est un monologue de ce genre. Il mobilise toute une expérience concrète, « bourgeoise » pour construire, comme il peut, une théorie du monde qu'il appartient au lecteur (plus qu'au spectateur) d'interpréter.

Analyses et réflexions sur... Le Mariage de Figaro, © Ellipses.

Questions

1. Pour montrer la spécificité du monologue de Figaro (V, 3), le critique fait référence à différents genres littéraires. Lesquels ? Justifiez votre réponse en citant des passages de l'article.
2. Relisez le monologue de Figaro (V, 3). Qu'est-ce qui peut nous faire penser que, aux yeux de ce personnage, « l'action dans le monde est devenue impossible » et que le « monde n'est plus dominé par un sens » ?
3. Pourquoi peut-on dire que ce monologue rapproche Figaro du personnage de roman ?
4. En prenant en compte l'ensemble du *Mariage*, qu'est-ce qui permet d'affirmer que le personnage de Figaro a des affinités avec le personnage romanesque ? En quoi l'existence de la trilogie, voire des réécritures, renforce-t-elle cette impression ?

4 Une comédie révolutionnaire ?

Une aura révolutionnaire

• Au moment de la création du *Mariage de Figaro*, le 27 avril 1784, l'idée de révolution, est, malgré la fébrilité de l'opinion, inenvisageable. C'est rétroactivement que la qualité subversive de la pièce a été rattachée au soulèvement de 1789. Alors que Danton déclare cette année-là que « Figaro a tué la noblesse », plus tard, c'est au tour de Napoléon d'affirmer, dans le *Mémorial de Sainte-Hélène* : « *Le Mariage de Figaro*, c'est déjà la révolution en action ». Le chef-d'œuvre de Beaumarchais est entouré d'une aura révolutionnaire. « *Le Mariage de Figaro*, c'est aussi un bal du 14 juillet » affirme en ce sens Jean-Pierre Vincent, lorsqu'il met en scène la pièce en 1987.

Une comédie subversive

• Par bien des aspects, l'action menée par Figaro fait écho à certaines revendications de 1789. Le combat entrepris contre le droit du Seigneur qu'Almaviva tente de faire valoir pour profiter de Suzanne, fait écho à la lutte engagée pour l'abolition des privilèges.

• Dans son célèbre monologue de la scène 3 de l'acte V, le valet défend un certain nombre de valeurs révolutionnaires comme la liberté d'expression ou la méritocratie. Selon lui, le mérite individuel doit l'emporter sur la naissance.

Parallèlement, les accents féministes de certains propos de Marceline peuvent rappeler quelques écrits d'**Olympe de Gouges** :

> MARCELINE. – Dans les rangs même plus élevés, les femmes n'obtiennent de vous [les hommes] qu'une considération dérisoire ; leurrées de respects apparents, dans une servitude réelle ; traitées en mineures pour nos biens, punies en majeures pour nos fautes ! Ah ! sous tous les aspects, votre conduite avec nous fait horreur ou pitié ! (III, 16)

À PROPOS DE...

Née en 1748, **Olympe de Gouges**, considérée comme une des pionnières du féminisme français, a écrit la *Déclaration des droits de la femme et de la citoyenne*, ainsi que de nombreux textes visant à défendre les droits civils et politiques des femmes. Elle est guillotinée en 1793.

• Comme le souligne le critique J.-P. de Beaumarchais, le génie de l'auteur du *Mariage* est « d'avoir su réunir », dans sa comédie, « un ensemble de causes – le droit des femmes, la reconnaissance du mérite individuel, la liberté de parole, la dénonciation du libertinage et de l'« abus » aristocratique – dans une fiction d'actualité conjuguant le sentiment et l'intrigue, le slogan politique et le trait d'esprit »[1].

• S'il est sans doute excessif de conférer à la pièce un rôle dans la chute de l'Ancien Régime, on peut tenter de déceler ce qui a pu favoriser cette lecture. Le combat mené par Beaumarchais pour faire jouer sa pièce et passer outre la censure, la qualité contestataire d'un texte qui rencontre, cinq ans plus tard, un événement historique sans précédent, tout comme l'efficacité ravageuse de certaines formules expliquent que la pièce ait souvent été rattachée aux événements de 1789.

Entre mythe et réalité

• *Le Mariage de Figaro* occupe donc une place particulière dans notre inconscient collectif, atteignant « une réelle aura mythologique dans la

---

1. J.-P. de Beaumarchais, *Le Mariage de Figaro*, Études littéraires, PUF, Paris, 2005, p. 98.

« Citations à retenir

L'auteur a profité d'une composition légère, ou plutôt a formé son plan de façon à y faire entrer la critique d'une foule d'abus qui désolent la société.

Beaumarchais, Préface du *Mariage de Figaro.*

LE COMTE. *Les domestiques ici... sont plus longs à s'habiller que les maîtres !*
FIGARO. *C'est qu'ils n'ont point de valets pour les y aider.*

Le Mariage de Figaro, III, 5

FIGARO. *Parce que vous êtes un grand seigneur, vous vous croyez un grand génie ! [...] Qu'avez-vous fait pour tant de biens ? Vous vous êtes donné la peine de naître, et rien de plus.*

Le Mariage de Figaro, V, 3.

FIGARO. *Sans la liberté de flatter, il n'est point d'éloge flatteur*

Le Mariage de Figaro, V, 3.

FIGARO. *Pourvu que je ne parle en mes écrits ni de l'autorité, ni du culte, ni de la politique, ni de la morale, ni des gens en place, ni des corps en crédit, ni de l'Opéra, ni des autres spectacles, ni de personne qui tienne à quelque chose, je puis tout imprimer librement, sous l'inspection de deux ou trois censeurs.*

Le Mariage de Figaro, V, 3.

mémoire – ou l'imaginaire – des Français. Cette mémoire – ou cet imaginaire – la relie souvent à la révolution de 1789, en tous les cas à son incubation », affirme Jean-Pierre Vincent, « Il y a [...] un effet de reconnaissance entre le public français et une œuvre de protestation ». Pourtant, le metteur en scène n'est pas dupe, affirmant par ailleurs que le « côté révolutionnaire de Figaro est une escroquerie »[1].

- Jacques Scherer, dans *La Dramaturgie de Beaumarchais* (1954), s'était déjà insurgé contre cette lecture de la pièce. Comparant les intentions politiques de l'œuvre à « un condiment d'un spectacle qui veut toujours rester un spectacle agréable », il rappelle qu'elles « ne sont pas un explosif, pas même un explosif à retardement. Beaumarchais n'a ni voulu ni cru être un précurseur de la Révolution ».

- Conscient de cette légende qui auréole *Le Mariage*, Christophe Rauck choisit explicitement de s'en distancer dans sa mise en scène de 2007 à la Comédie-Française : « c'est une pièce mythique ; je ne voulais pas de cocorico. L'histoire de la Révolution, ça ne m'intéressait pas, même si la pièce est éminemment politique : tout devrait exploser, tout devrait voler en éclats. Mais, en fait, il ne se passe rien »[2].

1. Cité par Georges Zaragoza, *Figaro, en verve et en musique*, Canopé éditions, 2015, p. 59.
2. *Ibid.*, p. 60.

ÉCLAIRAGE Jean-Pierre Vincent, *La Folle Journée ou le Mariage de Figaro*, janvier 1987

Jean-Pierre Vincent a mis en scène Le Mariage de Figaro *au Théâtre National de Chaillot en 1987. Dans cette note d'intention, il revient sur les raisons qui l'ont amené à monter cette pièce.*

Comme d'autres et plus que d'autres, cette comédie est un morceau de patrimoine. Excédant les règles et les dimensions habituelles, elle en donne plus et elle atteint une réelle aura mythologique dans la mémoire – ou l'imaginaire – des Français. Cette mémoire – ou cet imaginaire – la relie souvent à la révolution de 1789, en tous les cas à son incubation. L'effet mythique du monologue de Figaro dépasse, par le frisson qu'il crée, la simple histoire qui s'y raconte, ou sa place réelle dans la fable de la pièce. Il y a là un effet de reconnaissance entre le public français et une œuvre de protestation. En ce sens, *Le Mariage de Figaro*, c'est aussi un bal du 14 juillet. Ce qui relie la pièce à un trait de la sensibilité nationale, c'est la gaieté, la dénégation narquoise de tout sérieux historique. Cette philosophie de la gaieté amène Beaumarchais à tout finir par des chansons. Qu'on pense au Front populaire... Cette insouciance gauloise se commue parfois pourtant en des alarmes mélodramatiques. La flèche tombe avant la cible ou après la cible... Enfin, voilà par bien des côtés une France que nous reconnaissons sous son masque espagnol : assez rapace, jalouse, affairiste, bavarde, combinarde[3], où les inévitables désirs prennent la forme excitée de la manigance. C'est notre fête

→ *Questions p. suivante.*

Parcours LES THÈMES

3. Qui utilise avec habileté des combines, des moyens astucieux et peu honnêtes pour parvenir à ses fins (*familier et péjoratif*).

Questions

1. Jean-Pierre Vincent compare *Le Mariage de Figaro* à « un bal du 14 juillet ». Explicitez cette image en vous appuyant sur les propos tenus par le metteur en scène dans sa note d'intention.
2. Quels sont les différents passages de la pièce qui en font une « œuvre de protestation » ?
3. Pourquoi peut-on dire que la « philosophie de la gaieté » est manifeste dans *Le Mariage de Figaro ?*
4. À quels aspects et passages de l'œuvre le metteur en scène peut-il faire référence lorsqu'il en évoque les « alarmes mélodramatiques » ?
5. Selon J.-P. Vincent, la pièce donne à voir, « sous son masque espagnol », une France « assez rapace, jalouse, affairiste, bavarde, combinarde, où les inévitables désirs prennent la forme excitée de la manigance ». Justifiez les propos du metteur en scène en vous appuyant sur des éléments précis du texte.
6. Bien qu'écrit au XVIIIe siècle, *Le Mariage de Figaro* est un texte qui, selon le metteur en scène, résonne encore aujourd'hui. Qu'est-ce qui, dans sa note d'intention, montre que la pièce est « un morceau de patrimoine » ?

LE MARIAGE DE FIGARO.

FIGARO.

Que je voudrais bien tenir un de ces puissants de quatre jours.....................

Lecture d'image

→ Voir le verso de la couverture en début d'ouvrage.

Le Mariage de Figaro, mise en scène de Jean-Pierre Vincent, avec Didier Sandre (Comte Almaviva) et André Marcon (Figaro), Théâtre National de Chaillot, 1987.

Cette photographie est extraite de la mise en scène de Jean-Pierre Vincent au Théâtre National de Chaillot (1987). On reconnaît, dans ce face à face du Comte et du valet, la scène 5 de l'acte III. Pour le metteur en scène, Almaviva (Didier Sandre) est « un sale gosse, vieilli et très riche, grand d'Espagne, encore un enfant, qui a pour rival un enfant, qui rate tout ». En donnant le rôle de Figaro à André Marcon, J.-P. Vincent souhaite s'opposer à toute une tradition qui fait du personnage un « Arlequin, [...] léger et spirituel ». Comme le rappelle l'artiste, « Figaro est une **anagramme** de foie-gras, profondément ancré dans la *francitude*, aussi gros ballot ».

LEXIQUE

Une **anagramme** est une interversion des lettres qui composent un mot de manière à faire un autre mot. Ex. : F.I.G.A.R.O → F.O.I.G.R.A

1. Décrivez et comparez costumes et maquillages des deux personnages. Que suggèrent les choix du metteur en scène ?

2. Observez les postures adoptées par les comédiens. Quels effets produisent-elles ?

3. Qu'est-ce qui, dans l'image, vous semble faire écho aux propos de J.-P. Vincent (p. 221) ?

4. Relisez la scène et relevez une ou plusieurs répliques qui auraient pu être prononcées au moment où la photographie a été prise. Justifiez votre réponse.

Lecture d'image

→ Voir le verso de la couverture en fin d'ouvrage.

Le Mariage de Figaro, mise en scène de Christophe Rauck, avec Michel Vuillermoz (Comte Almaviva) et Laurent Stocker (Figaro), Comédie-Française, 2008.

Cette image, extraite de la mise en scène de Christophe Rauck à la Comédie-Française (2008), se centre sur la confrontation du maître et du valet (III, 5). Almaviva, à **jardin***, est incarné par Michel Vuillermoz. Il fait face à Figaro (Laurent Stocker). Le metteur en scène souhaitait ne pas inscrire le spectacle dans une époque historique trop précise. Pour lui, les comédiens doivent chercher ce qui, dans leur personnage, résonne avec le monde d'aujourd'hui. C'est pourquoi le monde de l'entreprise a souvent été évoqué pour parler du château. Enfin, dans cette pièce, le « personnage de l'opprimé », affirme Ch. Rauck, « ce n'est pas le valet, c'est la femme : il y a chez le Comte une pensée tyrannique de l'homme sur la femme ».

LEXIQUE

Dans le vocabulaire théâtral, « **jardin** » renvoie au côté gauche de la scène vue depuis la salle.

1. Décrivez et comparez costumes, postures et corps des comédiens. Quelle relation maître/valet nous donnent-ils à voir ?

2. Le metteur en scène a souhaité éviter de circonscrire la pièce à une époque déterminée. Qu'est-ce qui le montre dans l'image ?

3. Dans quel décor Figaro et le Comte évoluent-ils ici ? Comment l'interprétez-vous ?

4. Comparez cette image avec celle de la mise en scène de J.-P. Vincent.

GROUPEMENTS DE TEXTES

1 La fonction subversive du valet de comédie

Texte 1 Plaute, *Mostellaria (Le Revenant)*, IIIe siècle avant J.-C.

Mostellaria (Le Revenant) *raconte l'histoire de Philolachès, un jeune homme qui, à l'aide de son esclave, le rusé Tranion, profite de l'absence de son père pour mener une vie de débauche. Le serviteur vient annoncer de toute urgence le retour imprévu du maître, Theuropidès. Ce passage met en scène un personnage type de la comédie latine :* servus currens *(l'esclave courant).*

La maison est ouverte de telle manière qu'on voit les convives dans le vestibule, et qu'ils ont vue sur la place.

TRANION, *accourant effrayé sans s'arrêter devant la maison.* – Jupiter a coalisé toutes ses forces et loua ses efforts pour vouloir ma perte, et celle de Philolachès, le fils de mon maître. Tout espoir est mort pour nous [...]. Quelle montagne immense de maux, de misère j'ai aperçue tout à l'heure au port ! Mon maître est revenu de voyage ; c'en est fait de Tranion [...].

PHILOLACHÈS, *apercevant Tranion.* – Bravo ! Nos provisions sont là ; voici Tranion qui revient du port.

TRANION, *appelant.* – Philolachès !

PHILOLACHÈS, *descendant dans la rue.* – Qu'y a-t-il ?

TRANION. – Nous sommes tous deux, toi et moi...

PHILOLACHÈS, *avec impatience.* – Eh bien, quoi, toi et moi ?

TRANION. – Nous sommes perdus.

PHILOLACHÈS, *changeant de visage.* – Comment cela ?

TRANION. – Ton père est là.

PHILOLACHÈS. – Qu'entends-je ? Que dis-tu ?

TRANION. – Nous sommes dans le lac. Ton père est arrivé, dis-je.

PHILOLACHÈS. – Où est-il, je te prie ?

TRANION. – * * * * Il est là[1].

PHILOLACHÈS. – Qui le dit ? Qui l'a vu ?

TRANION. – Moi, te dis-je, de mes yeux.

PHILOLACHÈS. – Malheur à moi ! Que fais-je ? [...]

TRANION, *montrant la table.* – Fais vite déblayer tout ceci. Qui est-ce qui dort là ?

PHILOLACHÈS. – Callidamate.

TRANION. – Réveille-le, Delphie.

DELPHIE, *secouant Callidamate.* – Callidamate, Callidamate, éveille-toi.

CALLIDAMATE, *encore endormi.* – Je suis éveillé ; donne-moi à boire.

DELPHIE. – Éveille-toi. Le père de Philolachès est rentré de voyage.

CALLIDAMATE. – Bonne santé au père !

PHILOLACHÈS. – En bonne santé, il l'est, assurément ; mais c'est moi qui suis perdu, tout simplement. [...]. *Aux autres.* Que dois-je faire ? Misère de moi ! Mon père, à son arrivée, va trouver son fils ivre, sa maison pleine de convives et de femmes. [...] Pauvre de moi !

TRANION, *montrant Callidamate.* – Le voilà qui a laissé retomber sa tête, et qui dort de nouveau. Réveille-le.

PHILOLACHÈS, *secouant Callidamate.* – Vas-tu enfin t'éveiller ? Mon père, te dis-je, sera là dans un instant [...].

TRANION, *aux esclaves.* – Prenez-le vite dans vos bras, et emportez-le dans la maison. [...]

PHILOLACHÈS. – Je suis perdu !

TRANION. – Aie bon espoir ; je saurai bien te guérir de ta peur, avec un bon remède.

PHILOLACHÈS. – Je suis mort !

TRANION. – Tais-toi donc ; je t'inventerai bien quelque chose pour apaiser l'orage. Seras-tu content, si je réussis à ce que ton père, à son arrivée, non seulement n'entre pas chez lui, mais

1. Le milieu du vers est illisible dans le manuscrit.

encore s'enfuie loin de la maison?[1] Vous autres rentrez seulement, et déblayez-moi vite tout ceci.

Acte II, scène 1, trad. Alfred Ernout,
Société d'éditions « Les Belles Lettres », 1938.

Questions

1. Caractérisez le rythme de l'extrait. Comment est-il créé ? Quel effet produit-il ?
2. Comment le personnage de Tranion évolue-t-il au cours du passage ?
3. Analysez le rapport du maître et de l'esclave dans l'extrait. Comparez-le avec celui que Figaro entretient avec son maître.
4. Pourquoi peut-on dire que ce texte est comique ?

Texte 2 Molière, *Dom Juan*, 1665.

Auteur, chef de troupe et comédien, Molière a fait rire les publics les plus variés au XVII*e siècle. Il cherche à « corriger les hommes » en ridiculisant les travers humains ou sociaux sur scène. Cette pièce raconte l'histoire de Dom Juan, séducteur invétéré, athée, qui promet le mariage à toutes les femmes, sans jamais honorer sa parole. Il meurt à la fin de la pièce, frappé par la foudre divine. Dans cette scène, Sganarelle, valet de Dom Juan, est déguisé en médecin, tandis que le maître porte un habit de campagne. Ils se sont costumés pour échapper à des hommes armés à la poursuite de Dom Juan qui a honteusement séduit Elvire.*

SGANARELLE. – [...] Est-il possible que vous ne croyiez point du tout au Ciel ?

DOM JUAN. – Laissons cela.

[...]

SGANARELLE. – Et dites-moi un peu. [...] Qu'est ce [donc] que vous croyez ?

DOM JUAN. – Ce que je crois ?

SGANARELLE. – Oui.

1. Comme le présage le titre de la pièce, Tranion fera croire à son maître que son domaine est hanté. Il gagnera ainsi du temps, pour permettre aux jeunes gens de ranger la maison.

DOM JUAN. – Je crois que deux et deux sont quatre, Sganarelle, et que quatre et quatre sont huit.

SGANARELLE. – La belle croyance, que voilà ! Votre religion, à ce que je vois, est donc l'arithmétique ? Il faut avouer qu'il se met d'étranges folies dans la tête des hommes, et que pour avoir bien étudié, on en est bien moins sage le plus souvent. Pour moi, Monsieur, je n'ai point étudié comme vous, Dieu merci, et personne ne saurait se vanter de m'avoir jamais rien appris ; mais avec mon petit sens, mon petit jugement, je vois les choses mieux que tous les livres, et je comprends fort bien que ce monde que nous voyons, n'est pas un champignon qui soit venu tout seul en une nuit. Je voudrais bien vous demander qui a fait ces arbres-là, ces rochers, cette terre, et ce ciel que voilà là-haut, et si tout cela s'est bâti de lui-même ? Vous voilà vous, par exemple, vous êtes là ; est-ce que vous vous êtes fait tout seul, et n'a-t-il pas fallu que votre père ait engrossé votre mère pour vous faire ? Pouvez-vous voir toutes les inventions dont la machine de l'homme est composée, sans admirer de quelle façon cela est agencé l'un dans l'autre, ces nerfs, ces os, ces veines, ces artères, ces... ce poumon, ce cœur, ce foie, et tous ces autres ingrédients qui sont là et qui... Oh dame, interrompez-moi donc si vous voulez, je ne saurais disputer si l'on ne m'interrompt, vous vous taisez exprès, et me laissez parler par belle malice.

DOM JUAN. – J'attends que ton raisonnement soit fini.

SGANARELLE. – Mon raisonnement est qu'il y a quelque chose d'admirable dans l'homme, quoi que vous puissiez dire, que tous les savants ne sauraient expliquer. Cela n'est-il pas merveilleux que me voilà ici, et que j'aie quelque chose dans la tête qui pense cent choses différentes en un moment, et fait de mon corps tout ce qu'elle veut ? Je veux frapper des mains, hausser le bras, lever les yeux au ciel, baisser la tête, remuer les pieds, aller à droit, à gauche, en avant, en arrière, tourner...

Il se laisse tomber en tournant.

DOM JUAN. – Bon ! Voilà ton raisonnement qui a le nez cassé !

Acte III, scène 1.

Questions

1. Quel est le sujet de controverse qui oppose Dom Juan et Sganarelle ? Relisez la scène 5 de l'acte III du *Mariage*. Pourquoi Almaviva et Figaro s'affrontent-ils ? Qu'est-ce que ces différences signalent sur la relation qu'entretiennent maître et valet ?

2. Sganarelle et Figaro vous semblent-ils maîtriser aussi bien la parole ? Justifiez.

3. Dans quelle mesure Almaviva et Dom Juan vous paraissent-ils comparables ?

4. Quel personnage vous semble sortir vainqueur de l'affrontement dans chacune des scènes ?

5. D'où naît le comique dans ces deux scènes ?

6. ÉTUDE DE LA LANGUE Repérez les pronoms relatifs présents dans la tirade de Sganarelle. Vous les analyserez en précisant à chaque fois leur antécédent, leur nature et leur fonction grammaticale.

Texte 3 Molière, *Les Fourberies de Scapin*, 1671.

Pour se venger de son maître Géronte, Scapin lui fait croire qu'on cherche à le tuer. Le valet le persuade alors de se cacher dans un sac.

SCAPIN. – Cachez-vous, voici un spadassin[1] qui vous cherche. (*En contrefaisant sa voix*) « Quoi ! jé n'aurai pas l'abantage[2] dé tuer cé Géronte et quelqu'un, par charité, né m'enseignera pas où il est ? » (*À Géronte, avec sa voix ordinaire.*) Ne branlez[3] pas. (*Reprenant son ton contrefait.*) « Cadédis[4] ! jé lé trouberai, sé cachât-il au centre dé la terre ». (*À Géronte, avec son ton naturel.*) Ne vous montrez pas. (*Tout le langage gascon est supposé de celui qu'il contrefait*[5], *et le reste de lui*) « Oh ! l'homme au sac ! » Monsieur. « Jé té vaille un louis[6], et m'enseigne où put être Géronte ». Vous cherchez le seigneur Géronte ? « Oui, mordi, jé lé cherche ». Et pour quelle affaire, monsieur ? « Pour quelle affaire ? » Oui. « Jé beux, cadédis !

1. Homme d'épée, tueur à gages.
2. Avantage. Scapin imite le dialecte gascon en intervertissant les *b* et les *v*.
3. Remuez.
4. Juron signifiant « tête de Dieu ».
5. Imite.
6. Je te donne un louis d'or si.

lé faire mourir sous les coups dé vaton. » Oh ! monsieur, les coups de bâton ne se donnent point à des gens comme lui ; et ce n'est pas un homme à être traité de la sorte. « Qui ? cé fat[7] dé Géronte, cé maraud, cé vélître[8] ? » Le seigneur Géronte, monsieur, n'est ni fat, ni maraud, ni bélître ; et vous devriez, s'il vous plaît, parler d'autre façon. « Comment, tu mé traites, à moi, avec cette hautur[9] ? ». Je défends, comme je dois, un homme d'honneur qu'on offense. « Est-ce que tu es des amis dé cé Géronte ? » Oui, monsieur, j'en suis. « Ah ! cadédis, tu es dé ses amis : à la vonne hure[10] ». (*Donnant plusieurs coups de bâton sur le sac.*) « Tiens, boilà cé qué je té vaille pour lui ». (*Criant comme s'il recevait les coups de bâton.*) Ah ! ah, ah, ah, monsieur ! Ah, ah, monsieur, tout beau. Ah, doucement. Ah, ah, ah ! « Va, porte-lui cela dé ma part. Adiusias[11] » Ah ! diable soit le Gascon ! Ah !

GÉRONTE, *mettant la tête hors du sac.* – Ah ! Scapin, je n'en puis plus.

SCAPIN. – Ah ! monsieur, je suis tout moulu, et les épaules me font un mal épouvantable.

GÉRONTE. – Comment ! c'est sur les miennes qu'il a frappé.

SCAPIN. – Nenni, monsieur, c'était sur mon dos qu'il frappait.

GÉRONTE. – Que veux-tu dire ? J'ai bien senti les coups, et les sens bien encore.

SCAPIN. – Non, vous dis-je ; ce n'est que le bout du bâton qui a été jusque sur vos épaules.

GÉRONTE. – Tu devais donc te retirer un peu plus loin pour m'épargner...

Acte III, scène 2.

7. Idiot content de lui.

8. Pour « bélître » : fainéant.

9. Hauteur.

10. À la bonne heure.

11. Adieu.

Questions

1. Scapin joue le rôle de metteur en scène et d'acteur. Relevez les différents indices de la virtuosité du personnage.
2. Quelle relation s'instaure entre le maître et le valet ? Quels sont les effets produits ?
3. Étudiez le comique de la scène. Montrez que celle-ci s'inscrit dans la lignée de la farce.
4. **ÉTUDE DE LA LANGUE** Listez les interrogations directes du passage. Rappelez-en les caractéristiques (ponctuation, intonation, ordre des mots). Relevez et classez les termes qui les introduisent.

Texte 4 Marivaux, *L'Île des esclaves*, 1725.

Marivaux était un journaliste, romancier et dramaturge des Lumières. Ses comédies, novatrices, interrogent les dysfonctionnements de la société. Dans cette pièce, Iphicrate et Arlequin, son valet, ont fait naufrage sur une île régie par des lois étranges. Sur cette terre, les statuts sont inversés : les maîtres deviennent esclaves et vice-versa. Arlequin vient d'apprendre où il se trouvait.

ARLEQUIN, *prenant sa bouteille pour boire.* – Ah ! je vous plains de tout mon cœur, cela est juste.

IPHICRATE. – Suis-moi donc.

ARLEQUIN *siffle.* – Hu ! hu ! hu !

IPHICRATE. – Comment donc, que veux-tu dire ?

ARLEQUIN, *distrait, chante.* – Tala ta lara.

IPHICRATE. – Parle donc ; as-tu perdu l'esprit ? à quoi penses-tu ?

ARLEQUIN, *riant.* – Ah ! ah ! ah ! Monsieur Iphicrate, la drôle d'aventure ; je vous plains, par ma foi ; mais je ne saurais m'empêcher d'en rire.

IPHICRATE, *à part les premiers mots.* – Le coquin abuse de ma situation, j'ai mal fait de lui dire où nous sommes. Arlequin, ta gaieté ne vient pas à propos, marchons de ce côté.

ARLEQUIN. – J'ai les jambes si engourdies.

IPHICRATE. – Avançons, je t'en prie.

ARLEQUIN. – Je t'en prie, je t'en prie ; comme vous êtes civil et poli ; c'est l'air du pays qui fait cela.

IPHICRATE. – Allons, hâtons-nous, faisons seulement une demi-lieue sur la côte pour chercher notre chaloupe[1], que nous trouverons peut-être avec une partie de nos gens; et, en ce cas-là, nous nous rembarquerons avec eux.

ARLEQUIN, *en badinant.* – Badin, comme vous tournez cela ! *(Il chante.)*

L'embarquement est divin[2],

Quand on vogue, vogue, vogue ;

L'embarquement est divin

Quand on vogue avec Catin[3].

IPHICRATE, *retenant sa colère.* – Mais je ne te comprends point, mon cher Arlequin.

ARLEQUIN. – Mon cher patron, vos compliments me charment ; vous avez coutume de m'en faire à coups de gourdin qui ne valent pas ceux-là ; et le gourdin est dans la chaloupe.

IPHICRATE. – Eh ! ne sais-tu pas que je t'aime ?

ARLEQUIN. – Oui ; mais les marques de votre amitié tombent toujours sur mes épaules, et cela est mal placé. Ainsi, tenez, pour ce qui est de nos gens, que le ciel les bénisse ! s'ils sont morts, en voilà pour longtemps; s'ils sont en vie, cela se passera, et je m'en goberge[4].

IPHICRATE, *un peu ému.* – Mais j'ai besoin d'eux, moi.

Acte I, scène 1.

---

1. Barque.

2. Cette chanson évoque le thème de l'embarquement pour Cythère, une île grecque qui abritait le temple d'Aphrodite, déesse de l'amour.

3. Surnom affectueux pour Catherine.

4. Se moquer, se réjouir.

Questions

1. Quelles informations cette scène d'exposition transmet-elle ?
2. Comment l'inversion du rapport maître/valet se manifeste-t-elle dans l'extrait ?
3. Sur quels éléments la force comique du valet repose-t-elle ?
4. ÉTUDE DE LA LANGUE Relevez et classez les impératifs de l'extrait. En quoi leur usage éclaire-t-il la relation qu'entretiennent Arlequin et Iphicrate ?

Texte 5 Ödön von Horváth, *Figaro divorce*, 1935.

Horváth est un auteur de langue allemande, né en 1901, à Fiume, dans l'empire austro-hongrois. Il est un des auteurs qui, en 1933, voit ses livres brûlés par les nazis. Il s'exile à Vienne en 1935. La pièce commence au moment où Figaro, Suzanne et la Comtesse essaient de passer la frontière pour échapper à la Révolution. Arrêtés par les douaniers, les personnages subissent un interrogatoire.

L'OFFICIER. *À Figaro.* – Approchez ! Votre nom ?

FIGARO. – Figaro.

L'OFFICIER. – Profession ?

FIGARO. – Valet de chambre de Son Excellence le comte Almaviva.

L'OFFICIER. – Né le ?

FIGARO. – Inconnu.

L'OFFICIER. – [...] Vous devez bien vous souvenir de quelques dates importantes de votre vie qui vous permettraient de déterminer votre âge !

FIGARO. – Si pour déterminer mon âge, je devais me fonder sur les dates importantes de ma vie, j'en déduirais, mais à tort, que j'ai environ trois cents ans – tant j'ai d'événements derrière moi. Les Tziganes m'enlèvent, avant même que je connaisse mes parents, je leur échappe pour ne pas être vagabond, je m'efforce d'obtenir vaille que vaille un honnête métier et trouve toutes les voies barrées, toutes les portes fermées. J'avais faim, j'avais des dettes – est-il rien de plus bizarre que ma destinée ! Je finis par trouver une porte ouverte et prends tous les métiers pour survivre, journaliste, maître d'hôtel, politicien, représentant, barbier, maître ici, valet là, selon qu'il plaît à la fortune, ambitieux par vanité, travailleur par nécessité, mais paresseux de nature et avec délices ! Orateur à l'occasion, poète par délassement, musicien au besoin, amoureux par folles bouffées, j'ai tout vu, tout fait, tout usé, puis l'illusion s'est détruite, et, trop désabusé, j'ai fini par me marier ! Ce fut le tournant de ma vie, le grand tour et retour sur moi-même, car depuis ce fameux mariage de Figaro, me voici un tout autre homme.

L'OFFICIER, *éberlué devant ce flot soudain de paroles, l'interrompt ; tapant du poing sur la table.* – Ça suffit maintenant ! *Aux douaniers.* Il a bu ?

Acte I, tableau 2.

Questions

1. Dans sa préface, l'auteur de langue allemande annonce : « Je me suis [...] autorisé à situer l'action à notre époque ». Quand *Figaro divorce* a-t-il été écrit ? À quels événements historiques fait-il écho ?

2. Relevez et classez les passages qui se présentent comme des citations, plus ou moins exactes, du monologue de l'acte V, sc. 3 du *Mariage de Figaro*.

3. L'auteur introduit néanmoins plusieurs variations dans sa réécriture. Quels effets le passage du monologue à la tirade produit-il ? Comment Horváth joue-t-il avec la question de la vraisemblance ? Comment comprenez-vous la dernière phrase de sa tirade ?

4. Quelles différences par rapport au texte source repérez-vous dans le parcours de Figaro ? Comment les interprétez-vous?

5. Le texte de Beaumarchais donnait une certaine profondeur au personnage, tout en lui conférant certains accents dramatiques. Comment Horváth introduit-il le comique ?

6. ÉTUDE DE LA LANGUE Relevez et analysez les adjectifs qualificatifs présents dans la tirade de Figaro.

Parcours LES TEXTES

2 La comédie d'un valet à la lisière d'un genre comique

Texte 1 August Strindberg, *Mademoiselle* Julie, 1888.

Strindberg est un écrivain, dramaturge et peintre suédois, considéré comme l'un des pères du théâtre moderne. Mademoiselle Julie *est, selon son auteur, une « tragédie* naturaliste » qui raconte la déchéance de son personnage éponyme. Cette jeune aristocrate vient d'avoir une relation avec son valet, Jean. Elle se suicidera à la fin de la pièce.*

JEAN. – Ne soyez donc pas nerveuse et ne jouez pas la délicate, parce que maintenant, nous sommes du même acabit !… Allez, ma petite fille, viens, je vais t'offrir un verre de superfin ! *Il ouvre le tiroir de la table et sort une bouteille de vin ; emplit deux verres qui ont déjà servi.*

MADEMOISELLE. – D'où tenez-vous ce vin ?

JEAN. – De la cave !

MADEMOISELLE. – Le bourgogne de mon père !

JEAN. – Il n'est pas bon pour le gendre ?

MADEMOISELLE. – Et je bois de la bière ! Moi !

JEAN. – Cela prouve seulement que vous avez moins bon goût que moi !

MADEMOISELLE. – Voleur !

JEAN. – Vous avez l'intention de moucharder ?

MADEMOISELLE. – Oh ! oh ! Complice d'un cambrioleur ! J'ai été ivre, j'ai rêvé cette nuit ! La nuit de la Saint-Jean[1] ! La fête des jeux innocents…

JEAN. – Innocents, hum !

MADEMOISELLE. – *Fait les cent pas.* Y a-t-il sur terre en ce moment un être humain qui soit aussi malheureux que moi !

---

1. La pièce, qui respecte l'unité de temps, se déroule la nuit de la Saint-Jean, le 24 juin. Elle correspond à peu près au solstice d'été, jour le plus long de l'année. Il s'agissait, en Suède, d'une fête importante, qui célébrait à la fois l'été et la fécondité de la nature.

JEAN. – Pourquoi l'êtes-vous ? Après une pareille conquête ! Pensez à Kristin[2], là, à l'intérieur ! Ne croyez-vous pas qu'elle a des sentiments, elle aussi !

MADEMOISELLE. – Je le croyais tout à l'heure, mais je ne le crois plus ! Non, un valet est un valet…

JEAN. – Et une putain est une putain !

MADEMOISELLE. *À genoux, les mains jointes.* – Ô Dieu du ciel, mets un terme à ma misérable vie ! Enlève-moi à cette boue dans laquelle je sombre ! Sauve-moi ! Sauve-moi !

Questions

1. Comment les personnages sont-ils nommés par l'auteur ? Comment s'adressent-ils l'un à l'autre ? Que révèlent ces appellations sur le rapport maître/valet ?

2. Pourquoi Jean ne respecte-t-il plus Mademoiselle Julie ? Qu'est-ce qui montre qu'il n'a plus d'estime pour elle ?

3. Analysez l'évolution de Mademoiselle dans ce passage. Pourquoi peut-on dire que le personnage est pathétique ?

4. Quel rôle le temps, l'espace, les objets et les corps jouent-ils dans cet extrait ?

5. ÉTUDE DE LA LANGUE Relevez les différents « que » employés dans ce texte. Précisez à chaque fois leur nature et leur fonction grammaticales.

2. C'est le troisième personnage de la pièce, la cuisinière, qui est presque fiancée à Jean.

Texte 2 Jean Genet, *Les Bonnes*, 1947.

Auteur de romans et de pièces de théâtre, Genet n'a cessé de choquer son public tant par sa vie tumultueuse que par ses écrits. En 1933, deux domestiques, les sœurs Papin, avaient sauvagement tué leur patronne et sa fille. Bien que Genet ait souvent minimisé l'influence de ce fait divers, la pièce y fait écho. Les Bonnes *raconte l'histoire de deux sœurs au service de Monsieur et Madame : Solange et Claire. Dans ce passage, celles-ci jouent le rôle de la maîtresse et de la domestique.*

SOLANGE. – [...] Je sais. Je connais la tirade. Je lis sur votre visage ce qu'il faut vous répondre et j'irai jusqu'au bout. Les deux bonnes sont là – les dévouées servantes ! Devenez plus belle pour les mépriser. Nous ne vous craignons plus. Nous sommes enveloppées, confondues dans nos exhalaisons, dans nos fastes, dans notre haine pour vous. Nous prenons forme, Madame. Ne riez pas. Ah ! surtout ne riez pas de ma grandiloquence...

CLAIRE. – Allez-vous-en.

SOLANGE. – Pour vous servir, encore, Madame ! Je retourne à ma cuisine. J'y retrouve mes gants et l'odeur de mes dents. Le rot silencieux de l'évier. Vous avez vos fleurs, j'ai mon évier. Je suis la bonne. Vous au moins vous ne pouvez pas me souiller. Mais vous ne l'emporterez pas en paradis. J'aimerais mieux vous y suivre que de lâcher ma haine à la porte. Riez un peu, riez et priez vite, très vite ! Vous êtes au bout du rouleau ma chère ! *Elle tape sur les mains de Claire qui protège sa gorge.* Bas les pattes et découvrez ce cou fragile. Allez, ne tremblez pas, ne frissonnez pas, j'opère vite et en silence. Oui, je vais retourner à ma cuisine, mais avant je termine ma besogne. *Elle semble sur le point d'étrangler Claire. Soudain un réveille-matin sonne. Solange s'arrête. Les deux actrices se rapprochent, émues, et écoutent, pressées l'une contre l'autre.* Déjà ?

CLAIRE. – Dépêchons-nous. Madame va rentrer. *Elle commence à dégrafer sa robe.* Aide-moi. C'est déjà fini, et tu n'as pas pu aller jusqu'au bout.

Solange, *l'aidant. D'un ton triste.* – C'est chaque fois pareil. Et par ta faute. Tu n'es jamais prête assez vite. Je ne peux pas t'achever.

Claire. – Ce qui nous prend du temps, c'est les préparatifs…

Questions

1. Relevez les indices de la mise en abyme (théâtre dans le théâtre). Qu'est-ce qui met fin à l'interprétation de Claire et Solange ? Quel(s) effet(s) cette interruption produit-elle ?
2. Qu'est-ce qui révèle l'opposition de classe entre maîtresse et domestique ? Analysez les rapports de domination perceptibles dans cet extrait.
3. Comment qualifieriez-vous la tonalité du passage ? Justifiez votre réponse.
4. ÉTUDE DE LA LANGUE Relevez les verbes employés au présent. Vous les classerez de manière organisée.

Texte 3 Leïla Slimani, *Chanson douce*, adaptation théâtrale de Pauline Bayle, 2019.

Dans son adaptation théâtrale du roman de Leïla Slimani, Pauline Bayle renoue avec la construction tragique de celui-ci. C'est en effet la mort d'Adam et Mila, deux enfants tués par Louise, leur nourrice, qui ouvre le texte. Le récit raconte le cheminement qui mène au drame. Employée par Paul et Myriam, les parents des futures victimes, Louise fait vite partie de la famille, se révélant indispensable au bon fonctionnement de celle-ci : elle est à la fois nourrice, cuisinière, femme de ménage... Ils partent tous ensemble en vacances, en Grèce. Pendant que les enfants sont couchés, les adultes passent une « soirée à trois ».

Louise/Récit *au public.*

Je voudrais leur dire que quand je mets les pieds dans l'eau
j'imagine que le sable qui brille est de la poussière d'or
ou un de ces métaux précieux qui a rendu Sifnos célèbre
comme Myriam nous l'a raconté

J'avance dans l'eau mais arrivée à la taille
ma respiration se coupe et je m'arrête.
Je repense à cet enfant retrouvé mort noyé
dans l'étang à la sortie de mon village.
C'était pas vraiment un étang.
De l'eau boueuse qui puait en été
et où je jouais avec les autres enfants
malgré les moustiques et l'interdiction de nos parents.

MYRIAM/DIALOGUE.
L'ouzo c'est à la fois frais et enivrant

PAUL/DIALOGUE.
J'adore ça.

MYRIAM/DIALOGUE.
Toi de toute façon tu adores tout.

PAUL/DIALOGUE.
Ce n'est pas de ma faute
Ce pays me comprend
J'aime tout ici.
La fêta, les chats qui dorment,
les joueurs de tavli[1], les figuiers
le miel, les minuscules églises.
J'AIME TOUT ICI.

MYRIAM/DIALOGUE.
Tu es fou.

1. Jeu de société très répandu en Grèce.

PAUL/DIALOGUE.

Vous entendez ?

Myriam et Louise écoutent. Elles n'entendent rien.

MYRIAM/DIALOGUE.

Quoi?

PAUL/DIALOGUE.

La musique.

Paul commence à chanter un tub grec des années 60 (« Scholeio » du groupe Paschalis & Olympians *par exemple). Il le chante dans un grec approximatif mais assez convaincant pour quelqu'un qui est en Grèce depuis seulement six jours. En chantant Paul va chercher Myriam et la prend par la taille. Elle se laisse faire en riant. Ils dansent. La musique originale de la chanson commence à résonner de plus en plus fort. Louise parle par-dessus.*

LOUISE/RÉCIT *au public.*

Je voudrais leur dire que quand je regarde la mer
je pense au désert
Le vent soulève les nappes d'eau
comme il doit soulever les dunes de sable.
Mais je ne sais pas.
Je n'ai jamais vu de désert.

Myriam et Paul continuent de danser.

LOUISE/RÉCIT *au public.*

Ils vont s'arrêter
dans quelques secondes
me dire au-revoir
faire semblant d'avoir sommeil.
Oh je voudrais qu'ils restent.

M'accrocher à eux et rester à leurs côtés.
Je les mettrais sous cloche
comme deux danseurs dans une boîte à musique.
Je les regarderais pendant des heures
sans jamais me lasser.
Ils vivraient et moi
j'agirais dans l'ombre pour que tout soit parfait.
Leur bonheur, leur joie seraient la mienne.
Je serais à eux et ils seraient à moi.

PAUL/DIALOGUE.
Bonne nuit Louise.

MYRIAM/DIALOGUE.
Dormez bien.

« Soirée à trois », présentée au Studio-Théâtre de la Comédie-Française.

Questions

Lignes 24 à 48

1. Comment la solitude de Louise est-elle mise en évidence ?

2. Qu'est-ce qui suggère que la relation de Paul, Myriam et Louise repose sur un malentendu ?

3. Montrez que le rapport entretenu par ces trois personnages est ambigu, voire malsain.

4. ÉTUDE DE LA LANGUE Repérez et classez les conditionnels présents du passage. Rappelez comment cette forme verbale se construit.

LA DISSERTATION

SUJET **Le valet est-il comique ?**

Vous répondrez à cette question en prenant appui sur l'œuvre que vous avez étudiée et sur le parcours associé.

Préparer la dissertation

• **Analyser le sujet :** repérer les mots-clés, en proposer une définition.

– « valet » : personnage fréquent dans la comédie. Défini par son statut social et sa dépendance à un maître.

– « comique » : qui vient de la comédie, qui fait rire.

• **Dégager la problématique :** celle-ci repose souvent sur un paradoxe.

– Personnage de comédie, le valet est, par définition, comique, il provoque le rire du spectateur.

– Pourtant, de nombreux personnages de valets ne sont pas risibles et suscitent d'autres émotions que le rire.

• **Concevoir un plan qui réponde à la problématique.**

– Le plan se construit autour de deux ou trois idées essentielles, organisées en sous-parties.

– Les titres des parties doivent être concis et clairs.

• **Rédiger le développement :**

– il est souhaitable de proposer deux ou trois exemples par paragraphe. Vous devez les développer suffisamment, sans les résumer, afin de justifier leur choix pour étayer votre argument.

– Les exemples sont puisés dans l'œuvre et les textes étudiés. Ils doivent être le plus précis possible : titre de l'œuvre, nom de l'auteur, références précises au passage évoqué, noms des personnages écrits sans erreur.

Attention : les citations doivent être placées entre guillemets et les titres des œuvres, soulignés.

Proposition de plan détaillé

I. Le valet est comique parce qu'il fait rire le spectateur.

A. Par son corps

Héritier du *servus currens*, l'esclave courant de la comédie latine, le valet s'engage physiquement dans l'action. Qu'il frappe son maître de coups de bâton ou qu'il se hâte, comme Figaro, de mener à bien une intrigue, il introduit dans la comédie un rythme plaisant pour le spectateur.
Ex : dans *Arlequin serviteur de deux maîtres* de Goldoni, le valet sert simultanément le souper de deux maîtres pour gagner plus d'argent.

B. Par sa parole

Le valet est un comédien qui sait improviser. Se trouvant souvent dans des situations imprévues, il doit faire preuve d'inventivité.
Ex : Scapin imite différents accents pour faire croire à Géronte que des étrangers le frappent (*Les Fourberies de Scapin*, Molière, p. 230). Le valet est l'auteur de bons mots ou traits d'esprit (Figaro, III, 5).

II. Le valet est comique parce qu'il corrige les défauts des hommes.

A. *Castigat ridendo mores*

Le valet corrige les mœurs par le rire. Lorsqu'il confronte les actions de son maître, il expose les travers et les ridicules de la société.

Ex : À Tartuffe qui s'écrie « Couvrez ce sein » en apercevant Dorine, celle-ci répond : « je vous verrais nu [...]/Que toute votre peau ne me tenterait pas » (*Tartuffe*, Molière, III, 2), dénonçant avec humour les excès de l'hypocrite.

B. La fonction satirique du valet

Par ses reparties cinglantes ou son action, le valet se moque des travers de son maître ou de la société.

Ex : Figaro (V, 3) ; Arlequin, *L'Île des esclaves* (I, 1).

III. Le valet peut s'éloigner de la comédie.

A. Par une plongée dans l'intime

– Les questionnements existentiels de Figaro (*Mariage*, V, 3) lui confèrent une densité psychologique qui l'éloigne du comique.

– Évolution confirmée dans *Figaro divorce*, Horváth.

B. Par la proximité de la mort

– La cérémonie macabre de Solange et Claire (*Les Bonnes*, Genet).

– En ouvrant *Chanson douce* par le double infanticide commis par Louise, P. Bayle donne à la nourrice une dimension tragique. Essentiellement comique dans les pièces antiques et classiques, le personnage du valet porte donc la trace de l'évolution des genres dans lesquels il s'inscrit. Il génère alors d'autres émotions que le rire.

Exemple d'introduction rédigée

De l'Antiquité jusqu'au XIXe siècle, le valet apparaît comme un personnage clé du genre comique. Comme le confident, son pendant **tragique***, il se définit par son infériorité sociale et sa dépendance à un maître. Né de la comédie, le valet provoque généralement le rire du spectateur. Il est, par définition, comique. **Pourtant****, que ce soit dans *Le Mariage de Figaro*, ou dans d'autres œuvres du parcours, de nombreuses figures de valets apparaissent, qui, loin de provoquer le rire, génèrent d'autres émotions. Le valet est-il nécessairement comique ?

Nous verrons, **tout d'abord*****, que le valet est un personnage comique parce qu'il fait rire le spectateur, **puis** que la qualité comique du personnage réside dans sa capacité à corriger les mœurs. Cela nous amènera **pour finir** à nuancer la qualité comique du valet.

* Comparer un genre à un autre permet souvent de mieux le définir, par opposition.

** Montrer ce qui pose problème dans la question.

*** L'annonce du plan s'appuie sur des connecteurs logiques.

LA DISSERTATION

SUJET **Dans *La Comédie des deux ânes* de Plaute, le maître Déménète présente en ces termes Liban, un de ses esclaves : « Il ne peut y avoir de plus mauvais sujet que cet esclave, pas de plus rusé, aucun contre qui il soit plus difficile de se défendre. Mais en même temps, si vous voulez qu'une chose soit bien faite, confiez-la-lui. » Dans quelle mesure ce portrait vous semble-t-il correspondre aux personnages de valet que vous connaissez ?**

Vous répondrez à cette question en prenant appui sur l'œuvre que vous avez étudiée et sur le parcours associé.

Rechercher les idées au brouillon

→ Le sujet pointe **deux caractéristiques** essentielles du valet de comédie : la **ruse** et l'**efficacité**. On se demande dans quelle mesure celles-ci permettent de définir ce personnage. On cherchera, dans un premier temps, ce qui va dans le sens de la définition proposée, puis les éléments qui permettront de la nuancer.

• **« un mauvais sujet, [...] rusé, [contre lequel] il [est] difficile de se défendre »** = accent mis sur l'immoralité du personnage, son adresse, le fait qu'il s'inscrit dans une dramaturgie de l'affrontement.

Exemples : Le fourbe Scapin, qui enferme son maître dans son sac, dans le but de lui administrer des coups de bâton, entre en résonance avec cette définition, tout comme l'Arlequin de Goldoni qui recachète une enveloppe avec de la mie de pain (*Arlequin, serviteur de deux maîtres*), ou le Figaro du *Barbier* qui endort la vigilance de Bartholo.

• **« si vous voulez qu'une chose soit bien faite, confiez-la-lui »** = on met en évidence la capacité du personnage à mener une intrigue.

Exemples : Tranion, dans *Le Revenant*, de Plaute, fait croire à son maître que sa maison est hantée pour retarder son retour et donner aux jeunes gens le temps d'effacer les traces de leurs orgies. Dans *Les Fourberies de Scapin*, le valet parvient à assurer le mariage d'Octave et de Léandre. Dans *Le Barbier*, Figaro contrecarre les plans du tuteur et permet au comte Almaviva d'épouser Rosine.

Proposition de plan détaillé

I. L'efficacité immorale du valet de comédie.

A. Les fourberies du valet

– tromper le maître : Scapin (*Fourberies*, Molière, III, 2), Tranion (*Le Revenant*, Plaute)

– tromper pour servir son maître : Figaro du *Barbier* trompe Bartholo pour aider Almaviva

– désobéir : Arlequin (*L'Île aux esclaves*, Marivaux, I, 1)

B. L'efficacité dramaturgique du valet de comédie

– la réussite des plans agencés par les esclaves (comédies de Plaute), Scapin, Figaro (*Le Barbier*)

– la comédie du valet, machiniste et metteur en scène : théâtralité exacerbée du personnage qui joue un rôle ou en assigne un aux autres (Toinette déguisée en médecin dans *Le Malade imaginaire* de Molière, Arlequin dans *Le Jeu de l'amour et du hasard* de Marivaux)

Exemple de deuxième partie rédigée

Pourtant, **l'immoralité du valet de comédie ne se double pas toujours d'efficacité dramaturgique**. Comme Léonidas, Sganarelle est un « mauvais sujet ». Menteur, poltron, vaniteux, le valet du *Dom Juan* de Molière cumule les défauts. Bien qu'immoral, ce personnage ne joue pas de rôle majeur dans l'avancée de l'action. Il prévient son maître du danger qu'il court, mais en vain. Quand il tente de réfuter l'athéisme de Dom Juan (III, 1), il finit par trébucher, ridicule : « Voilà ton raisonnement qui a le nez cassé » s'écrie le maître, reléguant le valet au rang de simple bouffon.

Aussi, **le personnage de valet peut se voir dépossédé de la maîtrise de l'intrigue**. Dans *Ruy* Blas de V. Hugo, le laquais éponyme n'est qu'un jouet aux mains de Don Salluste, qui l'utilise pour parvenir à ses fins. Alors que Suzanne reconnaît la rouerie de Figaro : « De l'intrigue et de l'argent, te voilà dans ta sphère ! » (*Mariage,* I, 1), le plan du valet est vite écarté au profit de celui imaginé par la Comtesse. Dans cette pièce, « si vous voulez qu'une chose soit bien faite », c'est aux femmes qu'il faut la confier. Ce sont elles « qui font bouger le monde », affirme J.-P. Vincent.

Ni immoral, ni efficace, le valet devient profondément humain. Comble de l'inefficacité dramaturgique, le monologue (V, 3) confère à Figaro une épaisseur qui l'éloigne de l'emploi de valet. Son humanité est approfondie dans le drame (*La Mère coupable*), ainsi que dans la réécriture d'Horváth, *Figaro divorce*. Après la Révolution Française qui remet en cause la hiérarchie maître/valet, les textes modernes et contemporains, en explorant l'intériorité des domestiques, laquais et nourrices, dépassent le schématisme de l'emploi pour sonder la complexe humanité de ces personnages.

L'ORAL

PREMIÈRE PARTIE

L'exposé oral sur un des textes du descriptif

- **Temps de préparation :** 30 minutes.
- **Durée de l'exposé :** 12 minutes.
- L'examinateur propose au candidat l'un des textes de son descriptif, ainsi qu'une question de grammaire qui porte sur un bref extrait (phrase ou partie de phrase) du texte à travailler.
- À l'issue du temps de préparation, le candidat expose son analyse en respectant la démarche suivante : situation du texte dans l'œuvre ou dans le groupement, lecture expressive, explication linéaire et réponse à la question de grammaire.

EXTRAIT CHOISI **Monologue de Figaro : acte V, scène 3 (p. 162), de « Figaro, *seul, se promenant...* » jusqu'à « *Il s'assied sur un banc* ».**

1 Le texte et sa présentation

- Votre examinateur vous soumettra, pour la lecture linéaire, un texte d'une vingtaine de lignes issu du descriptif construit par votre professeur.
- L'introduction situe brièvement le texte dans l'œuvre (ici, la pièce *Le Mariage de Figaro*), et/ou dans le parcours associé (ici, La comédie du valet). Elle débouche sur l'exposition des différents mouvements du texte, suivie de la problématique.

Vers le BAC

S'entraîner à la lecture à voix haute

La lecture à voix haute doit être **correcte** et **expressive**. On évaluera votre capacité à :

– adresser votre lecture ;

– faire entendre votre voix ;

– faire preuve d'une intention de sens.

On perçoit, dès la lecture du texte, si celui-ci est bien compris. C'est pourquoi il est important de vous y entraîner. Appuyez-vous sur la **ponctuation**, essayez de transmettre les **émotions** du personnage. N'hésitez pas à vous enregistrer, vous écouter, vous corriger.

→ Pour ce passage en particulier, vous pouvez vous reporter à l'extrait de répétition disponible sur le site Théâtre en acte (on y voit Benjamin Lavernhe dirigé par le metteur en scène Jacques Weber).

Exemple de présentation de l'extrait choisi

a. LE TEXTE ET SON CONTEXTE La première représentation publique du *Mariage de Figaro* eut lieu en 1784, cinq ans avant le début de la Révolution Française. Œuvre phare du Siècle des Lumières, cette comédie repose sur un conflit opposant Figaro à son maître, le Comte Almaviva. Leur rivalité est à la fois sociale (opposition du valet à son maître) et sentimentale (Almaviva espère séduire Suzanne, fiancée de Figaro). Après des péripéties qui ont failli compromettre son mariage, le valet intercepte Fanchette. Celle-ci lui révèle avec candeur que Suzanne doit retrouver le comte sous les grands marronniers. Ignorant tout du plan conçu par la Comtesse et sa camériste, Figaro ressent une violente jalousie et se livre à une longue réflexion sur les femmes, son parcours et le sens de son existence.

b. LE PARCOURS ASSOCIÉ Si, dans le premier volet de la trilogie, Figaro donnait déjà son titre à la pièce *Le Barbier de Séville*, *Le Mariage de Figaro* annonce que le valet se trouve désormais au centre de la comédie. L'intrigue ne tourne plus autour des noces des maîtres, mais de celles des domestiques. Cette importance est confirmée par l'ampleur de sa prise de parole : c'est la première fois dans le théâtre classique français qu'un valet tient un si long monologue. Pourtant ce texte paraît écarter le valet de la comédie, pour l'orienter vers le drame.

c. ANNONCE DU PLAN ET DE LA PROBLÉMATIQUE Figaro exprime tout d'abord sa déception vis-à-vis de sa femme (du début du texte à « un benêt ! »). Il a ensuite un sursaut qui l'amène à résister au comte absent (de « Non, monsieur le comte ... » à « vous voulez jouter... »). Le valet finit par revenir à la situation présente (de « On vient... » à « sur un banc »). Comment ce monologue vient-il conférer au personnage du valet une certaine densité ?

2 L'explication linéaire à l'oral

S'entraîner à l'explication linéaire

Construire à l'oral une explication linéaire n'est pas chose facile. Il vous faudra vous entraîner, pour réussir à rester dans les bornes temporelles de l'épreuve (soit huit minutes environ, ce qui est très bref), et pour présenter vos analyses de texte de manière fluide, en évitant l'écueil des répétitions. Vous devez donc faire attention à :

• **La nécessité d'une architecture et d'un fil conducteur**

Les principaux dangers de l'explication linéaire résident dans la paraphrase et la juxtaposition d'analyses stylistiques sans lien les unes avec les autres. Afin de mettre en évidence l'unité du texte, **articulez votre explication autour d'une problématique**. Ce questionnement doit être le fil directeur de votre étude. Ne vous contentez pas de l'évoquer au début et à la fin de votre exposé. **Revenez-y régulièrement**, sans quoi vous risquez de transformer l'explication en une liste de procédés. **Tenez bien compte du plan de votre étude**, fondé sur une analyse précise de la structure du texte. N'oubliez pas que **vos analyses doivent être des arguments** venant démontrer la validité des axes annoncés.

• **Travailler la fluidité de l'explication**

Un autre risque, à l'oral, est d'annoncer les analyses à l'aide des mêmes formules (« on voit », « il y a »...). **Variez les expressions que vous employez**. Soignez également le choix de vos connecteurs logiques. Préférez commencer vos phrases par une interprétation, que vous justifierez ensuite par un exemple analysé (plutôt que de commencer par lire une phrase avant de l'analyser en repérant les procédés).

• **Réfléchir aux attentes de l'examinateur**

Passer un examen, c'est toujours se poser cette question : **qu'attend-on de moi ?** Sur quels critères serai-je évalué ? L'examinateur veut savoir si vous avez compris le texte et si vous savez utiliser des outils pour l'interpréter. Il sera également attentif à vos **qualités d'expression** et de **communication**. Veillez à votre syntaxe, faites des phrases courtes, choisissez avec soin votre vocabulaire et n'oubliez pas de regarder souvent votre interlocuteur !

Plan d'explication linéaire

I. La déception de Figaro (l. 1 à 6)

– Alors que Figaro avait affirmé à sa mère qu'il ne serait jamais jaloux (IV, 14), la révélation de Fanchette le frappe de point fouet. C'est cette émotion et la solitude du personnage qui déclenchent le monologue.

– Tout en rappelant que « la folle journée » touche à sa fin (respect de l'unité de temps du théâtre classique), la didascalie initiale signale que la noirceur du décor fait écho à la mélancolie de Figaro (« *dans l'obscurité, dit du ton le plus sombre* »), qui le distingue du valet de comédie traditionnel.

– La ponctuation forte (exclamative, interrogative) traduit la douleur du personnage. Son désarroi est souligné par les points de suspension. Le discours, entrecoupé de silences, confère au valet une certaine profondeur.

– Figaro exprime tout d'abord son ressentiment vis-à-vis de Suzanne. Celle-ci n'est pas nommée directement, mais désignée à travers des formules généralisantes (répétition de « femme », périphrase « créature… décevante ») qui suggèrent que l'infidélité de la femme est inévitable (idée confirmée par la question rhétorique « le tien est-il donc de tromper ? »). Or, le spectateur sait que Figaro se méprend. La méfiance du valet est, comme celle du Comte, injustifiée.

– Figaro se remémore ensuite les derniers échanges qu'il a eus avec Suzanne « Après m'avoir… sa parole ». Il commence des phrases qu'il ne termine pas (subordonnées sans principales), comme autant d'images, de souvenirs qui remontent à sa mémoire. L'interruption brusque (aposiopèse) « au milieu même de la cérémonie… » traduit la rancœur du personnage qui se croit trompé par sa fiancée.

→ Figaro revoit le Comte découvrir le billet de Suzanne. Il reproche à son maître sa trahison et se voit comme un idiot : « Il riait en lisant, le perfide ! et moi comme un benêt !… ». La dernière phrase de ce 1er mouvement esquisse l'opposition maître/valet approfondie dans le 2e mouvement, ce qui permet la transition.

II. L'opposition au Comte (l. 6 à 14)

– Le valet se révolte ici contre son maître absent. L'adverbe « Non », qui amorce la phrase, est un appui de jeu pour le comédien qui devra manifester la résistance du personnage. Cette opposition se concrétise dans le respect des formes et des convenances (absence du maître sur la scène, appellation respectueuse « monsieur le Comte », vouvoiement).

– Le valet remet en cause l'idée selon laquelle les nobles seraient naturellement supérieurs aux autres hommes. Figaro joue sur la polysémie de « génie » (qui désigne à la fois le caractère inné, mais aussi un homme supérieur) et présente cette opinion comme une illusion (« vous vous croyez »).

– L'énumération stigmatise les injustes privilèges de cette classe sociale à l'arrogance répréhensible « noblesse, fortune, un rang, des places ; tout cela rend si fier ! ». Figaro défend l'idée que la valeur de l'homme ne se fonde pas sur sa naissance, mais sur son mérite.

– S'amorce alors une comparaison entre le maître et le valet. Leurs conditions sont profondément inégales, comme le montrent les oppositions : « un rang, des places »/« perdu dans la foule obscure »; « fortune »/« pour subsister seulement ».

– Le Comte est ravalé au rang d'« homme assez ordinaire ». Sa médiocrité est soulignée (« rien de plus »). Au contraire, hyperboles et comparatifs de supériorité affirment avec force la grandeur de Figaro « il m'a fallu déployer plus de science et de calculs ... qu'on en a mis depuis cent ans à gouverner toutes les Espagnes ». Le valet aurait toutes les qualités pour être roi.

→ La comparaison du maître et du valet se concrétise au détriment de celui-là. Alternant entre l'adresse au Comte et des propos plus généralisants, le monologue acquiert une portée plus vaste. Loin du simple valet de comédie, Figaro se fait porte-parole de la roture (du Tiers-État) et l'écho des idées progressistes de son auteur.

III. Le retour à la réalité (l. 14 à 16)

– Le retour à la réalité est subit : « On vient... c'est elle... ce n'est personne ». La phrase, entrecoupée de silences et d'hésitations, dessine un personnage à l'affût et perdu. Cette interruption permet de rattacher le propos politique développé en amont au présent de la situation du personnage dont on rappelle l'enjeu immédiat : Figaro attend l'arrivée de Suzanne sous les marronniers.

– Situant l'action dans la « nuit noire », le personnage fait écho à la didascalie initiale, rappelant que la « folle journée » s'achève et que le dénouement est imminent.

– Traditionnellement, le valet de comédie se distingue par sa ruse, qu'il met au service du mariage des autres. Ici, Figaro souligne pour la deuxième fois sa stupidité (« me voilà faisant le sot métier de mari »), tout en rappelant qu'il joue le rôle habituellement interprété par un autre dans la comédie. Il n'est qu'une « moitié » d'époux : le mariage n'a pas encore eu lieu. Figaro croit en outre devoir partager sa femme avec un autre.

→ Par le désespoir amoureux et la révolte sociale qu'il exprime, ce monologue confère donc une densité psychologique et satirique particulière au valet. Celui-ci quitte la sphère de la comédie pour pénétrer celle du drame.

3 La question de grammaire

- **Durée :** 2 minutes.
- La question de grammaire porte sur le texte. Elle vise l'analyse syntaxique d'une courte phrase ou d'une partie de phrase.

SUJET **Proposez une analyse syntaxique de ce passage : « il m'a fallu déployer plus de science et de calculs pour subsister seulement, qu'on en a mis depuis cent ans à gouverner toutes les Espagnes ».**

• On vous demande d'analyser la construction de cette phrase. Pour commencer, repérez les verbes conjugués afin de délimiter les propositions :

→ « *il m'**a fallu** déployer plus de science et de calculs pour subsister seulement, qu'**on** en **a** mis depuis cent ans à gouverner toutes les Espagnes* ».

• Cela vous permet de distinguer **la proposition principale** [*il m'**a fallu** déployer plus de science et de calculs pour subsister seulement*] de la proposition **subordonnée** [*qu'on en **a mis** depuis cent ans à gouverner toutes les Espagnes*]. Celle-ci est introduite par la **conjonction de subordination**, « que » (« qu' »), qui elle-même dépend de **l'adverbe quantificateur** « plus ». La proposition subordonnée joue le rôle de complément circonstanciel de comparaison du verbe de la principale « a fallu ».

DEUXIÈME PARTIE

L'entretien avec l'examinateur

- **Durée :** 8 minutes.
- **Premier temps de l'épreuve :** présentation par le candidat d'une œuvre choisie parmi celles étudiées en lecture intégrale en classe avec le professeur, et exposé argumenté des raisons de ce choix.
- **Deuxième temps de l'épreuve :** entretien avec l'examinateur sur cette œuvre.

1 La présentation de l'œuvre choisie

• Vous aurez travaillé en classe quatre œuvres intégrales (une par objet d'étude), ainsi que d'autres lectures cursives obligatoires proposées par votre professeur. Parmi ces lectures, il vous faudra décider de l'œuvre que vous choisirez de présenter à l'examen.

S'entraîner à la présentation d'une œuvre

Pour présenter une lecture cursive, sachez ce que l'on attend de vous dans cette partie de l'examen :

• Une présentation qui témoigne d'une lecture personnelle de l'œuvre
Votre examinateur cherchera à voir à quel point vous avez été engagé dans cette lecture. Cette implication est essentielle : choisissez une œuvre que vous avez aimée, ou qui vous a interrogé, voire dérangé. On doit percevoir que vous entretenez un lien vivant avec votre lecture.

• Des capacités argumentatives
Il ne s'agit pas simplement de parler « sur » l'œuvre, mais de défendre votre choix, votre lecture, à l'aide d'arguments construits, élaborés à l'avance, et étayés par des exemples précis qui démontrent votre connaissance approfondie de l'œuvre en question.

Vers le BAC

• Une fois l'œuvre choisie, construisez un **dossier personnel** sur ce livre. Utilisez tout au long de l'année un **carnet de lecture**, dans lequel vous consignerez vos impressions de lecteur, vos remarques, tout ce à quoi votre réception de l'œuvre vous fait penser, toutes les références que vous pouvez mobiliser pour en discuter. **Soyez curieux !** Essayez d'étoffer votre connaissance de l'auteur, du contexte historique, culturel, etc. Allez au musée, au théâtre, au cinéma ! Lisez, lisez, lisez ! Si vous choisissez une pièce, essayez d'aller la voir si elle est mise en scène. À défaut, tentez d'en trouver une (ou plusieurs !) captations (référez-vous au site « Théâtre en acte »).

• Si vous choisissez de présenter Le *Mariage de Figaro* à l'oral, pensez à ce que vous pourriez répondre aux questions suivantes :
– Pour quelles raisons avez-vous choisi cette œuvre ? En quoi vous a-t-elle touché, interrogé, marqué ?
– Que savez-vous de Beaumarchais ? Quels éléments de sa vie sont importants pour comprendre *Le Mariage de Figaro* ?
– Comment comprenez-vous le titre du parcours associé « La comédie du valet » ? En quoi cette pièce vous semble-t-elle faire écho à ce parcours ?
– Quels autres personnages de valet avez-vous découverts au fil de votre année ? En quoi vous semblent-ils faire écho à Figaro ? Ou au contraire s'en éloigner ? Pourquoi ?
– Quel est, dans cette pièce, votre personnage/votre moment préféré ? Pourquoi ?
– Avez-vous vu ou pris connaissance de mises en scène de cette pièce ? Laquelle/ lesquelles ? Qu'en avez-vous pensé ?
– À quelles difficultés le metteur en scène qui choisirait de monter cette pièce serait-il confronté selon vous ? Pourquoi ?

2 L'entretien avec l'examinateur

• Si votre travail de l'année a été régulier, si l'œuvre que vous présentez a été lue avec une réelle implication personnelle, cette dernière partie de votre examen oral sera sans doute la plus plaisante. Les questions que votre examinateur vous posera ne seront que des aides pour approfondir cette présentation, questionner votre réception de l'œuvre, et montrer l'étendue de vos connaissances culturelles autour de cette lecture.

• Outre ces connaissances, votre examinateur testera votre capacité à dialoguer, à écouter les questions posées, à, parfois, remettre en question ou en perspective vos analyses. Prenez-le comme ce qu'il est : un temps d'échange, de réflexion à deux, autour d'un même objet littéraire.

Les mots du théâtre

- **Acteur :** voir *Comédien.*

- **Aparté :** c'est une réplique que le personnage adresse à lui-même. Par convention, l'aparté, qui joue de la double énonciation*, n'est pas entendu par les autres personnages, alors qu'il est entendu des spectateurs.

- **Comédie :** sous-genre théâtral qui emprunte son sujet à la vie quotidienne et met en jeu des personnages de condition moyenne (bourgeois, valets...). Son dénouement est heureux. Elle cherche à faire rire.

- **Comédien :** c'est la personne réelle, l'acteur*, qui interprète le personnage.

- **Coup de théâtre :** événement brusque et inattendu qui bouleverse la situation au point de faire basculer complètement l'intrigue. Ex : *grâce à une marque de naissance, Marceline reconnaît que Figaro est en réalité Emmanuel, son fils.*

- **Cour :** vu de la salle, le côté cour désigne le côté droit de la scène. Il s'oppose à jardin*.

- **Didascalies :** souvent écrites en italiques, parfois entre parenthèses, elles donnent des indications de mise en scène, informant sur le lieu, le jeu des comédiens, la gestuelle, *etc.*

- **Double énonciation :** l'énonciation* théâtrale est double : intra-scénique et extra-scénique. L'énonciation intra-scénique renvoie aux énoncés échangés à l'intérieur de la scène, dans la fiction, par les personnages entre eux. L'énonciation extra-scénique renvoie au message plus global que les acteurs adressent aux spectateurs dans le monde réel.

- **Drame :** genre qui refuse de dissocier le comique du tragique. Le drame bourgeois, né au XVIIIe siècle est théorisé par Diderot. Il se distingue du drame romantique qui se développe au XIXe siècle, sous la plume d'Hugo, Musset ou Vigny.

- **Énonciation :** l'énonciation est l'acte qui consiste à produire un énoncé, un message. Chaque énoncé est émis par un locuteur, adressé à un destinataire, en un lieu et un temps donné. (Voir *double énonciation*).

- **Espace dramatique :** c'est l'espace abstrait de la fiction, celui que nous construisons par l'imagination. Il s'appuie sur les répliques des personnages et comprend ce qui se passe hors-scène, l'espace évoqué par les récits d'événements qui ont lieu dans un autre espace-temps. Il s'oppose à l'espace scénique*. *Ex : Séville où Pédrille se rend à la demande du Comte.*

- **Espace scénique :** c'est l'espace où l'action se déroule, où les comédiens évoluent, sous les yeux des spectateurs. Mentionné par les didascalies et les répliques des personnages, l'espace scénique coïncide avec la scène, visible depuis le public, mais également avec les zones qui lui sont cachées, à condition qu'elles entrent en relation directe avec le jeu des comédiens (*ex : le cabinet de toilette où se cache Chérubin*). Cet espace renvoie au lieu de l'action, qui peut être observé par le spectateur, tandis que l'espace dramatique* sollicite l'imagination du spectateur.

- **Intrigue :** c'est l'histoire racontée dans le texte théâtral ou donnée à voir par la représentation.

- **Jardin :** vu de la salle, le côté jardin désigne le côté gauche de la scène. Il s'oppose à cour*.

- **Mise en scène :** c'est l'acte qui consiste à représenter le texte théâtral, c'est-à-dire à le rendre présent, visible et audible, par le public.

- **Monologue :** paroles d'un personnage composant un texte assez long. À la différence de la tirade*, il est prononcé par un personnage seul en scène.

- **Péripétie :** événement imprévu qui intervient dans l'intrigue.

- **Personnage :** c'est l'être fictif imaginé par l'auteur. Dans la mise en scène, il est interprété par un comédien*.

- **Quiproquo :** confusion qui fait prendre un personnage pour un autre, une chose pour une autre.

- **Réplique :** parole prononcée par l'un des personnages dans un échange de paroles.

- **Représentation :** voir *Mise en scène.*

- **Scène d'exposition :** située au début d'une pièce, cette scène livre au spectateur les informations nécessaires à la compréhension de la situation initiale.

- **Tirade :** parole d'un personnage, qui forme un texte assez long, adressé sans être interrompu à un ou plusieurs personnages. Elle se distingue du monologue*.

- **Tragédie :** sous-genre théâtral inspiré de l'histoire antique, de la mythologie, ou de la Bible. La tragédie met en action des personnages de haut rang (rois, héros, dieux...). Ses personnages sont soumis à la fatalité. Le dénouement est malheureux. Le spectacle tragique doit susciter la crainte et la pitié.

Conseils de lecture

Pièces de théâtre sur les relations maîtres et valets

Plaute, *La Comédie des deux ânes*, 212 avant J.-C.

Un jeune homme, épris d'une courtisane, a besoin d'argent. Il requiert l'aide de son père et de ses deux esclaves, Liban et Léonidas. En contrepartie, celui-là exige une nuit d'amour avec sa future belle-fille.

Goldoni, *Arlequin serviteur de deux maîtres*, 1745

Clarice est sur le point d'épouser celui qu'elle aime, lorsque son premier fiancé, que l'on croyait mort, arrive à Venise. Quant à Arlequin, il choisit de servir (en secret) deux maîtres, pour gagner plus d'argent.

Beaumarchais, *Le Barbier de Séville*, 1775

Bartholo veut épouser sa pupille, Rosine. Figaro déjoue les projets du tuteur, afin de favoriser le mariage de son maître avec celle qu'il aime. Il s'agit du premier volet de la trilogie de la famille Almaviva.

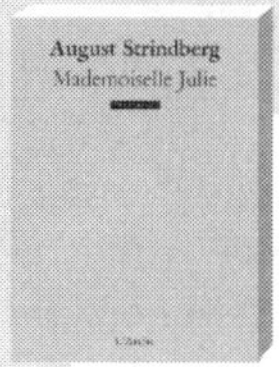

August Strindberg, *Mademoiselle Julie*, 1889

C'est la nuit de la Saint-Jean, une nuit, où, en Suède, le soleil ne se couche pas. Julie, la fille du comte et Jean, le valet, cèdent à leur désir irrépressible, ce qui précipite la déchéance de la jeune femme.

Ödön von Horváth, *Figaro divorce*, 1937

Après la Révolution, le Comte et la Comtesse sont contraints à l'exil. Suzanne et Figaro les suivent, mais bientôt, les valets quittent leurs maîtres. Figaro devient barbier à Saint-Bisbille et s'éloigne de plus en plus de sa femme.

Crédits photographiques

Couverture : *Le Mariage de Figaro*, mise en scène de Jean-Paul Tribout, avec Agnès Ramy (Suzanne) et Éric-Herson Macarel (Figaro) Théâtre Municipal Raymond Devos, Tourcoing. © Emmanuelle Alès.

p. 4 : Jean-Marc Nattier, *Portrait de Beaumarchais*, vers 1760. BIS / Ph. Guiley-Lagache © Archives Larbor.

p. 11 : *Barbier élégant fredonnant avec sa guitare (costume espagnol).* BIS / Ph. Jeanbor © Archives Larbor.

p. 61 : Illustration pour l'Acte I du Mariage de Figaro, 1784, BnF, Paris. BIS / Ph. Coll. Archives Larbor.

p. 85 : BIS / Ph. Coll. Archives Larbor.

p. 115 : BIS / Ph. Jeanbor © Archives Larbor.

p. 136 : © www.bridgemanart.com.

p. 143 : BIS / Ph. Jeanbor © Archives Larbor.

p. 175 : BIS / Ph. Coll. Archives Larbor.

p. 199 : BIS / © Archives Larbor.

p. 209 : BIS / Ph. Coll. Archives Larbor.

p. 223 : BIS / Ph. Jeanbor © Archives Larbor.

II et 224 : © Bibliothèque nationale de France.

III et 225 : © Cosimo Mirco Magliocca.

Conception graphique : Élise Launay

Design de couverture : Élise Launay

Recherche iconographique : Annie-Claire Auliard

Mise en page : Facompo

Fabrication : Camille Friquet

Édition : Bruna Masetti

Achevé d'imprimer en Italie par Grafica Veneta S.p.A. en août 2019
N° d'éditeur : 10255094 - Dépôt légal : août 2019